献给何敏先生,何世奇先生,刘正永女士

西南科技大学博士基金资助成果（23sx7118）
中华商标协会商标法律前沿问题研究成果

RESEARCH ON CIVIL JUDICIAL GOVERNANCE OF DEFECTIVE REGISTERED TRADEMARKS

瑕疵注册商标的民事司法治理研究

何卓律／著

法律出版社
LAW PRESS · CHINA
北京

图书在版编目（CIP）数据

瑕疵注册商标的民事司法治理研究 / 何卓律著.
北京 ：法律出版社，2024. -- ISBN 978 –7 –5197 –9385 –2

Ⅰ. D925.104

中国国家版本馆 CIP 数据核字第 2024BZ4840 号

瑕疵注册商标的民事司法治理研究
XIACI ZHUCE SHANGBIAO DE MINSHI SIFA ZHILI YANJIU

何卓律 著

策划编辑 张 颖
责任编辑 张 颖
装帧设计 贾丹丹

出版发行 法律出版社
编辑统筹 法律应用出版分社
责任校对 裴 黎
责任印制 刘晓伟
经　　销 新华书店

开本 A5
印张 9.5　**字数** 227 千
版本 2024 年 8 月第 1 版
印次 2024 年 8 月第 1 次印刷
印刷 北京建宏印刷有限公司

地址：北京市丰台区莲花池西里 7 号（100073）
网址：www.lawpress.com.cn
投稿邮箱：info@lawpress.com.cn
举报盗版邮箱：jbwq@lawpress.com.cn

销售电话：010 – 83938349
客服电话：010 – 83938350
咨询电话：010 – 63939796

书号：ISBN 978 – 7 – 5197 – 9385 – 2　　**定价**：55.00 元

凡购买本社图书，如有印装错误，我社负责退换。电话：010 – 83938349

序　言

2023 年 9 月，习近平总书记在主持召开新时代推动东北全面振兴座谈会时强调要“加快形成新质生产力”。随后，习近平总书记在多个会议中，强调了发展新质生产力的重要性，并将其列入 2024 年政府工作报告。值得注意的是，新质生产力的培育与壮大，与商标事业的高质量发展之间存在紧密的互动关系，二者相辅相成，相互促进。

就我国商标制度而言，经过自 1982 年以来 40 多年的实践，已经充分证明了其对市场经济发展和社会主义现代化建设具有极其重要的作用。但商标注册制度存在某些固有缺陷，具有一定的寻租空间。长期以来，商标注册申请数量和商标侵权诉讼案件数量居高不下，大量新申请涌入国家知识产权局、大量纠纷爆发于人民法院，使商标的审查、审判压力难以缓解。在这种情况下，我国商标保护已经呈现出多种矛盾：司法认定侵权与朴素认识合法之间的矛盾、加强权利保护与侵权行为泛滥之间的矛盾、依法维权与过度逐利之间的矛盾、诉讼请求较高与实际判赔较低之间的矛盾、案值较小与案量繁多之间的矛盾。

针对上述矛盾,本书以《瑕疵注册商标的民事司法治理研究》为题,深入剖析了其中的关键症结——商标被不当注册或维持。具体而言,“注册”是我国商标确权的主要方式,审查是我国商标注册的必经过程,而审查亦必有条件。我国作为商标申请大国,商标审查资源有限,无法确保所有注册商标均符合商标注册条件。本书创新性地将“不符合商标注册、维持条件而被不当注册或者维持的注册商标”称为瑕疵注册商标,并以注册、维持条件的不同或者瑕疵的来源不同,对瑕疵注册商标进行了科学分类。基于行政治理的有限性,本书将司法治理作为瑕疵商标治理的兜底方案,认为“瑕疵注册商标的治理应该贯穿于整个流程,如果不发挥司法的主观能动性,司法就相当于给瑕疵注册商标提供了避风港”。进一步,本书分析了“商标使用”对注册商标权利取得和圆满行使的影响,并以此得到了民事司法治理瑕疵注册商标权利的启示:凡注册商标,不得含有禁止使用的标志,存在瑕疵的商标不会因“注册”致使缺陷被掩盖,注册商标使用仍应充分遵守法律规定;不符合商标注册要件的瑕疵注册商标,因无法在瑕疵范围内行使权利,排他权范围将明显小于专有使用范围,其权利状态并不圆满,构成了瑕疵注册商标治理的正当原因。在已有研究的基础上,本书还提炼出商标权利保护范围解释论的新视角:当商标权具有瑕疵时,人民法院应限制该商标的保护范围或者权利行使范围,将瑕疵部分从商标权利保护范围中剔除。商标权利保护范围解释论在不违反商标权有效原则的基础上,为民事司法治理瑕疵注册商标提供了进路。此外,本书还通过比较权利保护范围解释论、公有领域抗辩论以及禁止权利滥用论等理论观点,揭示了它们之间的内在联系与互补性,共同为治理瑕疵注册商标提供了坚实的理论基础。同时,书中还提出了多项具体的规则建议,如明确恶意抢注者的民事赔偿责任、引入恶意诉讼反赔制度、建立恶意抢注商标移转制度等,旨在从制度层面完善瑕疵注册商标的治理体系。整体上,本书的研究目的在于“正本清源”,在治理瑕疵注册商标、消弭前述矛盾方面具有相当的理论意义和实践价值。

作者作为我在澳门科技大学指导的首位博士研究生,其研究成果即将付梓,我满心欢喜与自豪,希望作者未来在学术道路上继续以开放的心态、严谨的态度、创新的思维,在知识的海洋中乘风破浪,不断攀登新的高峰,有更多精彩表现。

中南财经政法大学教授　博士研究生导师

2024 年 7 月 30 日

前　言

采用商标注册制度的国家,一般会对“注册”施加诸多限制,要求商标具有合法性、非冲突性、识别性以及非功能性,并在不同程度上将“使用”作为商标权利圆满、维持注册的基础。在权利取得方式上,多以使用为目的,不得以欺骗性或者不正当的方式获得注册。当商标注册或者维持并不满足前述条件时,就形成了瑕疵注册商标。恶意抢注、囤积的“低成本”“高收益”“低风险”特点,使更多的瑕疵商标出现在审查环节中。虽然基于审查、异议等流程过滤了部分瑕疵商标,但仍有部分瑕疵商标获得了注册。既然国家商标行政机关负责审查商标注册申请,那么对瑕疵注册商标的治理当然属于其工作内容,只不过在实践中很难被审查机关主动发现。一般地讲,社会公众缺乏对某一个瑕疵注册商标提出撤销或者无效宣告请求的动机,除非瑕疵注册商标与他个人息息相关。这种情形通常发生于,商标注册人以瑕疵注册商标为权利基础发起的民事侵权诉讼,被告为了抗辩不得已提出撤销或者无效宣告,但这对被告而言是极其被动的,而且会陷入长期的诉讼“旋涡”之中。即使法院最终作出公正的审判,瑕疵商标持有者可能已经获得了不当利益。

瑕疵商标注册后,由此隐藏的问题将集中爆发于民事司法案件中。对瑕疵注册商标的治理应该贯穿于整个流程,如果不发挥司法的主观能动性,司法就相当于给瑕疵注册商标提供了“避风港”。因此,对瑕疵注册商标的治理要具有层次性。如果将行政治理措施称为基础层,那么民事司法治理就可称为兜底层。即使瑕疵商标被核准注册,商标注册人行使其权利依旧会受到司法检验。故本书以“瑕疵注册商标的民事司法治理研究”作为选题进行专题研究。

商标制度本身有其正当性基础,瑕疵代表了注册商标取得以及行使的非正当性。劳动财产理论、符号学理论以及知识共有理论为瑕疵注册商标治理提供了法哲学依据,先占理论和正义理论为治理提供法理支撑。本书经过对瑕疵注册商标民事司法治理的类型化分析,得出了“应限制连续三年未使用的瑕疵注册商标请求权”“禁止使用的商标即使注册也不应获得法律保护”“不具有识别性的瑕疵注册商标权利止于瑕疵范围”“侵犯在先权利瑕疵注册商标的每一次使用都是对他人权利的侵害”“任何人不能因违反诚信而获利”等结论。然而,我国法院在瑕疵注册商标的治理过程中,面临“民事司法治理空间被压缩”“司法政策趋于保守”“治理进路不够体系化”等诸多问题。本书在考察了美国、德国的治理经验后认为,虽然美国、德国方案在解决瑕疵注册商标问题上很有优势,但我国对职权分开较为重视,借鉴须审慎。既然如此,就需要找到一条适合中国的治理进路。

本书认为,瑕疵注册商标的民事司法治理对象是注册商标的权利行使,而不是注册,民事判决并未改变瑕疵商标的“注册”状态,并不会产生职权分开体制下行政权被逾越的隐忧。权利保护范围解释论、公有领域抗辩论以及禁止权利滥用论,共同为瑕疵注册商标的民事司法治理提供了治理路径,相辅相成,互相补充。其中,权利保护范围解释论以商标注册范围为基准,考虑注册商标瑕疵和客观上被告的行为内容,并对注册商标权利保护范围进行解释,将瑕疵排除出注册商标权利保护的范围。公有领域抗辩论认为公有领域内的行为不会落入瑕疵注册商标权利保护范围。禁止权利滥用论需要考虑商标申请人是否具有不正当目的,客观上是否实施了囤积、抢注、起诉、投诉等扰乱商标注册秩序、侵犯他人权利等的行为,如果构成权利滥用,则相应行为不发生法律效力,造成损害的,还应当承担侵权责任。因此,有必要在商标法中正式建立禁止商标权利滥用规则。除此之外,本书还提出了"明确恶意抢注者的民事赔偿责任""引入恶意诉讼反赔制度""建立恶意抢注商标移转制度"等规则建议,以加强治理力度。寻找法律进路只是其一,民事司法治理还需要调动法官的主观能动性,在个案中治理,进行规范治理,以实质性解决争议为核心,以依法裁判为底线。

目录

绪　论

第一节　研究瑕疵注册商标的民事司法治理问题的缘由

商标保护制度孕育于资本主义市场经济。在市场经济背景下，商品交换十分频繁，同业者之间的竞争日益扩大，他们开始寻求差异化竞争，将大量资金与精力投入商品质量的提高、交易方式的便利化等方面。为了保证商标使用者的利益，同时也为了避免消费者被欺骗，世界上出现了两种商标保护制度并体现于两大法系之中。英美法系认为商标保护的前提是“使用”，经使用的商标才具有法律上的利益。大陆法系将“注册”作为商标权利获得的基础。长期以来，两大商标保护制度出现融合趋势。例如，英国最初并没有统一的商标注册制度，早期以侵权责任法对“广为知晓”的商标进行保护；随着判例的增多，形成了一套制止仿冒规则，直到1875年，英国国会制定了《商标注册法》。法国于1803年开始实施商标注册制度,并于1857年制定了《商标注册法》,商标自通过注册后获得商标权;但对商标的使用提出了一定的要求:如其未在一段时间内持续使用,又没有正当理由的,商标权可能会因此失效。虽然两大法系对商标的保护路径有所不同,但最终形成了商标“注册”与“使用”并行的保护规则。

中国的商标保护制度发展较晚,整体上参照了大陆法系的商标保护规则,以“注册”作为商标权利获取方式,同时,在整体商标制度中强调对商标的“使用”。近年来,中国商标注册获权带来的负面效应被集中暴露出来。首先,当事人获得商标注册方便、快捷,成本较低,出现了大量以“傍名牌”为目的的恶意申请和为转让牟利而大量囤积商标等问题。“火神山”“雷神山”“李文亮”“清澈的爱,只为中国”“丁真”“杨倩”“陈梦”“全红婵”等被图谋不当利益的申请人大量注册。国家知识产权局为了治理这一现象,专门制定了《规范商标申请注册行为若干规定》《关于不以使用为目的的恶意注册申请审查审理规程》,开展了打击商标恶意抢注行为专项行动。2022年全年,国家知识产权局累计打击恶意商标注册37.2万件,占全年商标申请审查数量的5.27%,意味着每100件商标申请中,至少就有5件被认定为恶意申请,由此可一窥问题的严重性。[1] 其次,商标审查根据理由的不同,审查原则也有差异,对“相对理由”采用个案审查原则、对“绝对理由”采用审查一致性原则。以个案审查为例,每个商标审查人员可以基于自己对商标的认识及其对法律的理解进行审查,但可能出现同标不同判的情形,如“KORADIOR”案;[2]即使是统一执法标准,因为对法律及客观标识的

---

〔1〕 参见《国家知识产权局2022年全国累计打击恶意商标注册37.2万件》,载央视网 https://tv.cctv.com/2023/04/24/VIDE9NR30Smxm1ZrlNEZsxOs230424.shtml。

〔2〕 北京知识产权法院行政判决书,(2015)京知行初字第414号。

理解具有主观性，也可能对同一情况的商标作出不同的审查决定，如“盖璞内衣”案。[1] 如此一来，结果就发展为“不合法者被保护，应注册而不得”的异化局面。再次，庞大的申请量需要有大量的商标审查人员，中国自2014年起，将一部分商标审查业务委托给各审查协作中心协作审查，截至2022年，国家知识产权局分别在北京、上海、广州、济南、郑州、重庆等地建立了商标审查协作中心，各中心、各审查人员的专业素养各不相同，要想高质量地完成商标审查工作，较为困难。又次，人的认识是有局限性的，亦受制于客观情况，即使是付出100%的努力与专注，也难以保证绝不犯错。商标审查也一样，审查员除应具有一般生活常识及商标法律专业素养外，还须具备宗教、政治、民族等各方面知识，否则难免“错审”，而事实上，要求一个审查员具备所有应具备之知识并能灵活应用实在是强人所难。例如，某某商标系某小众宗教用语，审查员除不具有相关的知识储备外，也难以检索，从而使其获得注册，而实际上其违反了商标法的禁止注册规定。最后，世界是不断变化的，当下恰当的审查结论不一定适用于将来，例如，在“识别性”判断场合，当一个商标经过长期使用而不再具备识别性时，就不应该再受到商标法律的保护，“优盘”“阿司匹林”就是最好的例证，在商标注册制下，国家商标行政机关对此类商标的甄别被动特征，导致此类商标未被及时注销，徒生争议；再如，当某一类商标因客观事件的发生而被禁止注册时，即使已经注册，通常情况下就应该停止对该商标的使用，但当前的商标注册制度，并未给出及时的、清晰的解决路径。本书为了论述便利，将这种不应注册而被行政机关注册的商标或者不具备商标注册、维持条件的注册商标称为“瑕疵注册商标”。

[1] 最高人民法院行政判决书，(2016)最高法行再7号。

有关商标的争议可立足于“使用”来解决。在纯粹的商标“使用”才能获得保护的逻辑中，前文所述的所有问题似乎都不会出现。注册不能获取商标权，从而会减少投机行为，也就不会发生不以使用为目的的商标“囤积”；商标是否可以被保护，因需考虑商标知名度或者影响力及标识本身的合法性，所有的商标均将在个案中被甄别及筛选，尽可能地使具有正当性基础的商标获得保护，以符合社会期待。不可否认，“使用”主义具有权利证明成本高、难度大，大市场背景下商标混乱、不易管理及均衡利益等缺陷，“注册”制度的出现解决了这一问题但也催生了其他问题，如何既能扬两种保护模式之长，又能避其短是两大法系都需要解决的问题。中国对瑕疵注册商标的治理方式集中于采取行政管理措施，却忽视了司法机关在其中的作用。

对瑕疵注册商标的治理应该贯穿于整个流程，如果不发挥司法的主观能动性，司法就相当于给瑕疵注册商标提供了“避风港”。瑕疵商标注册后，由此隐藏的问题将在民事司法案件中集中爆发。因此，对瑕疵注册商标的治理要具有层次性。如果将行政治理措施称为基础层，那么民事司法治理就可称为兜底层，即使瑕疵注册商标经过注册，其权利行使依旧要受到司法检验。中国采取职权分开体制对商标进行保护，基于对行政机关注册决定的尊重，民事司法审查商标的有效性常常受到制度阻碍。例如，根据《商标法》的规定，瑕疵注册商标的撤销、无效由国家知识产权局处理。《最高人民法院关于审理注册商标、企业名称与在先权利冲突的民事纠纷案件若干问题的规定》亦规定，原告以他人使用在核定商品上的注册商标与其在先的注册商标相同或者近似为由提起诉讼的，人民法院应当告知原告向有关行政主管机关申请解决。〔1〕 于是,民事案件的被告如果要对抗瑕疵注册商标权的效力,往往需要向国家知识产权局提出,由此发生的问题是:法院中止审理将导致案件诉讼周期长;法院不中止审理可能导致案件结果不正义。而且,整个过程被告处于极其被动的地位,即使最终法院作出有利于被告的裁判,但瑕疵注册商标持有者往往已经获得了不当利益,社会资源也已经浪费。因此有必要探索在民事司法案件中,对瑕疵注册商标予以直接治理。《最高人民法院关于审理涉及驰名商标保护的民事纠纷案件应用法律若干问题的解释》规定,如果被告使用的注册商标违反《商标法》第13条的规定,复制、摹仿或者翻译原告驰名商标,构成侵犯商标权的,人民法院应当根据原告的请求,依法判决禁止被告使用该商标。〔2〕 在"乔丹公司诉亚马逊公司商标侵权"案中,法院旗帜鲜明地提道,"乔丹"商标虽然为有效商标,但迈克尔·乔丹对上述商标以侵害其在先姓名权为由提起的无效宣告请求之时已逾5年保护期限,故其合法存续状态并不意味着上述商标的取得系合法、正当。基于

---

〔1〕《最高人民法院关于审理注册商标、企业名称与在先权利冲突的民事纠纷案件若干问题的规定》第1条规定:"原告以他人注册商标使用的文字、图形等侵犯其著作权、外观设计专利权、企业名称权等在先权利为由提起诉讼,符合民事诉讼法第一百一十九条规定的,人民法院应当受理。原告以他人使用在核定商品上的注册商标与其在先的注册商标相同或者近似为由提起诉讼的,人民法院应当根据民事诉讼法第一百二十四条第(三)项的规定,告知原告向有关行政主管机关申请解决。但原告以他人超出核定商品的范围或者以改变显著特征、拆分、组合等方式使用的注册商标,与其注册商标相同或者近似为由提起诉讼的,人民法院应当受理。"

〔2〕《最高人民法院关于审理涉及驰名商标保护的民事纠纷案件应用法律若干问题的解释》第11条规定:"被告使用的注册商标违反商标法第十三条的规定,复制、摹仿或者翻译原告驰名商标,构成侵犯商标权的,人民法院应当根据原告的请求,依法判决禁止被告使用该商标,但被告的注册商标有下列情形之一的,人民法院对原告的请求不予支持:(一)已经超过商标法第四十五条第一款规定的请求宣告无效期限的;(二)被告提出注册申请时,原告的商标并不驰名的。"

该商标注册存在一定权利瑕疵,故在他人合法行使“乔丹”在先权利的范围内,乔丹体育公司行使其禁用权缺乏正当性,故对乔丹公司的主张不予支持。〔1〕四川省高级人民法院在其《侵害商标权案件审理指南》第8.12条中也规定,被告以享有著作权、外观设计专利权等其他在先权利抗辩的,人民法院依照《商标法》第32条之规定,根据诚实信用原则、公平原则、保护在先权利原则以及防止市场混淆原则等审查抗辩是否成立。除此之外,对瑕疵注册商标权进行司法治理的思维也能从《商标法》中探寻到,例如,第59条中的正当使用条款、先使用抗辩规则及第64条的注册商标未使用抗辩等;学界中,王广震、孙山、叶赟葆、张耕、崔立红等分别撰文论证了注册商标无效抗辩的可行性。因此,研究瑕疵注册商标的民事司法治理是一个现实问题,具有研究的必要性及法律上的可行性。〔2〕

第二节 研究现状

关于瑕疵注册商标的治理,国内研究大多停留在行政治理层面,现有研究瑕疵注册商标司法治理的文献较为有限。究其原因,中国采行政—司法职权分开体制,行政机关行使商标的注册等授权确权职权,主要由人民法院负责对商标侵权案件进行裁判,司法权不能逾越行政权;

---

〔1〕北京知识产权法院民事判决书,(2020)京73民终1506号。

〔2〕参见王广震:《注册商标无效抗辩司法审查问题初探》,载《西南政法大学学报》2017年第1期;孙山:《商标制度的拐点与未来走向》,载《知识产权》2017第9期;叶赟葆:《抗辩视角下商标权限制体系研究》,华东政法大学2014年博士学位论文,第68~71页;张耕:《知识产权无效程序的反思与重构——以诉讼效益为视野》,载《学术论坛》2005年第11期;崔立红:《对商标权无效抗辩的思考》,载《电子知识产权》2003年第6期。

同时商标是否具有可注册性是一个专业问题，司法应尊重行政机关对商标授权确权决定的判断。于是就形成了两种观点：一是否定说，在商标侵权案件中，即使商标有瑕疵，也应由行政机关处理；二是肯定说，司法机关有权力对商标的保护范围进行审查，当商标具有瑕疵时，人民法院可以对相关主张不予支持。但如果允许司法机关直接在民事审判中否定瑕疵注册商标权的效力，就会动摇中国行政法制度的基础，因此不宜直接对瑕疵注册商标的效力进行否定。但如若允许瑕疵注册商标被正常行使，就会产生非正义性的负面效果，因此有必要探索一条新的路径。总体上看，现有文献缺乏对瑕疵注册商标民事司法治理的体系性研究，有进一步研究的必要。与本书相关的研究成果体现在以下方面。

一、未（合法）使用是限制瑕疵注册商标权的正当前提

秦天宁博士在《知识产权正义论》一文中对知识产权的基础理论及权利渊源作了归纳，认为知识产权是建立在资产阶级天赋人权及自然法理念之上，洛克的"劳动理论"、卢梭的"社会契约论"等均可对知识产权的正当性进行论证。以"劳动理论"为例，人对其劳动所获得之成果享有权利。在商标领域中，市场主体要使其商标获得应有之保护，理应在此之上付出"劳动"——体现在使用上。商标制度诞生之初，其目的在于识别商品或服务的来源，避免消费者被欺骗，倘若商标没有使用，也就不会具有识别来源的功能，进而消费者也不会因此而受到欺骗。[1] 李明德教授在《两大法系背景下的商标保护制度》一文中对商标保护制度产生和发展的历史进程进行了详细介绍，认为商标权作为

〔1〕 参见秦天宁：《知识产权正义论》，华东政法大学2019年博士学位论文，第66～68页。

一种财产权，其正当性来自商标的实际使用及由此产生的商誉。商标权的基础建立在使用之上，即使商标已经注册，也具有使用义务。[1] 孙国瑞教授、董朝燕博士在《论商标权人的商标使用义务》一文中认为，商标权的维持以持续的商标使用为基础，强化商标权人的使用义务，既是对我国商标注册制的纠偏，同时也是在制度体系上保障商标回归其真正功能。如果注册商标在一定期限内无正当理由未实际使用，有被撤销的可能，请求权亦受到限制。[2] 彭学龙教授在《论连续不使用之注册商标请求权限制》一文中认为，商标权利行使有赖于真诚使用，在中国语境下，对于本可因连续三年不使用而撤销的注册商标，法律应依侵权诉讼被告的抗辩剥夺注册者的全部请求权。除此之外，还主张合理限制未使用注册商标针对在后商标注册提起异议或者无效宣告申请的权利。[3] 现有文献均强调了"使用"之于商标权的重要性，但在商标注册制度下，如何处理"使用"与"注册"之间的关系；在不损害现有法律制度的前提下，如何利用解释论将"使用"融入商标权利行使范围的判断中，鲜有体系化论及。

二、瑕疵注册商标的具体类型及民事司法治理方案

所谓瑕疵注册商标，即指不具有商标注册、维持条件的注册商标。例如，违反《商标法》第 4 条、第 10 条、第 11 条、第 12 条、第 13 条第 2 款和第 3 款、第 15 条、第 16 条第 1 款、第 19 条第 4 款、第 30 条、第 31 条、第 32 条和第 44 条第 1 款。可以将因前述的违法行为获得注册的

[1] 参见李明德：《两大法系背景下的商标保护制度》，载《知识产权》2021 年第 8 期。

[2] 参见孙国瑞、董朝燕：《论商标权人的商标使用义务》，载《电子知识产权》2020 年第 4 期。

[3] 参见彭学龙：《论连续不使用之注册商标请求权限制》，载《法学评论》2018 年第 6 期。

瑕疵分类为:(1)未使用类,(2)不具有合法性类,(3)缺乏识别性类(具有功能性类),(4)侵犯在先权利类,(5)非诚信类。国内学者或者司法对(1)(3)(4)(5)类瑕疵注册商标进行民事司法治理有比较集中的研究或者实践。第(1)类,除前文已有“剥夺全部请求权”之介绍外,马丽萍博士在《我国商标权注册取得模式存在的问题及其完善路径——基于高级使用视角的分析》一文中也认为,应对无合理理由连续三年未使用的商标请求权进行全面限制。[1] 概因实在法保留了停止侵害请求权,案例实践中被告仍需承担除赔偿损失之外的侵权责任。针对第(3)类,实践中已经存在较多案例,北京知识产权法院在(2019)京73民终3611号二审民事判决书中认定,第360860号“咖啡伴侣”商标虽经过注册,但“咖啡伴侣”一词由于长期、大量地作为“咖啡用植脂末”的商品名称并被广泛使用,客观上已经具有泛化的趋势;原告自身的宣传中,也将“咖啡伴侣”作为指代某种商品的名称进行使用。因此,“咖啡伴侣”商标客观上已被泛化,显著性[2]较低,进而认定被告在相同商品上使用“咖啡伴旅”的行为并未侵犯原告的商标权。[3] 曹佳音博士在《侵害商标权行为认定中的混淆可能性研究》一文中亦提到“商标的显著性是某一标志成为商标的基本条件,商标具有显著性并达到获得

---

〔1〕 参见马丽萍:《我国商标权注册取得模式存在的问题及其完善路径——基于商标使用视角的分析》,载《时代法学》2019年第6期。

〔2〕 为了方便论述,下文将显著性与识别性等同使用。学界也有类似用法,如“识别性或称显著性,其源自外国立法例之distinctiveness”。参见林洲富:《商标法》,台北,五南图书出版股份有限公司2008年版,第53页。又如,“商标的显著性也称作商标的区别性或者识别性,即能够起到区别作用的特性。”参见扈纪华等:《中华人民共和国商标法释义及实用指南》,研究出版社2001年版,第66页。

〔3〕 北京知识产权法院民事判决书,(2019)京73民终3611号。

法律保护的门槛后才存在主张侵权救济的机会”。[1] 实际上，显著性并非一个有无的概念，吴汉东教授在所著《知识产权法学》一书中认为显著性只有强弱之分。从保护范围的角度考虑，显著性越弱保护范围就越窄，相关公众发生混淆的可能性就小。[2] 针对第（4）类，最高人民法院在（2010）民申字第1468号民事裁定书中提道，一种构成对民事权利的侵犯行为，不能因获得某种形式上、程序上所谓的合法授权而改变其侵权行为的性质；[3] 并在《最高人民法院关于当前经济形势下知识产权审判服务大局若干问题的意见》中特别指出，即使被告拥有合法注册的商标，也不表明被告行使其注册商标专用权的行为不能被认定为侵权。[4] 最高人民法院发布的第82号指导案例中亦认为，以非善意取得的商标权对被告的正当使用行为提起的侵权之诉，构成权利滥用，不应予以支持。[5] 北京知识产权法院在（2020）京73民终1506号民事判决书中，特别论及当注册商标因存在损害他人在先姓名权而存在一定的权利瑕疵时，若仍允许其行使禁用权将缺乏正当

---

[1] 曹佳音：《侵害商标权行为认定中的混淆可能性研究》，中央财经大学2017年博士学位论文，第151～155页。

[2] 参见吴汉东主编：《知识产权法学》（第7版），北京大学出版社2019年版，第295～326页。

[3] 最高人民法院民事裁定书，（2010）民申字第1468号。

[4] 《最高人民法院关于当前经济形势下知识产权审判服务大局若干问题的意见》提出，要把握商标法有关保护在先权利与维护市场秩序相协调的立法精神，注重维护已经形成和稳定了的市场秩序，防止当事人假商标争议制度不正当地投机取巧和巧取豪夺，避免因轻率撤销已注册商标给企业正常经营造成重大困难。与他人著作权、企业名称权等在先财产权利相冲突的注册商标，因超过商标法规定的争议期限而不可撤销的，在先权利人仍可在诉讼时效期间内对其提起侵权的民事诉讼，但人民法院不再判决承担停止使用该注册商标的民事责任。

[5] 王某永诉深圳歌力思服饰股份有限公司、杭州银泰世纪百货有限公司侵害商标权纠纷案，最高人民法院指导案例82号（2017年）。

性。〔1〕 四川省高级人民法院在其《侵害商标权案件审理指南》中也允许被告依据《商标法》第32条的规定对注册商标权利行使的正当性进行抗辩。〔2〕 就第(5)类来讲,学界对非诚信类商标特别是抢注商标的司法治理已经有较多研究,李晓秋教授在《论商标挟持行为的司法控制》一文中将恶意抢注者向善意使用者索赔的行为称为商标挟持,并提出要慎重使用停止侵害等措施,充分发挥诉讼手段的积极作用,以提高预防和消除商标挟持行为的司法效率。〔3〕 宋健法官在《商标权滥用的司法规制》一文中认为,如对注册商标给予绝对保护,在个案中可能会损害实质正义,当商标权的取得具有不正当性时,其权利基础存在重大瑕疵,如以此作为权利基础提起侵权诉讼,构成商标权滥用。〔4〕 戴文骐博士在《认真对待商标权:恶意抢注商标行为规制体系的修正》一文中认为,应当从抢注的价值基础出发,在侵权之诉的场合针对恶意抢注后的权利滥用行为,及时削减其请求权,降低乃至消除恶意抢注获得的不当收益。〔5〕 魏丽丽副教授在《商标恶意抢注法律规制路径探究》一文中也提到非诚信的动机是导致抢注行为产生的原因,应限制恶意抢注商标的请求权;〔6〕张铃在《商标抢注行为中诚信条款的司法适用研究》一文中甚至提出要在商标侵权救济中,拒绝为抢注商标

---

〔1〕 北京知识产权法院民事判决书,(2020)京73民终1506号。

〔2〕 四川省高级人民法院《侵害商标权案件审理指南》第8.12条规定,被告以享有著作权、外观设计专利权等其他在先权利抗辩的,人民法院依照《商标法》第32条之规定,根据诚实信用原则、公平原则、保护在先权利原则以及防止市场混淆原则等审查抗辩是否成立。

〔3〕 参见李晓秋:《论商标挟持行为的司法控制》,载《现代法学》2017年第4期。

〔4〕 参见宋健:《商标权滥用的司法规制》,载《知识产权》2018年第10期。

〔5〕 参见戴文骐:《认真对待商标权:恶意抢注商标行为规制体系的修正》,载《知识产权》2019年第7期。

〔6〕 参见魏丽丽:《商标恶意抢注法律规制路径探究》,载《政法论丛》2020年第1期。

提供任何保护。[1] 在(2019)湘0104民初14008号案中,法院认为既要尊重正当的商标注册,也要考虑社会公众的利益,如果绝对地将在先商标注册人的利益作为唯一的衡量因素,就会给连续、诚信使用特有名称和商标的经营者的正当权益及其积累造成不当损害,违背了市场公平原则。本案原告未善意、审慎地行使自己的权利,主观恶意明显,违反了诚实信用原则,构成权利滥用,遂驳回了原告的诉讼请求。[2] 目前,单独对第(2)类的研究和司法判例较少,福建省龙岩市中级人民法院在(2017)闽08民初23号民事判决书的裁判要旨中写道,被控侵权标识虽然与权利商标在整体结构上相似,但由于被控侵权标识中含有商标法所规定的禁用元素,不应纳入商标权的保护范围,否则等于变相承认权利商标对禁用元素的垄断,不当扩大了商标权的保护范围,侵害了社会公共利益。[3] 蔡伟法官就本案单独撰文《商标权保护范围应以其权利基础的正当性为边界》,强调"依法不得作为商标使用,则自然不会也不应该纳入任何权利商标的保护范围"。[4] 杨静法官在《民事判决对注册商标专用权的限制》一文中发表意见,指出注册商标专用权具有法律上的不确定性(或动态性)及可反驳性,民事判决系为商标权利的限制,当注册商标因违反禁止注册的绝对事由时,判决效力及于所有行权行为;当注册商标违反相对禁止注册事由以及对相对人实行滥用行为时,判决效力及于其滥用和侵害的权益范围。[5]

---

[1] 参见张铃:《商标抢注行为中诚信条款的司法适用研究》,载《东北大学学报(社会科学版)》2019年第5期。

[2] 湖南省长沙市岳麓区人民法院民事判决书,(2019)湘0104民初14008号。

[3] 福建省龙岩市中级人民法院民事判决书,(2017)闽08民初23号。

[4] 蔡伟:《商标权保护范围应以其权利基础的正当性为边界》,载《人民司法》2019年第35期。

[5] 参见杨静:《民事判决对注册商标专用权的限制》,载《人民司法》2019年第34期。

在比较法上，因两大法系关于商标保护制度呈融合趋势，故瑕疵注册商标成了共同的问题。于问题之下，都有一些经验积累。以德国《商标与其他标识保护法》为例，第25条明确规定若注册商标权人未证明在主张请求权的最近5年内使用注册商标于其请求权据以成立的商品或者服务之上，则商标权人丧失侵权救济请求权。[1] 第55条规定，可以就第49条提到的相关人员可以注册商标丧失显著性、具有误导性等为由向普通法院提起商标注销诉讼。[2] 美国《兰哈姆法》第1115条对瑕疵注册商标民事治理方式进行了列举，规定如果存在以下情形，被告

---

〔1〕 德国《商标与其他标识保护法》第25条规定，如果在请求提出之前5年内，该商标没有根据第26条使用于作为赖以提出这些请求理由的商品或服务上，只要该商标在此日期前已至少注册5年，则注册商标所有权人应无权对第三方提出任何第14、18、19条所述的请求。对于第14、18、19条所述对注册商标的侵权，原告通过起诉提出请求时，作为对被告异议的回应，原告应证明该商标在提起诉讼前的5年内，已依据第26条投入使用，并且用于作为其请求基础的商品或服务上，只要在此日该商标已经至少注册了5年。提起诉讼后，5年不使用的期限届满时，作为对被告异议的回应，原告应该证明在口头诉讼结束之前的5年内，该商标已经依据第26条投入使用。对于其裁定，只应考虑其使用得到证明的商品或服务。

〔2〕 德国《商标与其他标识保护法》第55条规定，基于撤销（第49条）或者由于在先权利提起注销请求的诉讼，应当针对注册的商标所有人或其权利继受者提出。下列人员可以提起诉讼：(1)基于撤销提起注销请求的案件中的任何人；(2)在基于在先权提起注销请求的案件中，第9条至第13条所述的所有人；(3)在由于某一地理来源标志拥有在先权（第13条第2款第5项），而提起注销请求的案件中，经《反不正当竞争法》第13条第2款授权的主张权利的人。就在先注册商标所有人提起的注销诉讼中，如果被告提出了反对，该所有人应当证明，该在先注册商标在提起诉讼之前的5年内，已经如第26条所述投入使用，只要该在先商标在此日已经注册了至少5年。如果5年不使用的期限在提起诉讼之后结束，且被告提出了反对，原告应当证明在口头诉讼结束之前的5年内，该商标已如第26条所述投入使用。在后商标注册公告之日，在先商标已经注册了至少5年时，如果被告已提出了反对，则原告也应当证明在此日，不应当根据第49条第1款注销该在先商标的注册。在其裁决中，只应当考虑那些已被证明经过使用的商品或服务。在提起诉讼之前或之后，基于商标的注册产生的权利，已经移转或转让给另外的人时，有关其价值的裁决对于权利继受者也应有效，而且可以执行。权利继受者有权成为诉讼一方当事人，《民事诉讼法典》第66条至第74条和第76条应比照予以适应。

可以对商标的不可置疑性进行辩护：以欺骗方式取得注册、因连续三年内未使用导致商标被放弃、因使用发生误认、已经或者正在违反托拉斯法、商标具有功能性、违反衡平法原则等。[1] 德国和美国的成文法在一定程度上为瑕疵注册商标的司法治理提供了方案。

通过对现有文献的梳理，中国在瑕疵注册商标的民事司法治理的研究上，不够全面，缺乏体系性；除对“未使用”“非诚信类”等一些较为成熟的瑕疵类型有较为集中的研究及司法实践外，对“不具有合法性类”“缺乏识别性类”“侵犯在先权利类”等的瑕疵注册商标民事司法治理的研究多停留在个案分析上，实践中的案例与其他类型相比，较为匮乏。更为重要的是，暂未发现有学者就瑕疵注册商标的民事司法治理问题进行体系上的思考、逻辑上的梳理。比较法上，部分国家的治理方案对中国来讲具有极强的吸引力，因为他们给予了中国当下治理瑕疵注册商标的“良药”，但是，法律移植从来不是简单的事情，需要考虑中国的政治、社会、经济等环境及法律路径依赖问题，需要慎重处理。如果仅从病症表现用药，可能疗效快，但是容易复发；如果找准其病根并考虑患者的具体情况用药，才有根治之可能。在中国行政、司法职权分开的现状下，如果未能厘清与瑕疵注册商标民事司法治理有关的理论基础、权利来源及其所依赖的法律路径，即使照搬国外之立法，亦无法从根本上解决问题。

---

[1] 美国《兰哈姆法》第1115条第(a)款规定，由诉讼一方当事人拥有的依据1881年3月3日的法律颁发的注册，或依据1905年2月20日的法律颁发的注册或在依据本法建立的主注册簿上的商标注册，可以作为证据使用，并且是该注册商标和商标注册有效性的表面成立之证据，是注册人对该商标所有权有效性的表面成立之证据，也是该注册人在商业中按注册的条件和限制在指定的商品或服务上或其相关方面使用该注册商标专用权有效性的表面成立之证据，但不得阻碍他人证实法律上或衡平法上的辩护理由或缺陷的存在，包括(b)款所列明的，如果该商标未注册，就会被认定的项目。

第三节　研究内容及思路

本书以“瑕疵注册商标的民事司法治理研究”为题，在结构上，除绪论及结语外共六章，具体内容如下。

第一章以“瑕疵注册商标民事司法治理概述”为题，首先从概念、种类、特征以及形成原因等角度对瑕疵注册商标进行剖析，为后面进一步研究做必要的准备。解析了瑕疵注册商标民事司法治理的内涵、外延以及我国已经作出的相关尝试，明确瑕疵注册商标的民事司法治理对象是权利的行使，而不是注册，民事判决不能改变瑕疵商标的“注册”状态。

第二章以“瑕疵注册商标民事司法治理的正当性基础”为题，分别从法哲学和法理的角度对瑕疵注册商标民事司法治理的正当性进行论证，认为“劳动财产理论”“符号学理论”“知识共有理论”“先占理论”“正义理论”均可为瑕疵注册商标民事司法治理提供正当性支持。

第三章以“瑕疵注册商标民事司法治理类型化分析”为题，详细地对瑕疵注册商标民事司法治理进行系统梳理，并进行类型化分析，针对不同瑕疵注册商标类型，详细分析瑕疵产生缘由，进行相应理论探讨，并得出“应限制连续三年未使用的瑕疵注册商标请求权”“禁止使用的商标即使注册也不应获得法律保护”“侵犯在先权利瑕疵注册商标的每一次使用都是对他人权利的侵害”“任何人不能因违反诚信而获利”等结论。

第四章以“瑕疵注册商标民事司法治理的中国问题”为题，分析当前我国法院在瑕疵注册商标的治理过程中，面临的诸多问题：职权分开制度压缩了司法治理空间，“未合理限制连续三年未使用瑕疵注册商标停止侵权请求权”“未尝试审查商标注册证书证据的可采性”“未将‘瑕疵’划出注册商标权利保护范围”“超过争议期的瑕疵注册商标未以停止使用为原则”等保守的司法政策影响了法官的司法能动性,相关治理方案也不成体系。

第五章以“瑕疵注册商标民事司法治理的域外经验”为题,考察了以美、德为代表的瑕疵注册商标民事司法治理经验。美国、德国均重视“使用”在维持注册、权利行使中的作用,均明确法院可以受理相关的商标撤销或者注销诉讼。美国、德国方案在解决瑕疵注册商标问题上很有优势,但是否能将其适用于中国,仍需要审慎考虑。

第六章以“中国瑕疵注册商标民事司法治理的制度设计”为题,首先,在前文的基础上,将“注册商标经过解释才能确定权利范围”“商标权有效原则”“注册商标权的效力不可及于瑕疵范围”作为中国瑕疵注册商标民事司法治理的基本点。其次,将“未(合法)使用是限制瑕疵注册商标权的正当前提”“发挥司法能动性,适应新时代要求”“司法政策法律化:实现纠纷的依法治理”作为中国瑕疵注册商标民事司法治理的核心点。最后,对完善中国瑕疵注册商标民事司法治理规则提出了若干建议。

发现问题并解决问题是本书的研究思路。首先总结了我国在瑕疵注册商标司法治理方面的成果和不足,在此基础上论证司法治理的正当性,考察美国、德国的治理经验,并分析能否将其应用于中国实践;其次对中国瑕疵注册商标民事司法治理的制度设计进行思考;最后对完善瑕疵注册商标司法治理规则提供建议。商标注册或维持存在瑕疵是本书的逻辑起点,然后分析司法治理对治理瑕疵注册商标的意义,认为瑕疵注册或者维持部分不具有正当性,得出了注册商标效力不及于瑕疵范围的结论,并在此基础上,研究治理进路。

第四节　研究方法

1. 比较分析法

两大法系的商标保护均从侵权责任法起源,大陆法系走向了商标注册法及反不正当竞争法共同提供保护的道路,英美法系将商标注册法作为反不正当竞争法的分支。因此,有必要对两大法系的商标保护制度进行详细的比较考察,以便弄清“使用”“注册”对商标保护的法律含义,以论证“使用”对商标权利行使的影响。

2. 规范与案例结合法

商标注册制度弥补了仅靠“使用”取得商标权的缺陷,但也带来瑕疵注册商标问题。本书从国内外瑕疵注册商标案例以及相关法规入手,对案例、法规进行分类、概括,考察法院采取的治理方法及其依据的理论基础,为法院更高质量、更全面治理瑕疵注册商标提供思路与方案参考。

3. 文献分析法

关于瑕疵注册商标的民事司法治理,国内外有大量的文献研究,虽不够系统,但仍可作为本书写作之参考。通过对现有文献的分析,方能更全面知晓中国在瑕疵注册商标民事司法治理的理论方面有何不足、与国外的差异及其背后的深层原因,为下文研究“制度设计”提出更详细、可行、合理的研究资料。

4. 体系化分析法

目前,中国学者对瑕疵注册商标民事司法治理尚缺乏体系化的研究,本书对商标权利行使以使用为前提进行的论证,为民事司法治理提供了理论前提。所有的瑕疵类型其实均可以落脚于“使用”之上,禁止注册/使用的商标、非诚信取得的商标、侵犯在先权利的商标因在法律上不具有获得保护的正当性,即便使用也不会产生合法利益;不具有识别性的商标不能发挥识别商品或服务来源的功能,在未获得识别性前,即使使用也不会产生商誉。本书尝试将“使用”贯穿于瑕疵注册商标民事司法治理中,从而使之体系化。

第五节 创新之处

第一,提出“瑕疵注册商标”概念:不符合商标注册、维持条件而被不当注册或者维持的注册商标。以注册、维持条件的不同,将瑕疵注册商标分为:连续三年未使用的瑕疵注册商标、不具有合法性的瑕疵注册商标、不具有识别性的瑕疵注册商标、具有功能性的瑕疵注册商标、侵害在先权利的瑕疵注册商标、非诚信瑕疵注册商标。以瑕疵的来源不同,将瑕疵注册商标分为:固有瑕疵注册商标和衍生瑕疵注册商标。一般情况下,这些瑕疵注册商标具有“不以使用为目的,大量囤积商标”“侵犯在先权利,谋求不当利益”“滥用注册制度,不当行使权利”等特征,并且由于制度缺陷、主观目的以及客观情形不断变化等原因而形成。

第二,分析“商标使用”对注册商标权利取得和圆满行使的影响,并以此获得民事司法治理瑕疵注册商标权利的启示。凡注册商标,不得含有禁止使用的标志,存在瑕疵的商标不会因“注册”致使缺陷被掩盖,注册商标使用仍应充分遵守法律规定。不满足商标注册要件的瑕疵注册商标,因无法在瑕疵范围内行使权利,排他权范围将明显小于专有使用范围,其权利状态并不圆满,构成了瑕疵注册商标治理的正当原因。同时,从未使用的注册商标未能产生商誉,停止使用的商标所积累的商誉也会随着时间的推移而消耗殆尽，此时，因使用瑕疵的存在，他人的侵权行为将不会导致商誉受损，无损害则无相应赔偿；反之，使用程度越高，商誉积累越多，排他权利的增益辐射范围就越大，所得之侵权赔偿额亦会越高，更可能增强注册商标的识别性。

第三，归纳总结商标权利保护范围解释论。在专利民事司法案件中，人民法院将权利要求记载的技术方案与被诉侵权方案进行对比，参考专利申请或者授权文件及相关文件对权利要求进行解释后，方能在个案中划定权利要求的具体保护范围。作为“授权型”知识产权的商标权也具有类似的保护范围解释规则，其权利保护范围同样具有动态性和相对性。具体来说，商标权利保护范围一般由“商标标识”“核定商品或服务”两个定数以及“识别性”“知名度”“被告行为”三个变量确定。首先，商标注册范围是确定商标保护范围的基准，任何人不能脱离商标注册范围去讨论商标权利保护范围。其次，商标保护范围的不确定性主要由变量造成，商标权利保护范围随识别性强弱、知名度高低呈正相关变化，并以具体的被告行为为参照。最后，人民法院在此基础上，对商标权利要求的保护范围作出解释。当商标权具有瑕疵时，人民法院将该商标的保护范围或者权利行使范围进行限制，在重大瑕疵情形下，甚至可以限制为“零”。商标权利保护范围解释论将瑕疵部分从商标权利保护范围中剔除，在不违反商标权有效原则的基础上，为民事司法治理瑕疵注册商标提供了进路。

第四，比较了权利保护范围解释论、公有领域抗辩论以及禁止权利滥用论。权利保护范围解释论一般不考虑行为人的主观情况，只是考虑商标取得、维持的正当性问题，采用排除法——将瑕疵从权利范围中排除，并非全有全无；缺点在于如果赖以主张权利的注册商标本身不存在瑕疵，仅以损害他人为目的，从而超越权利本旨去行使权利并造成相对方损害,这时权利保护范围解释论就显得无能为力。公有领域抗辩论认为公有领域内的行为不会落入瑕疵注册商标权利保护范围。而禁止权利滥用论同时考虑主观与客观的情况,是一种全有全无的适用方式,但在治理纯粹的连续未使用的瑕疵注册商标方面难以适用,并且,当行为人主观上不存在不当目的,仅客观上注册商标本身具有不正当性时,禁止权利滥用论也不宜适用。总之,三者相辅相成,互相补充,共同为瑕疵注册商标的民事司法治理提供治理路径。

第一章

瑕疵注册商标民事司法治理概述

第一节 瑕疵注册商标剖析

一、瑕疵注册商标的概念

“瑕疵”并非专业的法律词汇，其法律含义需要从通常意义和实际用法中去探寻。首先，按照《现代汉语词典》的解释，“瑕”原指玉上的斑点，比喻事物的缺点，[1]“疵”指缺点、毛病，[2]“瑕疵”指微小的缺点。[3] “注册商标”是指经过国家商标行政机关注册后的商标。从字面意义上看，瑕疵注册商标指的是注册商标存在微小的缺点。其次，在实际使用上，行政法领域的学者常用“瑕疵”形容具

---

〔1〕 参见中国社会科学院语言研究所词典编辑室：《现代汉语词典》，商务印书馆2016年版，第1411页。

〔2〕 参见中国社会科学院语言研究所词典编辑室：《现代汉语词典》，商务印书馆2016年版，第212页。

〔3〕 参见中国社会科学院语言研究所词典编辑室：《现代汉语词典》，商务印书馆2016年版，第1411页。

体行政行为的缺陷,并常将违法与瑕疵等同适用。[1] “行政行为符合全部法定要求的,构成合法;不符合现行任何法律规定的,构成违法或瑕疵。”[2]我国在立法中,也常使用“瑕疵”这一术语,如《湖南省行政程序规定》《山东省行政程序规定》中将瑕疵与错误并列,《西安市行政程序规定》中的瑕疵包括错误。[3] 在司法实践中,也常用瑕疵指代“有问题”的行政行为,例如,最高人民法院在其公报案例——“宜昌市妇幼保健院不服宜昌市工商行政管理局行政处罚决定案”中指出:工商局作出的处罚决定中没有具体载明据以认定保健院违法行为存在的证据名称,使其处罚决定书中的内容不完备,是行政行为的轻微瑕疵。工商局的这一瑕疵没有达到侵害行政管理相对人合法权益的程度,不影响其处罚决定的有效成立。[4] 可以看出,在行政法领域,瑕疵一般指存在违法情形的行政行为,只不过按照违法程度,将瑕疵分为:明显轻微的瑕疵、一般瑕疵和重大明显的瑕疵,分别对应具体行政行为的补正、撤销和无效。另外,在专利领域中,杨志敏教授用“瑕疵专利”形容那些由于审批程序上的原因或审查客观上的限制等,使本不该授权而错误授权的专利技术。[5] 在商标法律中,也常用“瑕疵”描述权利取得的正当性问题。“恶意注册商标……商标注册人取得的注册商标权利基

---

[1] 参见叶必丰:《行政行为的治愈——具体行政行为错误的更正和瑕疵的补正》,2014 年政府法制研究会议论文。

[2] [德]哈特穆特·毛雷尔:《行政法学总论》,高家伟译,法律出版社 2000 年版,第 229 页。

[3] 参见叶必丰:《行政行为原理》,商务印书馆 2019 年版,第 326~327 页。

[4] 宜昌市妇幼保健院不服宜昌市工商行政管理局行政处罚决定案,载《最高人民法院公报》2001 年第 4 期。

[5] 参见杨志敏:《关于“公知技术抗辩”若干问题的研究——从中、德、日三国判例与学说的对比角度》,载《比较法研究》2003 年第 2 期。

础本身存在重大权利瑕疵。"〔1〕凌宗亮法官将商标申请人主观上明知或应知自己申请注册的商标与他人在先注册商标相同或相似，有可能误导消费者时，仍然积极进行商标申请，并最终由于商标局的过失等原因予以注册的商标称为有瑕疵的冲突商标。〔2〕孙国瑞教授等将商标权违反使用义务的注册商标称为存在使用瑕疵的商标，并认为该权利应被限制。〔3〕李雷博士等将"瑕疵"与商标质量联系起来，认为商标注册审查强度与商标质量相关，审查力度越大，越能避免瑕疵商标获得注册。〔4〕廖芳认为，申请人提出注册申请时，如果申请注册的商标图案与他人的在先申请的注册商标相同或相似，就构成申请瑕疵。〔5〕梁志文教授将商标瑕疵分为权利取得存在瑕疵和权利行使的过程中存在瑕疵，前者指注册商标存在权利冲突，后者指滥用权利。〔6〕冯晓青教授等认为，擅自将他人作品进行商标注册后产生的商标权，就是一种有瑕疵的民事权利。〔7〕杨淑霞副教授等将存在可撤销事由、无效事由的注

---

〔1〕刘义军：《恶意注册后滥用商标权的司法规制》，载《电子知识产权》2022年第7期。

〔2〕参见凌宗亮：《化解注册商标间权利冲突的合理模式分析》，载《上海政法学院学报（法治论丛）》2011年第6期。

〔3〕参见孙国瑞、董朝燕：《论商标权人的商标使用义务》，载《电子知识产权》2020年第4期。

〔4〕参见李雷、梁平：《论我国商标授权确权程序的优化》，载《知识产权》2017年第7期。

〔5〕参见廖芳：《论在商标申请程序中树立瑕疵排除原则》，载《理论界》2008年第1期。

〔6〕参见梁志文：《论知识产权规范竞合及其解决路径——兼评最高人民法院的一则解释》，载《法商研究》2006年第2期。

〔7〕参见冯晓青、杨利华：《知识产权权利冲突及其解决原则》，载《法学论坛》2001年第3期。

册商标均称为瑕疵注册商标。[1] 可见，在以专利授权、商标注册为主的知识产权领域，较为普遍地将不满足专利授权条件、商标注册条件的授权专利、注册商标称为瑕疵专利、瑕疵(注册)商标，但未对瑕疵作出明显、轻微、一般、严重等分类。在当前文献中，大多将“瑕疵”聚焦于申请注册阶段，并未从商标维持层面考察注册商标是否始终满足注册条件，如丧失识别性，标识非法化等。存在瑕疵的注册商标，因其正当性存在问题，故“相应主体可在商标授权确权程序中对瑕疵商标提出挑战”。[2] “对待自始被注册即有瑕疵的商标而言，最简单的手段便是一概认定其无效且自始不存在。”[3] 所以，商标语境中的瑕疵并非通常意义上的“微小的缺点”。注册商标的瑕疵既可能产生于注册，也可能产生于维持；商标的瑕疵法律效果包括不发生法律效力或者权利受到限制，瑕疵应该是全过程和全方位的。为了较为完整地对瑕疵注册商标进行概括，本书将瑕疵注册商标定义为：不符合商标注册、维持条件而被不当注册或者维持的注册商标。该定义无意区分商标注册人的主观意图，除不以使用为目的的恶意注册、以欺骗性或者不正当手段取得注册的商标外，即便没有恶意也不影响对标识本身是否符合注册或者维持条件的判断，因为在客观情况下，注册和维持本身就是一种不当。

二、瑕疵注册商标的种类

我国商标注册和维持的条件，分为不可使用事由、不可注册事由和可撤销事由。具体不可使用事由分布在《商标法》第10条(标识不具

[1] 参见杨淑霞、山文岑：《注册商标撤销制度辨析》，载《河南大学学报(社会科学版)》2000年第1期。

[2] 叶菊芬：《违反诚实信用原则注册的商标不予保护》，载《中华商标》2021年第2期。

[3] 毕文轩：《比例原则在知识产权法中的适用》，载《理论探索》2018年第6期。

有合法性)、第 13 条(侵犯他人驰名商标)、第 15 条(抢注由特定关系人使用的商标)、第 16 条(含有误导公众的地理标志);不可注册的事由除了前述不可使用事由外,还包括《商标法》第 4 条(不以使用为目的的恶意注册)、第 11 条(不具有识别性)、第 12 条(具有功能性)、第 30 条(与他人在先注册/初审商标相冲突)、第 31 条(与他人在先申请商标相冲突)、第 32 条(与他人在先权利相冲突)、第 44 条(以欺骗性或者不正当手段获得注册);可撤销事由主要集中在《商标法》第 49 条(注册商标连续三年未使用)。吴汉东教授将商标权的适格客体分为 4 类:"合法性""识别性""非冲突性""非功能性",分别对应我国商标法律的"商标使用的禁用条款""商标注册的限制条款""商标注册和使用的禁止条款""三维标志注册的限制条款"。[1] 如果以客体不适格进行分类,可以分为不具有合法性的瑕疵注册商标、不具有识别性的瑕疵注册商标、侵害在先权利的瑕疵注册商标、功能性瑕疵注册商标。不过该分类仅从商标权客体角度考虑,并未考虑商标注册维持、商标注册行为方面的瑕疵。结合吴汉东教授对商标客体的分类,本书将注册商标的瑕疵类型作如下分类:连续 3 年未使用的瑕疵注册商标(对应《商标法》第 49 条)、不具有合法性的瑕疵注册商标(对应《商标法》第 10 条、第 16 条)、不具有识别性的瑕疵注册商标(对应《商标法》第 11 条)、具有功能性的瑕疵注册商标(对应《商标法》第 12 条)、侵害在先权利的瑕疵注册商标(对应《商标法》第 13 条、第 15 条、第 30 条、第 31 条、第 32 条)、非诚信瑕疵注册商标(对应《商标法》第 4 条、第 44 条)。

注册商标的瑕疵既可能是"与生俱来"的,也可能是注册后因客观情况发生变化,或者使用不当而导致的。以瑕疵的来源不同,可以将瑕

---

〔1〕 吴汉东:《知识产权法》,法律出版社 2021 年版,第 498~513 页。

疵注册商标分为固有瑕疵注册商标和衍生瑕疵注册商标；前者系在商标注册伊始，商标即不符合《商标法》的注册要求，例如，某公司申请注册“婚外情社区”商标，该商标明显违反中华民族传统道德观念，假如被允许注册，该类商标就是固有瑕疵注册商标；一般来说，具有功能性的瑕疵注册商标、侵害在先权利的瑕疵注册商标、非诚信瑕疵注册商标大多为固有瑕疵注册商标。后者系在商标注册时未有禁止注册的情形，但是随着社会发展，导致该注册商标不再具备商标注册条件，比如，“吃货”等不具有合法性的瑕疵注册商标，虽然在注册时，未发现有禁止注册的事由，但标识含义随着社会的发展，已经因“格调不高”，不再适合作为商标使用；又如，注册在汽车商品上的“吉普”商标，也已经被认为是一种车型的通用名称；这些丧失可注册性的注册商标在未经法定程序注销之前，仍为注册商标，是衍生瑕疵注册商标；一般来说，连续三年未使用的瑕疵注册商标为衍生瑕疵注册商标。不具有合法性的瑕疵注册商标、不具有识别性的瑕疵注册商标，因瑕疵来源既可能发生于注册前，也可能是在商标维持期间“含义”变化导致，对其作“固有瑕疵注册商标”或“衍生瑕疵注册商标”分类时须进一步考察。为了方便行文，下文在进行系统性类型化分析时，主要以商标注册、维持条件作为分类标准。

三、瑕疵注册商标的特征

“按需注册”“诚实注册”是商标注册的基本要求。真正由于客观原因，如商标不具有合法性，导致相关当事人在民事案件中发生冲突的情形较少，再加上我国商标审查能力的较高水平，相比之下，此类瑕疵现象并不突出。实际上，民事司法程序中注册商标爆发得最多的瑕疵类型，具有类似的特征，原告通常不以使用为目的，囤积、抢注商标，以转卖、强迫交易或者将他人从市场竞争中排除为目标；或者即便具有使用目的,也以侵犯他人在先权利为手段。

特征一:不以使用为目的,大量囤积商标。我国《商标法》第四次修改时专门在第4条增加了“不以使用为目的的恶意商标注册申请,应当予以驳回”条款,专门用于打击囤积商标的申请行为,有效规范商标申请注册秩序。[1] 在这之前,相应的使命由《商标法》第44条第1款中的“以欺骗手段或者其他不正当手段取得注册的……其他单位或者个人可以请求商标评审委员会宣告该注册商标无效”条款承担,这样规定一是为了在申请注册阶段就将该类行为排除,二是为了加强注册申请人的使用义务,希望使注册商标回归于使用。该特征除明显对应非诚信瑕疵注册商标类型外,其他如连续3年未使用的瑕疵注册商标、侵害在先权利的瑕疵注册商标类型可能也伴随非使用目的。虽然在我国商标注册成本较低,但如果将某一商标真实、持续地投入使用,着实需要花费较大的成本和精力,就以囤积牟利的商标注册人而言,转卖是他们的主要目的,所以一般不会对商标进行使用,从而形成连续3年不使用的注册商标。在侵害在先权利的瑕疵注册商标类型中,不以使用为目的的恶意注册人可能会通过投诉、诉讼等方式强迫在先权利人购买该商标。基于同样的原因,如果对该瑕疵注册商标进行使用,成本较大,而且也可能因该违法使用导致承担侵权责任,所以囤积者一般也不可能将囤积的商标真诚、合法地使用。

特征二:侵犯在先权利,谋求不当利益。基于制度的瑕疵风险总体是可控的,对瑕疵风险影响最大的,往往是商标注册人的别有用心。单纯的囤积商标转让虽然扰乱了商标秩序,但客观上也帮助经营者减少了取得商标注册的时间、降低了不能注册的风险。不过这种单纯的现

[1] 参见何怀文:《商标法注释书》,中国民主法制出版社2021年版,第27页。

象是少见的,毕竟没有任何“冲突”的注册商标很难找到需要它的市场,未经使用的注册商标也不会当然吸引消费者的注意,除非这个标识本身就知名。多年以来,抢注知名运动员、作品名称、人物形象、角色名称等作为商标的现象屡见不鲜。毕竟将这些作为商标使用,就自然地会给予该注册商标使用人的商品或服务更多的关注,即便这些“流量”本应属于这些在先权利人。但为了谋求不当利益,侵犯在先权利也在所不惜,于是形成了侵害在先权利的瑕疵注册商标。为了使该类商标获得注册,商标申请人往往也伴随不真诚使用的目的,甚至可能会采取欺骗性等不正当手段。

特征三:滥用注册制度,不当行使权利。以主观不当意图为主的瑕疵注册商标类型的形成,多是商标注册人未按照法律规定、背离法律目的提交本不应注册的商标,而利用商标审查制度的漏洞或者客观局限性,使商标获得注册。明知不可为而为之的商标注册人既可能客观上扰乱了商标注册秩序,也可能损害具体个人的合法权益,属于对商标注册制度的滥用。对因滥用商标注册制度而形成的商标注册结果,理应不发生相应的法律效力,即不能产生商标权。无奈该商标依然登记于商标注册簿,只要未被国家知识产权局撤销或者无效宣告,客观上商标注册人可以基于该注册形式而产生一种民事权利。如果要将该种瑕疵权利作为权利基础,要求他人停止侵权并赔偿损失,就属于对权利的不当行使。虽然本特征以不当行使权利为表现,实际上,滥用的基础原因却多种多样,比如,商标本身不具有合法性、不具有识别性、具有功能性、和他人的在先权利相冲突、以非诚信手段取得注册等。只要滥用商标制度后行使了商标权利,基于这些滥用原因形成的注册商标几乎可以对应所有注册商标的瑕疵类型,成为这些瑕疵的共同特征。

四、瑕疵注册商标的形成原因

首先是制度原因。商标的初步审定需要经历“申请”“审查”两个环节，每个环节都有可能导致“瑕疵”的形成。在申请阶段，申请人的主观目的通常无法探知，需要对申请人的客观行为等因素进行考察，当客观行为隐蔽性较强时，常常就会通过审查，比如，代理人以自己的名义将被代理人的商标进行注册，如果不是被代理人提出异议，商标审查人员在商标没有其他不予注册的情形下，就会允许其初步审定。在审查阶段，不同审查人员所掌握的综合知识有不同，对同一枚商标可能会产生不同认识；或者即使所认定的事实相同，但对法律条文理解的差异，会导致审查结论不一；当这些“不同”“差异”均属于审查人员的自由裁量范围时，一般不将其称为“瑕疵”，商标的个案审查原则就是体现。不过，“相对于损害特定民事主体利益的禁止商标注册的相对理由条款绝对理由条款的个案衡量空间应当受到严格限制”。[1] 自由裁量均应有其限度，超过限度形成的审查意见就形成了瑕疵结论，相关瑕疵就影响注册商标权利的行使。可见，影响注册商标瑕疵的因素是多样的，也是难以控制的，即使每一枚注册商标都通过了审查，但仍无法保证它们均无瑕疵。

其次是商标申请人的主观原因。我国与美国的注册制度不同，不要求商标申请人就其“使用”或者“意图使用”作出宣示，商标申请人在主观层面上具有很大的逻辑空间。其一，主观是不容易考察的，它必须伴随特定的行为才能被他人推定，如果非诚信行为较为隐蔽，并未体现于任何客观行为或者情形，如不存在其他不可注册的情形，该商标就会通过注册。其二，主观意思是动态的、持续的，在商标注册之后表现的

---

〔1〕 最高人民法院行政判决书，(2016)最高法行再7号。

恶意只能停留在权利行使层面,相对方可以基于禁止权利滥用进行抗辩,如无其他证据证明取得注册存在恶意行为,也不会使该瑕疵商标注册的基础发生动摇。而且,从成本的角度考虑,发现一个行为并对主观目的进行逻辑推演,是极为不效率的事情,一是不准确,二是无结果,三是浪费大量的成本;越隐蔽的行为,就越需要花更多的精力,就越难发现并过滤瑕疵注册商标。

最后是客观原因。客观世界不断变化,曾经具有识别性的商标可能退化为通用名称,不再符合商标注册条件,如“吉普”“氟利昂”。某些词汇也会随着社交网络的应用而改变其本身含义,如果继续作为商标使用,将可能因格调不高对社会产生不良影响,如“吃货”“MLGB”。对于某些侵害在先权利的瑕疵注册商标,如果在先权利人不提出异议,在争议期之后,就难以再对其采取无效措施,使之长期登记在注册簿,而这是国家商标行政机关或者社会公众无法控制和预见的,如“乔丹”“真功夫图样”。历史的车轮滚滚向前,唯一不变的就是,变化并不会以个人的意志为转移,故而,瑕疵注册商标只能治理而无法做到完全清理。

第二节 瑕疵注册商标民事司法治理解析

瑕疵注册商标的权利行使受到司法检验。“根据权力分立原则,司法不宜直接判决撤销依照行政程序取得的某项有瑕疵的权利,仅可以对当事人权利的行使进行规范或限制。”[1]这种做法既能主动净化

---

[1] 北京市第一中级人民法院知识产权庭课题组、杨柏勇、周云川:《知识产权权利冲突的司法解决》,载《人民司法》2009 年第 1 期。

商标，也能减省司法行政资源的无谓消耗，还可避免形式上有效而实质上存在重大瑕疵的“毒树之果”持续滋长。[1] 因此，有必要对瑕疵注册商标进行民事司法治理。

一、瑕疵注册商标民事司法治理的内涵

所谓内涵，既是本质，也是概念的内容。“治”解决表现出来的问题，“理”厘清矛盾本质、梳理—协调利益，引导价值向善。徒法不能以自行，所谓司法治理，即通过司法查清问题、找到本质并解决问题。[2]

---

〔1〕 参见洪婧：《商标恶意注册与商标权滥用的反思和完善》，载《中华商标》2022年第3期。

〔2〕 在cnki中使用关键字“司法治理”检索，截至2023年5月28日，共检索出490条题目包含“司法治理”的学术期刊论文。“司法治理”通常用于描述“通过司法解决或处理某一问题”。例如，“信息技术发展日新月异，立法的滞后性、监管的中心化、市场的趋利性，导致传统社会的治理手段难以完全适应网络社会治理需求。司法与技术融合为网络社会治理赋能，积极参与网络社会协同共治，调动立法、行政、社会、新闻等各方治理资源，妥善化解互联网纠纷，逐步树立互联网行为规则”。参见李占国：《网络社会司法治理的实践探索与前景展望》，载《中国法学》2020年第6期。“突如其来的新冠疫情挑战着我国正常的经济社会秩序，刑事司法亟须充当起紧急性、专业性和规制性的治理角色。刑事司法在紧急应对涉疫案件时，需对以危险方法危害公共安全罪中的‘危险方法’进行严格解释，今后需对妨害传染病防治罪的罪状表述进行修订以满足罪刑法定原则的要求。”参见林喜芬：《疫情期间刑事司法治理的挑战与回应》，载《上海交通大学学报（哲学社会科学版）》2020年第5期。“最高人民法院悄然成为影响国家经济、政治和社会生活的重要力量，司法开始超越原有的纠纷解决功能，而逐渐发展为一种独特的社会治理方式，所谓司法治理在中国更多地通过最高人民法院的一系列举措来实现。”参见彭宁：《最高人民法院司法治理模式之反思》，载《法商研究》2019年第1期。“以法庭与诉讼为代表的‘司法’构成了国家治理的核心即形成了所谓‘司法治理’的模式。”参见于明：《早期普通法中的司法治理与自发秩序——以“新近侵占之诉”为例》，载《清华法学》2013年第2期。“以司法的视野研究环境群体性事件的治理不仅仅是反思尚处于前法治时期环境群体性事件司法创新与试错的困厄，更重要的是为游离在司法救济边缘的环境群体性事件逐步展开的司法叙事带来融贯性思索。”参见彭清燕：《环境群体性事件司法治理的模式评判与法理创新》，载《法学评论》2013年第5期。最高人民法院也在多处提到“司法治理”，同样用于描述通过司法解决某类问题，参见周强：《推进生态环境司法治理　促进人与自然和谐共生》，载中华人民共和国最高人民法院网2021年5月26日，https://www.court.gov.cn/shenpan-xiangqing-305331.html。

与行政治理相比，基于“不告不理”的基本原则，司法治理具有被动性，而行政治理则可以提前介入，并主动引导、规范商标注册秩序。如前所述，国家知识产权局为了治理瑕疵注册商标，已经制定了若干针对性规定，并连续多年实施清理瑕疵注册商标的专项行动，确实取得了良好效果；但行政治理仍有其局限性，瑕疵注册商标治理并非单靠行政治理就能完成，已然需要与司法治理一道，共同治理瑕疵注册商标。瑕疵注册商标民事司法治理要求人民法院在民事司法案件中，识别出瑕疵注册商标，发挥民事司法职能，解决瑕疵注册商标的权利行使问题。在治理过程中，既要依法保障权利人的合法权益，又要避免相对人遭受非正义的对待。“合理强化特定情形下民事程序的优先和决定地位，促进民行交织的知识产权民事纠纷的实质性解决，保障民事案件处理的公正和效率。”〔1〕人民法院处于中立地位，告诉是民事案件的开始，人民法院的职权必须立足于个案；不过，个案不是独立存在的，它和社会发生着千丝万缕的关系，一次裁判，就是人民法院和民意的一次互动，人民法院建立的裁判规则将像法律一样，直接影响类似的社会关系中的每个人，所以，人民法院必须肩负起从宏观层面治理社会问题、引导形成正确价值观念的责任。因此，可以将民事司法治理分为个案治理和规范治理。相较于前者，后者的方式较为丰富，人民法院可以通过发布指导案例、司法政策、司法解释等方式进行。

首先，司法治理瑕疵注册商标要做好个案治理。与个案利益最为相关的是案件当事人；持有瑕疵注册商标的既可以是原告，他以此作为权利基础主张被告侵权，也可以是被告，在先权利人主张被告注册并使

〔1〕 陶凯元：《知识产权审判应坚持正确的司法政策》，载《紫光阁》2016年第11期。

用商标的行为构成侵权。可以发现,原被告之间具有天然的对抗性,人民法院作为裁判者,如何不偏不倚,于法有据,合乎情理地平衡双方的利益,并实质性地解决争议是裁判者不得不解决的问题。纵使基于职权分开原则,法官也无法在个案中直接撤销或者对存在明显瑕疵的注册商标进行无效宣告,但这不是法官将相关争议抛向国家商标行政机关的理由,作为司法者,需要将现有的立法与当下的个案紧密结合起来,找到一条合乎公平正义的进路,这才是法官需要做的工作。“法律的目的、价值、功能等基本问题,法官和司法的价值观,这些列入司法哲学的东西,都可以指引具体的裁判。”〔1〕比如,审查权利的正当性,权利人的主观目的,相对方的行为情节,确定权利的保护范围均是法官的职权空间。在“歌力思”商标案中,王某恶意抄袭、复制歌力思公司已有16年历史并为相关公众广为知晓的、享有较高声誉的核定在第25类“外套”等商品上的第1348583号“歌力思”商标,在第18类“钱包”等商品上拥有第7925873号“歌力思”商标,因歌力思公司在女包等商品上使用了“歌力思”商标,王某以歌力思公司侵害其商标权为由将其诉至法院。一审判决认定歌力思公司构成侵权;歌力思公司不服,提起上诉,二审判决驳回上诉、维持原判,后本案由最高人民法院再审,最高人民法院认定王某以非善意取得的商标权对歌力思公司的正当使用行为提起的侵权之诉,构成权利滥用,其与此有关的诉讼请求不应得到法律的支持,驳回王某的全部诉讼请求。〔2〕 本案一审、二审法院并未能动地将诚实信用地取得、行使权利作为维权的正当基础,最高人民法院认识到本案原告权利行使的非正当性,独辟蹊径,适用《民事诉讼法》第

---

〔1〕 孔祥俊:《论商标法的体系性适用——在〈商标法〉第8条基础上的展开》,载《知识产权》2015年第6期。

〔2〕 最高人民法院民事判决书,(2014)民提字第24号。

13 条有关“民事诉讼应当遵循诚实信用原则”的规定，纠正了一审、二审的错误判决，为各下级人民法院树立了在个案中治理瑕疵注册商标的典范。本案维护了被告的正当利益，并对原告权利行使的正当性给予否定评价，给社会传递了瑕疵注册商标权利不得行使的信号，发挥了司法在保护知识产权的同时防止权利滥用的主导作用。

其次，司法治理瑕疵注册商标要做好规范治理。相较于个案治理，规范治理是一种普遍性治理，内容较为丰富，它包括人民法院发布的典型案例、指导案例、司法政策、司法解释等，它们与个案治理一起，全方位地发挥司法治理职能。具体来说，规范治理根植于个案治理，又反作用于个案治理，规范从案例中来，到案例中去。一定程度上，规范治理并非一种绝对的被动治理，它犹如行政治理一样，会主动规范主体行为，影响人民群众的生活。“司法机关参与社会治理本身即是对司法权扩张的鼓励。通过调解、司法解释、司法建议、指导案例发布等形式，将司法权延伸至纠纷解决的范畴之外，直面社会问题。”〔1〕在治理瑕疵注册商标的问题上，前述的“歌力思”案被选为当年度典型案例，通过“威科先行”数据库，以本案案号“(2014)民提字第 24 号”为关键字，可以搜索到 40 份民事判决；以该案说理词汇“权利滥用”为关键字，以“知识产权与竞争纠纷”为案由，可以搜索到 496 份判决书，其中，2015 年至今的判决案例为 456 份。可以发现，自“歌力思”案之后，以权利滥用为由驳回原告诉讼请求或者追究被告侵权责任的案例越来越多，足以看到“歌力思”案对后续裁判的影响力度。除此之外，为了实现一定的目的而采取具体的、积极的司法策略和措施的司法政策也对法官的

〔1〕 陈星儒、周海源：《司法参与社会治理的正当性进路分析》，载《湖北社会科学》2018 年第 4 期。

司法裁判发挥着影响。虽然这些文件并非正式的法律文件，并无法在裁判文书中援引，但它们无疑指引着法官的裁判。在“《女人》作品被抢注”案中，陈某是《女人》美术作品的著作权人，佐纳公司将与《女人》作品仅存在细微差别的图形向商标局申请注册了多枚商标，在该商标注册5年之后，陈某以佐纳公司侵犯其著作权为由诉至法院，法院认为：佐纳公司注册的涉案商标属于对他人在先权利的侵害，是否应当被宣告无效，应由商标行政管理部门予以评判，但是，本案中，佐纳公司注册的涉案商标侵害了陈某作品的著作权，即使被诉侵权的注册商标因为已经超过《商标法》所规定的5年无效期而无法被裁定无效，但考虑被诉商标并未实际使用，尚未建立起稳定的市场秩序和发挥区别商品来源的作用，人民法院在侵权诉讼中仍可判令商标权人停止对被诉商标的使用。[1]

该案判决后，二审主审法官专门撰文对本案进行了分析，并引用了《最高人民法院关于当前经济形势下知识产权审判服务大局若干问题的意见》以及《第四次全国法院知识产权审判工作会议纪要》。该文首先引用前述意见中“一般不再判决承担停止使用该注册商标的民事责任”的观点并进行分析，从“市场格局”“恶意”等角度能动地判决被告停止使用注册商标，然后再引用会议纪要中“可以根据原告诉请和案件具体情况，判令被告停止使用被诉注册商标”的观点进行佐证，整套裁判逻辑均充斥着对司法政策的理解。[2] 可见，规范治理属于瑕疵注册商标的民事司法治理的重要内容。

“司法是国家定分止争、惩恶扬善的终局性机制，是社会公平正义的

---

〔1〕 福建省高级人民法院民事判决书，(2018)闽民终1033号。

〔2〕 参见蔡伟、欧群山：《侵害在先权利的注册商标是否应判决停止使用》，载《人民法院报》2018年11月8日，第6版。

法治保障。公平正义是司法的灵魂和生命。”[1]瑕疵注册商标的民事司法治理核心要点就是要在民事司法中,正确识别瑕疵类型,并依据现有法律资源,对注册商标权利的正当性作出准确认定,并作出与正当性程度相符的法律评价。在治理过程中,个案正义是实现普遍正义的基础,让人民群众在每一个司法案件中感受到公平正义是人民法院的重要责任。虽然瑕疵注册商标治理也存在行政途径,但在民事司法中,中止审判等待行政争议决定将导致诉讼周期加长,不考虑权利正当性而径行判决也将使实质公正落空。因此,人民法院在发现瑕疵问题时,不可机械地将“纠纷”抛给行政机关,要发挥自身主观能动性,努力在民事司法中,有效率、实质性地化解争议。个案的裁判结果将可能直接影响类案处理,人民法院有必要在个案之外,重视规范治理,确保类似案件类似处理,将法律、判决、司法政策等中所蕴含的价值观念直接传递给社会公众,从整体上实现法律效果与社会效果的协调统一,进而有助于瑕疵注册商标的源头治理,减少类似纠纷的发生。

二、瑕疵注册商标民事司法治理的外延

毫无疑问,依据我国《商标法》,国家知识产权局是商标注册、撤销、无效宣告的唯一机关,人民法院对瑕疵注册商标的民事司法治理不可突破这一基本红线,否则就属于违法治理。但是,人民法院是权利行使的有权评价机关,确定瑕疵注册商标的权利范围是其应有权利,当权利保护范围不及于瑕疵注册范围时,人民法院就完成了对瑕疵注册商标的治理,实质化解决了争议。

具体来说,假使赋予人民法院在个案中直接变更注册商标的“注

[1] 吴建雄、熊世才:《习近平法治思想中的公平正义观》,载《行政管理改革》2021年第11期。

册”状态的权力,无疑是民事司法治理瑕疵注册商标的利器。随之而来的,国家知识产权局必然与法院建立协调机制——依据法院判决变更相关注册商标的权利状态。根据《最高人民法院关于印发基层人民法院管辖第一审知识产权民事、行政案件标准的通知》,可以管辖商标侵权案件的法院遍布全国,且大多数为基层法院。如此一来,裁判标准难以统一把握,各个法院之间还可能出现矛盾判决,国家知识产权局可能难以同时对接如此之多的法院,更何况,国家知识产权局的相关权力可能被架空。可见,在目前状态下,更改注册商标制度中人民法院的权力配置,允许其撤销、无效宣告注册商标,就与“头痛医头,脚痛医脚”之举一样,甚至还会给“身体”带来副作用,得不偿失。因此,对瑕疵注册商标进行民事司法治理,不能直接处理瑕疵商标的“注册”,既不能对瑕疵商标的注册状态进行消极的法律评价,也不能直接更改注册状态。

遇有特殊的适用对象,自然要寻求特殊的适用方式,这是司法过程必须具有的创造性思维。[1] 诚然,在瑕疵注册商标问题较为集中爆发之前,人民法院在审理案件时通常也不会怀疑或者审查商标权利的正当性问题,久而久之,法官就形成了较为固定的思维。特别是在法律有明文规定瑕疵商标问题由行政机关负责的情况下,将相关瑕疵问题交由行政机关解决是较为稳妥的做法。最高人民法院在“歌力思”案中的论述为下级法院解决瑕疵注册商标提供了新的思路,它不对“注册”做消极评价,只是将重点放在权利行使中,当行为人主观上非善意、权利取得不具有正当性时,行使该权利就构成权利滥用。[2] 在“爱适易”不正当竞争纠纷案中,法院认为,被告商标抢注行为难以被认定为善意

[1] 参见孔祥俊:《论商标法的体系性适用——在〈商标法〉第8条基础上的展开》,载《知识产权》2015年第6期。

[2] 最高人民法院民事判决书,(2014)民提字第24号。

的且系为正常经营活动或维护自身知识产权所需，应属明显的商标囤积牟利行为，且其将抢注的商标用于公司网站等经营活动中，具有借助他人知名品牌进行不正当竞争等意图，其通过侵害原告在先权利而恶意取得、行使商标权的行为，违反了诚实信用原则，扰乱了正常的商标注册管理秩序，破坏了公平竞争的市场秩序，损害了原告的合法权益，构成不正当竞争。[1] 可见法院也系将审查重点放在被告行使权利的不正当性质上。《最高人民法院关于审理注册商标、企业名称与在先权利冲突的民事纠纷案件若干问题的规定》中规定，在先权利人对作为商标注册人的被告提起的停止侵权诉讼，也是为了限制被告注册商标权利的行使。所以，从限制权利行使的角度治理瑕疵注册商标是人民法院较为合适的路径。“民事判决禁止商标使用的法理根源，在于注册商标专用权具有法律上的不确定性（或动态性）及可反驳性，民事判决系为商标权利的限制，而非商标权的消灭。”[2]限制注册商标是基于个案原被告主张和举证的情况，对商标权利作出的认定，这个认定可能因主张、证据的不同而发生变化，所以，“限制”一定只具有个案效力。其他案件中，即使也作出相类似的裁判，那也是基于类似主张和证据作出的独立审查，各个判决之间没有必然的联系。所以，个案认定并不会发生对世效力，它不会直接影响商标的“注册”状态，即使认为瑕疵注册商标的取得和维持存在不正当性，也不会引起注册商标权利丧失。同理，人民法院在裁判中，不能代理行政机关，作出注册商标应予撤销、无效宣告相关的论述，否则即使结论正确，也会僭越行政权力，引发商标注册秩序混乱。

---

[1] 福建省高级人民法院民事判决书，(2021)闽民终1129号。

[2] 杨静：《民事判决对注册商标专用权的限制》，载《人民司法》2019年第34期。

三、瑕疵注册商标民事司法治理的历史尝试

司法治理的根本要义在于通过司法机关行使司法权，获得正义标签，通过正义方式构建社会秩序，在全社会构建正义的渊源，把多元的正义通过司法行动皈依一元的司法正义，从而构建一种稳定的社会秩序。〔1〕多年以来，人民法院基于具体的审判工作，积累了大量经验，分别以发布参考性案例、司法政策、司法解释等方式形成了大量审判意见，树立了较多裁判规则，指导着人民法院的裁判工作。在瑕疵注册商标的民事司法治理过程中，多年来探索完善了“正当使用抗辩规则”“未使用抗辩规则”“权利冲突解决规则”“禁止权利滥用规则”等，下面将以“正当使用抗辩规则”“权利冲突解决规则”为例，介绍人民法院对相关瑕疵注册商标司法治理的相关尝试。

1. 正当使用抗辩规则。1993 年《商标法》第 8 条规定，本商品的通用名称和图形，直接表示商品的质量、主要原料、功能、用途、重量、数量及其他特点的标识不得作为商标使用，所以也一般也不存在正当使用的问题。但相关问题不代表不存在，例如，在“桃小灵”案中，最高人民法院作出答复：虽然“桃小”是昆虫的通用名称，商标权人不能以其注册了“桃小灵”商标而限制他人使用该词汇，且农药行业有将药物防治对象与防治效果组合命名的惯例，但这并不等于说他人在任何情况下使用“桃小”均是正当合理的。判断正当与否，要结合案件的实际情况，根据是否造成对他人商标权的损害来认定。如果本案“桃小灵”与“桃小一次净”之间构成近似并足以造成消费者的误认，则益农厂使用

---

〔1〕 参见葛天博、陈江：《司法中的人民利益：司法治理的选择与实践研究》，西南财经大学出版社 2015 年版，第 14 页。

“桃小”就是不正当的，要承担侵权的法律责任。[1] 司法机关首次以司法解释的方式提到了正当使用问题，并将“是否混淆”作为正当使用的考量因素。《商标法》自2001年修正后，仅将缺乏识别特征的内容作为不得注册的部分，不再限制经营者使用。为了与2001年《商标法》配套，2002年的《商标法实施条例》第49条规定了正当使用规则，但尚未建立详细的判定规则。北京市高级人民法院在《关于审理商标民事纠纷案件若干问题的解答》第19条将“使用出于善意”“不是作为商标使用”“使用只是为了说明或者描述自己的商品或者服务”“使用不会造成相关公众的混淆、误认”作为商标正当使用的构成要件。但其随后重新颁布的司法文件中排除了“相关公众不会造成混淆误认”条件。2009年《最高人民法院关于当前经济形势下知识产权审判服务大局若干问题的意见》明确要求正确把握商标权的专用权属性，合理界定权利范围，既确保合理利用商标资源，又维护公平竞争。2013年《商标法》再次修订，把正当使用抗辩规则吸收到内容中。整个过程中，司法治理工作在一定程度上促进了法律修改，也完善了正当使用的认定标准，有助于准确认定缺乏识别性的瑕疵注册商标的权利范围。

2. 权利冲突解决规则。最早提到权利冲突的全国性司法文件是1998年《最高人民法院关于全国部分法院知识产权审判工作座谈会纪要》，文件指出：“凡涉及权利冲突的，一般应当由当事人按照有关知识产权的撤销或者无效程序，请求有关授权部门先解决权利冲突问题后，再处理知识产权的侵权纠纷或者其他民事纠纷案件。经过撤销或者无效程序未能解决权利冲突的，或者自当事人请求之日起3个月内有关

---

[1] 《最高人民法院知识产权审判庭关于烟台市京蓬农药厂诉潍坊市益农化工厂商标侵权纠纷案的答复》（〔1999〕知他字第5号函）。

授权部门未作出处理结果且又无正当理由的，人民法院应当按照民法通则规定的诚实信用原则和保护公民、法人的合法的民事权益原则，依法保护在先授予的权利人或在先使用人享有继续使用的合法的民事权益。”该会议纪要明确的权利冲突解决规则是将行政程序置于民事程序之前，待行政争议解决之后再继续民事诉讼程序。2004 年《最高人民法院关于对江苏省高级人民法院〈关于江苏振泰机械织造公司与泰兴市同心纺织机械有限公司侵犯商标专用权、企业名称权纠纷一案的请示报告〉的复函》（已废止）又重申了这一规则：对涉及注册商标授权争议的注册商标专用权权利冲突纠纷，告知原告向有关行政主管机关申请处理，人民法院不予受理。直到 2008 年《最高人民法院关于审理注册商标、企业名称与在先权利冲突的民事纠纷案件若干问题的规定》较为全面地规定对注册商标侵犯在先权利的纠纷进行受理，不再以行政程序优先为原则，直接按照一般的民事侵权处理。通过该条规定，相关在先权利人可以直接通过民事诉讼程序，主动对侵犯其在先权利的商标注册、使用人进行维权，依法要求侵权人停止侵权以及承担相应的损害赔偿责任。在注册商标语境下，停止侵权即指停止使用注册商标，以此实现对侵犯在先权利的瑕疵注册商标的司法治理。

世上本没有路，走的人多了，也便成了路。[1] 时任最高人民法院院长周强在 2022 年全国高级法院院长会议上强调，广大法官要发挥司法智慧，努力创造符合时代精神、满足人民企盼、引领规则导向的伟大判决。[2] 他谈论的也是一种探路精神，虽然，“在法律适用中我们确实经常需要破解前所未有的法律难题。而我们一旦作出选择，往往会开

---

〔1〕 参见鲁迅：《鲁迅全集》第 1 卷，同心出版社 2014 年版，第 538 页。

〔2〕 参见张超、高磊：《努力创造不负时代的伟大判决》，载中国法院网 2022 年 8 月 2 日，https://www.chinacourt.org/article/detail/2022/08/id/6830390.shtml。

辟出一条新的路径”。〔1〕在民事司法治理瑕疵注册商标的这条路上，既要重视司法维护社会公平正义最后防线的作用，致力于知识产权纠纷的实质性解决，也要重视程序公正和实体公正的统一，避免程序空转或者机械司法。〔2〕现有的司法成就都是过去人民法院敢于尝试的结果，每一个裁判者在民事司法中面临瑕疵注册商标问题时除了利用“守成”规则，面对新型案件，还应当在正确充分行使法官享有的裁判权力基础上，敢于作出合法合理、前无先例、人民满意的创新裁判。

本章小结

本章是对瑕疵注册商标概念及民事司法治理作的基本分析，为后面进一步研究作必要的准备。瑕疵注册商标概念作为本书的基本范畴，应首先予以廓清。首先，“瑕疵”并非专业法律词汇，在一般语义上表示事物微小的瑕疵。在行政法领域，常把“违法”与“瑕疵”等同使用，并根据违法程度，将瑕疵分为“明显轻微的瑕疵”“一般瑕疵”“重大明显的瑕疵”，〔3〕分别对应不同的纠正措施。在专利法中，把那些本不该授权而错误授权的专利技术称为“瑕疵专利”。在商标法领域，学者用瑕疵来形容商标权利取得的正当性问题，并将其与“商标质量”相对应。知识产权领域中的瑕疵与具体行政行为的瑕疵虽然都涉及违法，但并未区分瑕疵等级。瑕疵注册商标本身呈现的非正当性导致它并不

---

〔1〕孔祥俊：《论商标法的体系性适用——在〈商标法〉第8条基础上的展开》，载《知识产权》2015年第6期。

〔2〕参见陶凯元：《知识产权审判应坚持正确的司法政策》，载《紫光阁》2016年第11期。

〔3〕叶必丰：《行政行为的治愈——具体行政行为错误的更正和瑕疵的补正》，2014年政府法制研究会议论文。

是“微小”的缺点，而是直接影响权利应否存续、权利行使能否得到支持的重要原因。于是，本书将瑕疵注册商标定义为：不符合商标注册、维持条件而被不当注册或者维持的注册商标。

根据《商标法》对商标注册、维持的基本条件，本书将不符合这些条件而客观上取得、维持商标注册的原因作了基本分类，分别为：连续3年未使用的瑕疵注册商标、不具有合法性的瑕疵注册商标、不具有识别性的瑕疵注册商标、具有功能性的瑕疵注册商标、侵害在先权利的瑕疵注册商标、非诚信瑕疵注册商标。以瑕疵来源不同，将瑕疵注册商标分为固有瑕疵注册商标与衍生瑕疵注册商标；一般情况下，这些瑕疵注册商标具有“不以使用为目的，大量囤积商标”“侵犯在先权利，谋求不当利益”“滥用注册制度，不当行使权利”等特征，并因制度缺陷、主观目的以及客观情形不断变化等原因而形成。这些瑕疵注册商标常爆发于民事司法程序，有必要通过在民事司法中识别出瑕疵注册商标，解决瑕疵注册商标的权利行使问题。在治理过程中要做好个案治理和规范治理，以便全方位地治理，以减少类似纠纷的发生。不过，民事司法治理应有其限度，司法权不可逾越，司法治理过程中不能改变商标的“注册”状态，只能对权利行使部分予以限制。多年以来，人民法院在瑕疵注册商标的治理上已经积累了部分经验，作出了些许尝试，且均起到了一定的积极作用。在今后的民事司法治理工作中，人民法院还应该秉承创新精神，在合法合理的前提下，有效率地实质性化解瑕疵注册商标争议。

第二章

瑕疵注册商标民事司法治理的正当性基础

第一节　瑕疵注册商标民事司法治理的法哲学依据

一、从劳动财产视角论瑕疵注册商标民事司法治理

(一)劳动财产理论简述

在谈及知识产权的法哲学基础时,以洛克等为代表的劳动财产理论总会出现在学者的论述里。“在洛克看来,在公民的社会之前,人们就享有生命权或者自我保存的权利,自我保存的权利是理所当然的自然权利。”[1]要实现自我保存,就需要使大地、自然万物等共有之物供自己使用,排斥性地

〔1〕 申建林:《自然法理论的演进——西方主流人权观探源》,社会科学文献出版社2005年版,第144页。

占有。洛克认为，“我的劳动使它们脱离原来所处的共同状态，确定了我对它们的财产权”。〔1〕要占有自然之物，就需要付出劳动；人作为自己的主人，对自身享有权利，每个人所从事的劳动和他的双手所进行的工作，是正当地属于他的。〔2〕如果通过自身的行为，使共有之物的形态、位置等原始状态发生改变，人就对该改变原始状态之物享有财产权。相应地，谁先通过劳动使共有之物脱离原始状态，谁就对该物享有权利，该物就不再属于共有之物，他人就不能再通过劳动改变其权利归属。同时，自我保存的权利也以个人能力和客观生活需要为限，“给我们财产权，同时也对这种财产权加以限制”。“将每个人的私有财产限制在适当的范围之内，使他可能占有的财产不致损害他人。”〔3〕所谓适当的范围要求“不浪费”，如果个人的能力有限，或者超出了生活所需，不能够充分利用所占有之物，就相当于浪费了共有之物，人们只能占有维持自己生存或者所能享用的数量，否则可能减少他人应该享用的部分，侵犯他人利益。因此，不能毫无节制地占有共有之物，“要留下足够的同样好的给他人所共有”。〔4〕洛克劳动财产理论诞生于以有体物作为权利客体的时代，至今在解释财产权正当性基础方面仍有巨大影响，历久弥新。

（二）劳动财产视角下的商标权

知识产权相对于传统物权，属于年青的一代，其特殊性在于其无形性面向。以无体物为客体的知识产权具有明显的功利主义色彩，即便

---

〔1〕［英］洛克：《政府论》（下篇），叶启芳等译，商务印书馆1964年版，第20页。

〔2〕参见［英］洛克：《政府论》（下篇），叶启芳等译，商务印书馆1964年版，第19页。

〔3〕［英］洛克：《政府论》（下篇），叶启芳等译，商务印书馆1964年版，第21～24页。

〔4〕［英］洛克：《政府论》（下篇），叶启芳等译，商务印书馆1964年版，第18页。

如此，知识产权学者也希望找到其自然法的根基；财产权作为形而上学的理论，本身就并非自然，学者对知识产权自然“本源”的追求，其实在探寻一种人类对财产保护的共识，这种共识造就了“自然而然”或者“理所当然”，使普罗大众能够基于朴素的认识接受知识产权概念、获得知识财产权利以及拥护知识产权制度，从这一点而言，有必要找到知识产权的自然之理。既然传统劳动财产理论作为共识已经被广泛接受，如果知识产权经过验证符合劳动财产理论，那么知识产权就具有正当性。

劳动财产理论以“共有之物”为对象，以“劳动”为手段，以“改变原始状态”为效果，以“不过度”“不浪费”为限制。在知识产权领域中，专利权、著作权、商标权是典型代表，分别以专利技术、作品、商标等成果信息作为保护对象。具体地，就劳动对象而言，支撑专利技术的底层技术是公共的，构成作品内容的文字、线条等是公共的，组成商标的文字、颜色等也是公共的；经过劳动，技术具备了新颖性、创造性以及实用性，各种文字、线条、颜色等经过排列组合成为一部表达作者思想的作品，商标获得了营业上的信誉；使技术、作品、商标脱离了原来的共有状态，从而产生财产权利。由于智力成果自身不具有排他性，因此只能通过“过度的排他权 + 限制性调整”进行制度安排，既可以弥补排他性的不足，实现权利人之有效支配，又能够对过度的垄断性予以限制，回归自然法的正当边界。〔1〕 为了避免专利过度垄断或者为了维护公共利益，“强制许可”“不视为侵权”制度产生了；为了促进作品传播、文化繁荣，“合理使用”“法定许可”制度产生了；为了防止标识本身被私有化或者

〔1〕 参见王传辉：《知识产权法“利益平衡说”之反思：自然法与功利主义之比较》，载《交大法学》2022 年第 1 期。

损害公共利益，若干禁止注册或使用的条件产生了。初步看来，知识产权符合劳动财产理论，但仍存在若干疑问。

首先，第一个疑问是劳动财产理论本身，按照该理论，劳动为劳动者提供了占有的资格，假如劳动使物脱离了原始状态，便产生了财产权。“如果我拥有一盒西红柿汁，我把它撒在海里使它的分子均匀地融合于大海，我是否因此取得了对海洋的拥有，还是愚蠢地浪费了我的西红柿汁？”[1]诺齐克提出的这个疑问，并未动摇劳动财产理论的地位。劳动的对象是共有之物，劳动与共有之物混合后形成的新物并非一个纯粹的新的东西，产生的财产价值也并不包括共有部分，而在于因劳动增加的部分。“劳动者只对他所增加的价值部分有权主张财产权，而并不能对最终产品的全部价值主张财产权。”[2]西红柿汁对于整片大海来说是渺小的，它对大海的影响，除了投放者，别人无法从大海的水位、颜色、味道等任何地方发现变化；或者说投放西红柿汁的行为并未使大海的原始状态发生任何明显的改变，投放者难以依据劳动财产理论获得财产权。也许，偏执者会认为劳动财产理论并未对劳动明确提出“明显性”要求。以空气为例，洛克作为一个生命体，呼吸着同一片天空的空气，人因呼吸所产生的气体也将弥漫到全世界，但如果认为某个人对自由的空气享有财产权利，那必然是荒谬的。“虽然泉源的流水是人人有份的，但是谁能怀疑盛在水壶里的水只属于汲水人呢？”[3]同时，洛克还以“橡树下拾得的橡实”“树林的树上摘下的苹

---

〔1〕［美］罗伯特·诺齐克：《无政府、国家和乌托邦》，何怀宏等译，中国社会科学出版社1991年版，第179页。

〔2〕张林：《洛克劳动财产权理论与知识产权的“共有状态”》，载《西藏民族大学学报（哲学社会科学版）》2022年第5期。

〔3〕［英］洛克：《政府论》（下篇），叶启芳等译，商务印书馆1964年版，第20页。

果”“印第安人所杀死的鹿”“海洋中所捕获的鱼或在那里采集的龙涎香”为例，解释财产权的正当性，他们具有一个共同的特点，那就是都是有体物，有体物状态的改变当然是明显的，无论是形状、大小、位置。因此，劳动的明显性当然属于劳动财产理论的内容，“西红柿汁投入大海”的质疑不能成立。关于“留下足够的同样好的东西”，质疑者认为“将会导致任何物品都无法从共有物中分离出来，因为对于有形财产来说一个人的占有和使用必然会排斥他人的占有和使用”。[1] 该疑问将“同样好的东西”错误地理解为“同样的东西”。不同人如果对同样的东西产生欲望，他们之间必然产生冲突，同一个东西上面不可能产生两个完全相同的权利。但是，洛克的表达并不特指某一个特定的东西，而是针对具有“同样好”这一特点的类物，它们可能是同一类，比如树上的苹果或者掉落在树下的苹果，也可能是不同类；又如，河里的小鱼和山上的野兔，它们均可以用于充饥，满足自我保存的需要。于是，可以将“留下足够的同样好的东西”理解为留下足够的同样能满足人们自我保存需要的东西，劳动者对物的占有并不必然导致另一个劳动者获取的减少。

其次，有学者认为知识产权的自然权利说存在重大的缺陷。缺陷一：“人对知识并不能‘自然’地享有权利。”缺陷二：“为什么只保护率先发明或第一次作出某种表达的主体的权利。”缺陷三：“知识产权制度为什么只保护某些类型的智力劳动成果。”[2] 针对缺陷一，该学者将“自然”局限于有体物的占有，认为没有人能够占有一个无体物，所以对知识这种无体物享有财产权并不“自然”。有体与无体的区别，在于

---

[1] 张林：《洛克劳动财产权理论与知识产权的“共有状态”》，载《西藏民族大学学报（哲学社会科学版）》2022 年第 5 期。

[2] 宁立志：《论知识产权法学研究范式的转换》，载《上海交通大学学报（哲学社会科学版）》2021 年第 3 期。

人类是否能感知。之所以“有体”,除了客观存在,更需要被人类用手去触摸、用眼睛去观察、用鼻子嗅气味、用舌头品味道、用皮肤去感受温度,所以“有体物”本身就是主客观统一的事物。对于“无体物”,如专利技术、作品、商标等成果信息,如果未将其通过某种方式表达或者展现出来,客观上就是不存在的。为了满足财产权利的正当性,于是要求专利必须要公示、作品必须要表达、商标必须被注册或者使用,一旦被表达或者展现,“无体物”就客观存在了,主观上,经过表达或者展现,人类亦可以通过自己的感观去真实地描述“无体物”的内涵与边界,是另一种含义上的“有体物”。同时,无体物当然可以被占有,只不过相对于有体物,它并不那么直观和有力,但道理是同样的。“手握苹果”表达出两个信息,一是占有,二是宣告这个苹果已经被占有。类似地,成果信息就是这个苹果,“握”对应表达或者展现。故成果信息被表达或者展现也表达了两层含义,一是成果信息已经形成,二是告诉他人该成果信息已经被取得。历史是不断向前的,技术是不断更新的,对事物的感知手段不断丰富,有体与无体并非是否“自然”的判断条件,从野蛮到文明,从暴力到规则,均属于自然的一部分,对占有的认识也需要与时俱进。毫无疑问,占有人对有体物有较强的控制力量,对无体物,更需要通过制度进行保护,但这只是方式和力度的差异,不影响劳动者对无体物的占有,缺陷一其实并不存在。针对缺陷二,劳动财产理论中的劳动对象,只能是公共之物,不能“侵犯另一个权利”,当苹果从公共状态转变为被他人占有时,劳动者就不能对该苹果享有财产权利,否则无异于“侵犯另一个权利”。[1] 同理,成果信息已经被在先表达或者展现,已经脱离了原始状态被他人享有,在后劳动者不能对该成果信息主

---

〔1〕 [英]洛克:《政府论》(下篇),叶启芳等译,商务印书馆1964年版,第23页。

张同样的财产权利。“每个人对自己的劳动成果都享有平等的权利，如果两个人创造出同样的发明，每个人都应对这项发明拥有权利，谁也不能否认对方的权利，同时也不能否认自己的权利”的提法忽视了劳动财产理论对劳动对象的公共性要求，不能成立。对于缺陷三，劳动财产理论除劳动对象的公共性要求以外，还讲究留下足够好的东西给他人。哲学、数学或科学真理具有公共性，可以作为劳动对象，但如果直接将哲学、数学或科学真理作为知识产权的保护对象，就无异于将大地、空气、阳光私有化，其他任何人将无法获得必需的生存资料，相当于未给他人留下任何东西，劳动获得财产虽然正当，但不能过度。而且，“不浪费”也是对劳动财产理论的限制，占有哲学、数学或科学真理如果超出了自己所能利用的范围，就如同浪费了公共资源，使他人的利益受损。个人的智识和理性是有限的，但对于人类，则是无限的。即使对于洛克，他也难以想象后来的人们将劳动财产理论做如此之多的解读，可能早就超出了洛克当初对财产权的理解范围。于是可以讲，即使洛克本人将劳动财产理论私有，也是一种“过度”和“浪费”，它应该归属于公共物，缺陷三提出的疑问本身就属于对劳动财产理论的误读。

最后，学者对商标劳动财产权利的正当性提出疑问，认为“劳动并不必然产生商标权，不能作为商标权产生的直接依据”。[1] 论者根据劳动的质量区别将其分为创造性劳动和非创造性劳动。进而说明著作权制度和专利制度所涉及的是一种创造性的劳动，这种创造性，表明它们是在原有的公共资源的基础上增加了某种新价值，因此，智力劳动者

---

〔1〕 刘期家：《商标权正当性的伦理学分析》，载《河北工业大学学报（社会科学版）》2014 年第 2 期。

对其创造出的智力成果的拥有不容辩驳。[1] 而商标与前者不同，一个人或一个企业在选取某个符号作为商标时，就排除了他人在相同或类似商品上选取同一符号作为商标使用的可能，给其他人留下“足够的同样好的”东西就成为一句空话。[2] 该段论述存在比较明显的矛盾之处。如前所述，“足够的同样好的”东西并不指向同一个东西，而是某种满足人们需要的同类甚至异类的东西。商标本身并不具有任何价值，只有它被使用后产生商誉才具有财产利益。商标法保护的事物，并非洛克意义上处于“原始状态”下的标志，恰是具有社会属性的“符号构成”。[3] 商标本身属于公共之物，但如果经过劳动，使商标产生了第二含义——商誉，就可以使商标脱离其本身含义，改变其原始状态。在其本身含义之上增加的第二含义就是因劳动增加的财产价值，就是劳动者自己的财产权，与因“原有的公共资源的基础上增加了某种新价值”而产生著作权、专利权并无差异。而且，虽然商标权制度确不涉及创造性劳动，但劳动财产理论并未对劳动的创造性与否作出区分，只是后人毫无依据地揣测罢了，更何况，就如洛克所举的示例，“拾得橡实”“摘下苹果”是简单的体力劳动，与创造性劳动无关，并不影响劳动者因此取得财产权。除此之外，有人将商标的期限限制作为否认其自然属性的原因；殊不知，财产权的永久性只是一种奢侈的妄想，大多数作为传统财产权客体的有体物都有可能损坏、腐败甚至灭失，基于自然规律，它们都是有寿命的，根据能量守恒定律、物质守恒定律，它们终将回

---

〔1〕 参见郑成思主编：《知识产权——应用法学与基本理论》，人民出版社2005年版，第2～3页。

〔2〕 参见刘期家：《商标权正当性的伦理学分析》，载《河北工业大学学报（社会科学版）》2014年第2期。

〔3〕 参见黄汇：《商标权正当性自然法维度的解读——兼对中国〈商标法〉传统理论的澄清与反思》，载《政法论坛》2014年第5期。

归自然,有体物不存,将其作为客体的财产权将何处焉附？既然传统财产权都不能奢求其“永久”,那么就更不应对商标期限产生偏见。相反,商标的期限性更能体现劳动财产理论对“不过度”“不浪费”限制的遵守。当商标已非经营所需时,到期之后商标将自然回到公有领域。当商标权人的能力已经无法充分使用商标时,商标期限制度的存在使该商标不至于长期被荒废。与商标期限对应的续展制度也为劳动者提供了继续获取或者积累财富的机制,使商标在“寿命”上与传统有体物更为相近。中世纪时,受到经济结构和产业结构的影响,消费者与生产者之间通常直接发生联系,如果同业者从事不正当竞争行为,他们的意图很难在不被发现的情况下得以实现。但是,因为行会具有同业的特征,为了监管行会内部的商品质量,保证行会的声誉不被破坏,追求在贸易领域的绝对垄断权,商标常常作为商人的一项义务,以标记商品的所有权或生产来源,进而对抗“外来人”。[1] 为了保持行会商誉,行会通常也不希望商人自身建立商誉,避免个体与集体之间产生利益争夺。因此,可以认为,早期行会体系中商标是反竞争、管制行会成员的工具。现代意义上的商标法律制度,诞生于工业革命之后,此时,生产技术、交通方式等改变了商品的销售形态,[2] 生产资料的丰富、生产效率的提高使更多的商品流入市场,保质期限及运输距离的增加扩大了商品的销售范围,使商人谋求更多财富成为可能。正如洛克所讲:“窖藏多于他能使用的东西是一件蠢事。”“这些结实耐久的东西,他喜欢积聚多少都可以。超过他的正当财产的范围与否,不在于他占有多少,而在于

〔1〕 参见[美]弗兰克·I. 谢克特:《商标法的历史基础》,朱冬译,知识产权出版社2019年版,第42～45页。

〔2〕 参见余俊:《商标法律进化论》,华中科技大学出版社2011年版,第1页。

是否有什么东西在他手里一无用处地毁坏掉。”[1]续展商标说明商标有被持续使用的需要，也证明劳动者有能力继续对商标进行使用，因此商标的期限性以及对应的商标续展制度符合劳动财产理论。

（三）劳动财产视角下的瑕疵注册商标

“正是所有人创造商誉的使用性劳动，才使商标从一种公共智力转化为了一种私有财产。”[2]劳动财产理论既可以为商标权利的正当性提供支持，同样也可以用于瑕疵注册商标治理。以我国《商标法》为例，其明确规定商标经注册方能取得权利，单纯使用不产生商标权利，即便如此，商标权价值的源泉仍然是自然法意义上的“劳动”，现代成文法不过赋予了商标权以国家主权的外衣。[3] 将商标注册作为权利取得的前提，其注册结论不可避免地具有瑕疵，一言以蔽之，就是将不具备可注册性的商标予以注册。根据《商标法》的规定，申请注册行为应具有诚实性，商标应当具有合法性、识别性、非冲突性和非功能性，其中，合法性、非冲突性决定着商标能否被使用，不能被使用的商标当然被禁止注册，除此之外，识别性、非功能性以及行为的诚实性决定着商标是否可以被注册。

首先，对应到劳动财产理论，劳动产生财产权以自我保存为需要，如果某些东西容易对人造成负面影响，这些东西将无法被个人消费或

---

〔1〕［英］洛克：《政府论》（下篇），叶启芳等译，商务印书馆1964年版，第27～31页。

〔2〕Aoki K, *Authors, Inventors and Trademark Owners: Private Intellectual Property and the Public Domain-Part II.*, Columbia-VLA Journal of Law & the Arts, Vol. 18, p. 191 – 268 (1994). 转引自黄汇：《中国商标注册取得权制度的体系化完善》，载《法律科学（西北政法大学学报）》2022年第1期。

〔3〕参见黄汇：《商标权正当性自然法维度的解读——兼对中国〈商标法〉传统理论的澄清与反思》，载《政法论坛》2014年第5期。

者享用。因为趋利避害是人的本能,正常情况下,这些东西将会被禁止作为劳动的对象,即使劳动者将自己的劳动渗入其中,使这些东西脱离了原始状态,也不会产生财产权利,即使在实定法上它被推定为一项商标权利,也会因缺乏自然法基础而呈现瑕疵;更何况,实定法也禁止将这些东西作为商标使用。我国《商标法》第 10 条规定,不具有合法性要求,或是危及政治国家和国际组织的形象,或是有悖道德风尚而造成不良影响,或是产生欺骗性指向而损害消费者利益的标识,不得核准作为注册商标。[1] 这些标识本身就不能用于人的自我保存,虽然有可能会造成“加入劳动成为财产”的假象,但在权源上,缺乏正当性。换个角度,官方标识、地名标识本身也已经被主权国家、组织或政府占有,不属于共有之物,自然就不属于可以被劳动的对象。如果被国家、组织或政府理解为劳动财产理论中的劳动者,也会因他人占有后未给他人留下足够好的东西而失去正当性。

其次,非冲突性主要是不允许商标构成相同或者近似,造成消费者的误认,不允许破坏既存的权利状态,造成他人合法利益受损。[2] 劳动财产理论也不允许在占有财产时损害别人,他人享有的合法权益在初始权源上,来自他人的劳动,他人先使相关客体脱离原始状态,不再属于公共之物,于是劳动者对私有物的劳动是一种不受认可的非法劳动,不产生财产权。

再次,识别性和非功能性其实都讲究的是“公共性”,通用名称、描述性使用或者由商品特性、技术效果等决定的三维标识如果允许被某些人占有,他人将很难利用。例如,允许将“苹果”商标在苹果商品上

---

[1] 参见吴汉东:《知识产权法》,法律出版社 2021 年版,第 498 页。

[2] 参见吴汉东:《知识产权法》,法律出版社 2021 年版,第 512 页。

被占有，他人将无法描述“苹果”这种水果，就无异于垄断了苹果这一种类的所有水果的经营权，无法给其他人留下“足够的同样好的东西”。同时，一个人的能力是有限的，即使允许将“苹果”商标放在苹果商品上被占有，占有人也无法将所有的苹果充分地消耗、享用或者转卖给他人，苹果将不可避免地腐坏，导致整体上公共资源的减少，也损害了他人获得苹果商品的利益，因此不允许他人将不具有识别性、具有功能性的标识注册。

最后，对于申请注册行为的诚实性。注册商标是以使用或者保护商标权利为目的，不以使用为目的的恶意注册、代理人或代表人的抢注、采用欺骗性手段注册，要么超出了自身使用的需要，对应着劳动财产理论中的必要性；要么基于自身能力无法充分使用商标，导致占有过度和浪费商标资源，违背了劳动财产理论中的“不过度”“不浪费”限制；要么就是想剥夺已属他人之物，而劳动对象局限于公共之物，不能占有私物以致侵犯他人权利。从权源上看，如果一项商标权不符合劳动财产理论，它实际上是缺乏正当性的，一旦拨开外观上的迷雾，其存在的瑕疵将会一览无余，如此情况之下，瑕疵商标权将不允许被行使。

在商标注册制国家，如何使用劳动财产理论理解注册与使用之间的关系呢？以我国为例，商标一经注册，未经商标行政部门宣告无效，任何单位或者个人都得承认商标权利，即使（维持）注册存在瑕疵。和物权一样，知识产权也为自然赋权，法律之规定并非创设，而是确认和保护。[1] 注册其实是确认和保护的一种形式，不能因为形式上的承认

---

〔1〕 参见王传辉：《知识产权法“利益平衡说”之反思：自然法与功利主义之比较》，载《交大法学》2022 年第 1 期。

就忽视本源上的缺陷,如果本末倒置,推崇绝对的形式合法,忽视其本质的正当性缺陷,罔顾事实真相、背离道德认知,将无异于作茧自缚——被自己制定的不合理规则所束缚。

二、从符号学视角论瑕疵注册商标民事司法治理

(一)商标符号学简述

研究符号结构离不开索绪尔和皮尔士的理论。[1] 索绪尔认为,符号包含“能指”和“所指”两个方面,“能指”指的是符号本身的声音形象;“所指”指的是人根据声音形象的具体感知,即指声音形象所指向的概念。[2] 在皮尔士看来,符号由“表达”(representament)“对象”(object)“解释”(interpretant)三个要素构成。“表达”区别于思想,是一种能够被人所感知的载体,类似于“能指”;“表达”所具体指向的有体或者无体之物即为“对象”;“解释”指的是人对于“表达”所产生的心理认识,类似于“所指”。[3] 以计算机为例,计算机的称呼、外形等为“能指”“表达”,计算机本身为“对象”,人们对计算机称呼及其外形的理解和认识为“所指”和“解释”。由此看来,似乎索绪尔主要考察语言本身,不太关注现实世界,以至于对符号的理解缺少了“对象”;皮尔士则着眼于整个符号世界,故而强调“对象”的重要性。[4] 坦言之,语言的传播以客观存在为基础,人所有感受的产生、行为的发生、信息的传播以及知识的积累无法避免被环境所影响,离开“对象”谈符号,会使人无法理解符号,甚至符号都无法产生,更无所谓传播;因此,皮尔士对

〔1〕 参见彭学龙:《商标法基本范畴的符号学分析》,载《法学研究》2007 年第 1 期。

〔2〕 参见[瑞士]索绪尔:《普通语言学教程》,中国社会科学出版社 1999 年英文版,第 16 页。

〔3〕 参见卢德平:《皮尔士符号学说再评价》,载《北方论丛》2002 年第 4 期。

〔4〕 参见陈宗明:《符号世界》,湖北人民出版社 2004 年版,第 12 页。

符号的三要素理解使符号更加完整、立体,更具有科学性。

彭学龙教授将符号学运用到了商标的结构分析中,认为“词语、姓名、记号或图案或者其任何组合”是商标的能指,商标指涉的特定商品或服务为商标的对象。商标标示的产品出处和该出处的商誉就是商标的所指。[1] 同时,彭学龙教授还认为标识、商品或服务、商誉之间具有密切联系。当商标未被使用时,标识与商品或服务之间彼此分开,此时人们对标识的所指认识与商品或服务无关。例如,“苹果”如果未使用在手机产品上,“苹果”对应的是一种水果;如果将“苹果”贴附在手机产品上,“苹果”就产生了第二含义——商誉,人们就会把“苹果”与手机联系起来,为了作出区分,可以将苹果——水果这一本身理解为第一含义。标识与对象越接近,越难以使标识超越第一含义;距离越远,标识就越容易产生第二含义,于是在实在法中,均要求注册的商标应当具有一定的识别性。学界常将识别性区分为固有识别性与获得识别性,前者指向本身含义与所指向的商品或服务较远的商标;后者指本身含义与所指向的商品或服务相同或者具有其他密切联系的商标,虽然没有识别性,但是经过使用,产生了第二含义,获得了识别性。可见,传统商标认识与商标符号学认识有所差异,商标符号学认为识别性是不能自主产生的,必须让标识产生第二含义,才能标示商品的来源,根本就不存在固有识别性“所谓‘固有显著性’根本不是什么显著性,毋宁说,固有显著性是商标获得显著性或者第二含义的有利条件”。[2] 在商标法语境中,第一含义与商品或服务的差距本身不能产生“识别性”,只有经过使用产生的第二含义才能使商标呈现“识别性”,只不过差距越

[1] 参见彭学龙:《商标法基本范畴的符号学分析》,载《法学研究》2007 年第 1 期。

[2] 彭学龙:《商标法的符号学分析》,法律出版社 2007 年版,第 141 ~ 148 页。

大，产生第二含义或者积累商誉就更容易。之所以允许所谓具有“固有识别性”的商标注册，并不是因为其本身具有第二含义，而是基于实施成本而作出的制度安排。[1] 所以第二含义才是决定商标是否应予注册或者维持的关键。“符号意义虽然不像生物体那样生老病死，但在某种意义上也具有类似‘生命’的过程，即从生成、繁衍、老化而走向死亡。”[2]符号的发展过程与商标第二含义的动态变化也具有相似性。如前所述，第二含义是基于“使用”得来的，它必然随着使用的时间、方式等不同发生变化，呈现动态关系。商标注册后，如无正当理由连续一段时间不使用，可得撤销；使用程度越高，第二含义就越丰富，识别程度就越高，保护范围就越大，驰名商标获得的跨类保护就是最好的例证。同样，对瑕疵注册商标的治理也可以利用符号学理论进行解释。

（二）符号学视角下的瑕疵注册商标

首先，商标符号的传播需要具备合法性。“我们借着符号生活，我们透过它们而生活，符号是人们出于想传播的动机而创造出来的。”[3]商标是伴随商品的流通而产生的。在过去，生产能力有限，商品不易保鲜以及运输距离有限，商品难以大面积流通，添加在商品上的印记主要是表明所有权以及生产来源，虽然不可避免地产生“防止混淆”的效果，但是在小范围内，这种效果只能是次要的，因为同业者的不正当竞争意图很难在不被发现的情况下得以实现。只有当商品大范围流通时，这种局域性的熟悉才会被打破。为了给远在异地的消费者传递商品及其来源的信息，商标才得以真正出现。符号的传播需要遵循道德

---

[1] 参见彭学龙：《商标法的符号学分析》，法律出版社2007年版，第156~159页。

[2] 陈宗明、黄华新主编：《符号学导论》，河南人民出版社2004年版，第141页。

[3] 曹进、白丽梅：《符号：广告传播的焦点》，载《现代传播（中国传媒大学学报）》2006年第4期。

价值、宗教观念以及法律规定的要求,带有反动、暴力、极端主义、色情、淫秽、攻击性内容等的符号一般被禁止传播,不尽相同。商标作为一种符号当然也存在传播限制,这种限制体现在禁止将不得使用的商标用于商品、商品包装或者容器以及商品交易文书上,或者将商标用于广告宣传、展览以及其他商业活动中,用于识别商品来源。[1]“商标所有人对能指本身不享有任何权利。离开了所指,能指并不成为商标,也不足以产生商标权。”[2]禁止使用的商标能指处于一种静止状态,自始至终不能将其投入商品流通中,商标所指——商誉就无法产生。当然,商标所指包含事实与价值两个方面,即使无视符号传播规则,径行使用不具有合法性的商标能指,事实上,我们也不能否认它可能会发挥识别商品来源的作用;但从价值判断上,它积累的只是一种恶誉,作为一种违背符号传播规则的行为以及基于该行为产生的结果,都应该得到一种否定评价。商标能指以及将其与对象结合如果不具备合法性,即使其在第一含义上具备了识别性,也无法产生“商标所指”的可期待性;在成本考虑上,允许这种商标注册是无效率的——使用程度越高,对社会或者他人造成的损失就越大,因此理当禁止不能使用的商标注册。

其次,商标符号传播须满足非冲突性。“能指”“对象”“所指”是完整的商标符号结构。非冲突性主要体现在两个层面。其一,商标能指不能与他人的权利相冲突。以我国《商标法》为例,文字、图形、字母、数字、三维标志、颜色组合和声音等,以及上述要素的组合,均可以作为

---

〔1〕《商标法》第48条规定,本法所称商标的使用,是指将商标用于商品、商品包装或者容器以及商品交易文书上,或者将商标用于广告宣传、展览以及其他商业活动中,用于识别商品来源的行为。

〔2〕Barton Beebe, *The Semiotic Analysis of Trademark Law*, UCLA Law Review, Vol. 51, p. 621 – 704(2004).

商标使用。这些要素属于商标能指,商标符号要进行传播,就要求传播的商标能指本身不能侵犯他人的权利;这些能指可能系他人的书法作品、美术作品、外观设计、具有一定影响的名称等,每传播一次,对他人的权利侵害就多一分,在侵权法意义上,如果未经在先权利人允许,擅自将这些元素作为商标能指使用在商标对象上,也具有违法性,如上文所述,亦应得到否定评价,不得使用、注册。其二,在后商标不能与在先商标的能指和对象过于接近,以致消费者产生所指上的混淆。商标符号的主要意义在于区分商品或服务来源,若前后商标能指相同或近似,商标对象相同或者类似,如果将能指使用在对象上,很大程度上会产生相近的商标所指,在客观情况下,消费者可能无法区分商品来源,产生混淆,而混淆的商标符号传播结果使商标基本功能无法发挥,在后的商标使用者应当对在先业已形成的商标所指进行避让。

再次,注册的商标符号应当具备识别性、非功能性。如果严格地按照符号学理论,单纯的注册行为是不能产生商标权的,商标注册在实定法上是一种成本—效率的安排,这种安排的前提在于商标能指有产生商标所指的“相当可能”。其一,对于识别性,从成本角度考虑,如果要花费相当大的成本才可能使商标能指脱离其本身含义,产生第二含义,这种商标能指就是不经济的;相反,如果商标能指的本身含义与商标对象的距离越远,任何实质上将商标能指应用于商标对象上的行为,都可能使商标能指获得第二含义,形成商标所指。从言论自由的角度看,经营者在商品销售等经营中将直接表述商标对象含义的文字、语言等符号作为商标使用是经营者的行为自由,任何人在该第一含义上将商标符号垄断都是对言论自由的伤害。除非,该符号经过使用已经产生了第二含义,获得了识别性。对于具有获得识别性的商标符号,虽然其在第一含义上,与商标对象的联系密切,但其具备商标识别性的实质——

第二含义，如果允许注册与商标对象含义相差较远商标能指，那么允许已经具备第二含义的商标能指注册就属于理所应当。其二，商标符号注册的非功能性要求，针对的是立体商标。在立体商标中，商标能指与商标对象融合，如果能指对应的对象中的某些部分或者整体具有功能性，该部分商标能指将不能获得商标法保护，即便该商标能指客观上已经能够标识商品来源，但为了“兼顾消费者对功能性和显著性的双重需要。一旦出现冲突，只能是两害相权取其轻：鉴于外形的功能性不可替代，而商标保护所需要的显著性却可以通过其他识别手段来补救，对功能性的考量要优位于显著性”。〔1〕“长期以来，商标法都通过功能性原则防止能指与对象的融合，其实质就是维护商标所有人与竞争者乃至社会公众之间的利益平衡。”〔2〕正因如此，商标能指的功能性是不能被克服的，它不像识别性那样可以经过使用获得，甚至在竞争法上，它也不能因商标能指获得任何受法律保护的竞争利益。因此，对商标能指的功能性要素部分不提供保护是从始至终的，即不能注册、不产生权益。“商标功能性原理的立法意旨不仅在于促进公平竞争，也在于界定商标法和专利法、著作权法之间的界限。”〔3〕如果满足条件，具有商标能指的功能性部分可以以作品、外观设计的身份获得著作权法、专利法等法律的保护。

最后，申请注册商标符号的行为应具有诚实性。按照商标符号理论，商标注册制度本身就是基于成本考虑的例外情形。自然对可注册的商标符号以及申请行为本身有较高的要求。前者在上文中已有体现，不再赘述，就后者而言，诚信原则是基本的商业准则。商标符号除

---

〔1〕黄晖：《商标法》，法律出版社2004年版，第75页。

〔2〕彭学龙：《商标法基本范畴的符号学分析》，载《法学研究》2007年第1期。

〔3〕王太平：《商标法：原理与案例》，北京大学出版社2015年版，第117页。

具有商标意义外，也具有社会意义，商标符号的传播是将商业信息与社会价值同时传递给接受者的行为。在商标意义上，不以使用为目的恶意抢注或者采用欺骗性的手段使商标符号获得注册，在客观上可能不会将商标能指应用在商标对象上，进而不能产生商标所指；即使使用，也可能因商标能指本身不具有合法性，导致所产生的商标能指不被保护；更重要的是，商标注册要遵守注册的秩序，如果一个行为会降低制度的运行效率或者利用制度谋取某种不当利益，那么这个行为就应该被否定。商标注册制度本身就是为商标符号能够更好地被传播而设立的秩序措施，是为了满足善意主体的商标符号传播需要，以不诚信之目的对商标注册制度的利用，将不得因商标注册制度而获利。从社会价值观念上看，以不诚信行为注册的商标符号随着商标使用，会将这种不诚信的不良风气传递给其他人，一旦使人认为可以通过恶信[1]甚至是违法行为获得收益，投机倒把的人将会越来越多，整个社会的道德底线将会不断下滑，引发道德危机，为了防止社会秩序混乱，对商标注册中的不诚信行为应当进行制止。因此，缺乏诚信的商标注册行为，不应得到法律保护，以此结出的果实——注册商标，也会因为原因行为的不当而丧失正当性。

三、从"知识共有"视角论瑕疵注册商标民事司法治理

（一）"知识共有"理论简述

万物伊始，到底谁是主宰？"从宇宙形成以来，上帝就赋予了全体人类以主宰地球上万物的权利，……所有万物构成了全体人类共同的

---

〔1〕 有"恶意"或"非诚信"之意。盖尤斯："如果窃贼本人和以暴力取得物品的人占有了该物，无论取得该物多久都不能成为合法所有人；如果物的获得并不出于严重的恶信，占有人就可以获得所有权。"

原始财产。"[1]万物属于所有人,但不属于任何一个特别的人,除非以某种形式将该物划为私有。在洛克看来,人对自己的身体以及用该身体作出的行为享有权利,如将自己的劳动渗入共有物,由此增加的价值属于劳动者。"格劳秀斯和普芬道夫虽同样重视劳动的作用,但他们将财产权的产生归于共有人的协议。"[2]基于这种由所有共有人达成的协议,将本属于共有的财产权分配或者默示同意给某人私有。就像一块蛋糕,由5个人共有,他们达成协议,将其中的1/2分给甲或者甲占有这1/2蛋糕后得到了其他人的默示同意,甲就对该份蛋糕享有财产权。普芬道夫进一步将共有分为"积极共有"与"消极共有",前者指该公共物归属于所有人,未经同意,任何人不得使用,否则就构成侵害;后者指虽然公共物归属于所有人,但是任何人都可以使用,而不需要其他任何人同意。[3]"积极共有"与"消极共有"的差别点就在于个人是否可以在未经其他共有人同意的情况下对共有物进行利用。仍以蛋糕为例,"积极共有"模式下,在未达成协议之前,任何人都不能瓜分蛋糕、据为己有;而在"消极共有"模式下,甲可以将蛋糕直接切分占有。问题在于,对于同一类共有物,不能同时存在两种模式,既允许直接占有又要求征得同意,这显然是矛盾的,所以需要区分。实质上,在原始状态下,任何人都无法禁止另一个人对共有物的使用,于是原始共有更多的是一种消极共有。积极共有以排他性为先决条件是一种被仅仅作为整个人类一部分的一群人所分享的权利,余下的那一部分人就被排

[1] [荷]格劳秀斯:《战争与和平法》,[美]A. C. 坎贝尔英、何勤华等译,上海人民出版社2005年版,第122页。

[2] 罗宗奎:《"知识共有"理论下商标权取得的本质解读》,载《知识产权》2013年第5期。

[3] 参见王铁雄:《普芬道夫的自然财产权理论》,载《前沿》2010年第7期。

除在该财产之外,〔1〕以至于被排除的那些人想要使用时需要经过同意。有人将这种财产权共有理论应用到知识产权中,认为“客观上存在着一种共有知识,共有人在共有模式选择的基础上,按照一定的协议规范利用共有知识和取得某种形式的知识财产权”,〔2〕并称为“知识共有”。将“知识共有”理论应用到商标中,最初,任何人都可以在商品上使用特定的商标,这是商标使用的原始状态,在有人首先对特定商标进行真正使用后,如果他人未提出异议,就获得了其他共有人的默示同意,使用人对该特定商标就享有所有权。后来,为了应对未注册商标的稳定性和效力范围的问题,建立了商标注册制度,相当于一个明示的商标分配框架协议,一旦某个商标被注册,该商标就被分配给某人,这个商标就被划入了私有领地,他人如果要使用,就需要经过同意。同时,商标注册就意味着签约了商标分配框架协议,使用成了获得分配商标权的对价,所以,使用是注册商标的一种义务,不然就不能获得绝对的商标权利。对于消极共有下的未注册商标,它们获得商标权的前提就是已经对商标进行了使用,并且这种“占有”也已经得到一个社会中个人之间的承认或尊重,形成默示同意;对未注册商标的保护体现在实定法中,如“经营者不得实施擅自使用与他人有一定影响的商品名称、包装、装潢等相同或者近似的标识,引人误认为是他人商品或者与他人存在特定联系”。〔3〕此处有一定影响是消极共有模式下商标使用人应尽到的基本义务,否则无法起到“公示占有”“征询同意”的效果,不得擅自使用就代表了对有一定影响商标的财产权益的认可。可见,“知识

---

〔1〕参见王铁雄:《普芬道夫的自然财产权理论》,载《前沿》2010年第7期。

〔2〕罗宗奎:《“知识共有”理论下商标权取得的本质解读》,载《知识产权》2013年第5期。

〔3〕《反不正当竞争法》第6条第1项。

共有”理论提供了一套论证商标权正当性的新路径，提供了一种全新的本质的解读方式。[1] 同样，“知识共有”理论可以对瑕疵注册商标的治理问题提供正当性依据。

(二)“知识共有”视角下的瑕疵注册商标

首先，“知识共有”理论以“万物共有”为前提。“共有知识就是由那些可以开放使用的抽象物组成的。……共有知识被描述成有史以来整个人类集体劳动所创作出的全球性实体。”[2]这意味着，当某些物并未开放给大众使用，就不能适用“知识共有”理论利用或者分配商标。具体到商标语境中，可以作为商标的文字、图案等符号在初始时，属于所有人，且属于其中一个人的不会多于另一个人，[3]任何人都可以随意使用。如前所述，不同宗教、文化、道德等背景下，不同人群对可以作为商标使用的符号可能有不同的理解，这种人群通常是依据主权国家进行划分的。以中国为例，要求注册或者使用的商标具备合法性，不具备合法性的商标不允许大众开放使用在商品销售或者服务提供的过程中。具体来说，这些不具有合法性的标识或是危及政治国家和国际组织的形象，或是有悖道德风尚而造成不良影响，或是产生欺骗性指向而损害消费者利益的标识。[4] 以有悖道德风尚而造成不良影响的标识为例，人类是社会性动物，一出生就交织在复杂的社交网络中，各得其

---

[1] 参见罗宗奎：《“知识共有”理论下商标权取得的本质解读》，载《知识产权》2013年第5期。

[2] [澳]彼得·德霍斯：《知识财产法哲学》，周林译，商务印书馆2008年版，第67页。

[3] See Samuel Pufendorf, *De jure naturae et gentium libri octo*, New York: Oceana Publications, 1672. p. 94. 转引自王铁雄：《普芬道夫的自然财产权理论》，载《前沿》2010年第7期。

[4] 参见吴汉东：《知识产权法》，法律出版社2021年版，第498页。

所,不害他人,每个人在边界内生活。具有不良影响的标识在第一个层面上对社会整体造成损害,第二个层面上,社会整体由各个具体的人组成,社会整体受损必然影响个人,这种影响就突破了人所应遵守的行为边界。而且,即使在绝对的言论自由下,也不得故意发表危害他人和社会的言论,在商业场景中,对标识的选择更应受到限制。因此,不具有合法性的标识不属于可供开放使用的抽象物,不得依据“知识共有”理论达成利用和分配的协议,自然就不能产生实质的商标财产权利。虽然从形式上看,某些本不应被明示的框架协议分配权利的标识获得了注册,但终将因缺乏“共有的知识”这一前提而失去实质的正当性。

其次,对共有知识的分配和利用需要有所区分。对于具有识别性的标识,相关公众或经营者不会将其与特定的商品和服务联系起来,直到其经过充分使用。比如,在有苹果手机之前,苹果与手机之间在含义、用途等方面没有任何关联。当人们对标识与商品、服务之间不会产生“联想”时,就不会用标识去指代商品、服务及其出处,如果将这部分标识协议进行分配,就不会对整个群体产生影响。对于缺乏识别性的标识,人们常常在描述商品、服务时会使用到,如商品的名称、特点、颜色、形状等,没有主权国家或者类似组织,有充分的能力和理由去禁止人民对标识进行描述性使用,因为语言或者符号自诞生之初,就和客观之物具有相当密切之联系;可以说,没有客观之物,就没有形容该物名称、特征等之语言,不可本末倒置,在有了语言之后,不允许他人用该语言去形容客观之物。但是,一旦本身缺乏识别性的标识获得了识别性,那么它就具有了注册的正当基础。缺乏识别性的标识其实是被人所共有,任何人都可以使用。实际上,基于使用的主观意愿以及客观能力局限,不是所有人都会将该标识使用在对应的商品或服务上。当一部分人进行使用时,就表达了他们想要实施占有的主观意愿;一旦该标识被充分使用,这个标识被某人“占有”的事实就公之于众了,在“众”对应的人群范围内,如果无人提出异议,使用者就得到了公众允许其在商业意义上“占有”使用该标识的默示同意。“众”的范围越大,它所能得到的默示同意就越大,所能得到的保护就越强,直至成为未注册驰名商标。随着使用程度的增加,这种本身缺乏识别性的商业标识也会使相关公众将其与商品及其出处联系起来,比如,农夫山泉的“17.5°”橙,17.5°可以被认为是橙的糖酸度比值或生产加工、食用储存温度等,仅仅直接表示了指定使用的商品的质量等特点,缺乏识别特征,不具有商标识别作用,但农夫山泉通过大量的、广泛的宣传和使用,已经使“17.5°”橙具有了较高的知名度,与农夫山泉建立了较为稳定的联系。[1] 可见,在事实上,“17.5°”已经起到了标示橙子来源的作用,比起尚未实际投入的具有识别性的标识,更有被承认财产权利的必要性。此时的商标注册并非起到一种分配作用,而是在消极共有模式下,缺乏识别性的商标已经被他人“占有”并且得到法域内人们默示同意的确认。总的来说,商标法的中“注册”在“知识共有”理论下体现为商标权利的分配与确认。分配对应的是具有识别性的商标,确认针对的是本身缺乏识别性而后通过使用获得识别性的商标。就外观而言,注册体现相同的法律效力——“使用权 + 禁止权”。如果缺乏识别性的商标错误地被注册,就相当于某人对该商标的主张未得到其他共有人的同意,包括未进行使用、未向社会公示商标情况,其他共有人就无法提出异议,相当于未成立默示契约;而且,本身不具识别性的商标不能直接通过注册这一方式进行权利分配。故错误被注册的缺乏识别性的商标,自然就不能产生财产权利。

---

[1] 北京知识产权法院行政判决书,(2017)京73行初8907号。

再次，对于因商品自身的性质产生的形状、为获得技术效果而需有的商品形状或者使商品具有实质性价值的形状，权利人也不能通过商标“注册”的方式获得权利。这些形状伴随商品而生，形状由商品的自身性质确定，任何人不可能依靠某一标识就垄断一类物品，它可能只在专利法、著作权法等中实现。商标符号的存在本身就有促进商品多样化的使命，将功能性的形状符号分配商标权利，就无异于禁止他人经营该形状符号对应的商品，而这些商品又是人类共同的生活资料，不可通过商标“注册”而私有。而且，这些功能性形状与缺乏识别性标识不同，后者可以通过使用的方式获得识别性，从而被注册；前者即使也起到了识别来源的作用，但无论如何都不能让这种形状脱离原始功能。正是基于这种人人都需要的特征，共有人就不会通过明示的方式同意将这种功能性形状分配给某人垄断，即使某人想要垄断性地将该功能性形状作为标识使用，其他所有人也会产生异议，默示协议也不能达成。故，对于具有功能性的三维标志，在“知识共有”理论下，无论是明示还是默示，人们不会达成将该功能性部分分配给某人私有，或者允许其垄断性利用的协议，如果注册商标具有功能性，其功能性部分不能被认为享有商标权利。就如《商标法》第 12 条和第 59 条的规定，以三维标志申请注册商标的，仅由商品自身的性质产生的形状、为获得技术效果而需有的商品形状或者使商品具有实质性价值的形状，不得注册，即使注册，也无权禁止他人正当使用。

又次，以“知识共有”理论解释商标财产权的来源，其科学性基础在于标识是共有的，如果一个标识已经被分配或者归他人使用，就难以再通过协议的方式被划归他人。无论是积极共有还是消极共有，要获得一项财产权，均需要得到其他所有人的同意。因标识产生的财产权利归属已经在先确定，在后的人要获得同样的财产权利，还需要征求在先权利人的意见。具体而言,消极共有模式下,在后的人在未达成协议的情况下,先行对标识进行商标使用,其每使用一次,就是对就同一标识在先达成协议的商标权利的侵害;除非在后的人得到了在先权利人的允许,但即便如此,在后的人对标识的使用也不能获得财产权利,因为协议业已签订了,在后的人不管怎么使用,都不能变更协议。在积极共有模式中,更是如此,如果某个标识已经通过注册的方式被明确地分配给某人,这个分配协议设置了保护机制,那么他人要想通过这个协议获得权利,就需要先考察是否会对在先协议方造成损害、是否存在重复分配问题,相当于国家商标行政机关依照职权审查申请注册的商标是否存在同他人在同一种商品或者类似商品上已经注册的、初步审定的商标相同或者近似的情况,如存在则驳回注册申请。当然,分配协议本身考察能力是有限的,它不能自动滤掉所有损害协议及其成果的情形,于是允许在先权利人或者其他协议方对商标的注册结果提出不同意见,也就是商标法律中的初审商标异议制度、注册商标无效宣告制度。总的来讲,商标权利的取得不得与其他权利冲突,否则,即使取得商标权利也会因在先协议的存在,使这种取得丧失正当性,甚至还可能会因冒犯协议而承担责任。

最后,“知识共有”理论下财产权是基于协议产生,诚实信用作为人类行为的基本准则,要求协议各方在签订、履行协议的过程中讲求信用、诚实不欺,否则就不能享受因协议产生的有利成果。“基础除去,上层建筑必崩。”[1]协议与诚实信用之间,诚实信用为基础,否则协议这个概念就不会存在。如果允许协议不被遵守,人类将回到野蛮时代,尔虞我诈,依据强力互相争夺。所以协议应当是神圣的,合意生法律,

[1] 郑玉波:《法谚(二)》,法律出版社2007年版,第152页。

协议一旦达成，既应严守，无殊法律。[1] 在“知识共有”理论的协议中，可以尝试把协议方分为甲乙两方，甲方为明示协议中的商标申请人，为默示协议下的商标使用人；乙方则为除前者之外的其他所有人，甲方、乙方就某个标识达成协议，商标权就产生了。在这个协议中，乙方作为抽象的人，通常是较为被动和消极的一方，一般不主动作出行为，所以通常是守约方。绝大部分失信行为系由甲方作出。与乙方不同，甲方是一个具体的人，甲方的主观认识和客观行为将直接影响协议的订立和履行。为了使协议能够被履行，订立行为不存在欺骗性是协议成立的基础，以欺骗手段或者其他不正当手段申请商标注册的行为已经构成对诚实信用的违背，协议就不会发生效力。注册模式下，以使用为目的是协议订立的基础，使用是获得权利分配的对价。如果在申请商标之初就明确表示不会使用或者根据客观行为推定不会使用，或者签订协议后表明不会支付对价——不会使用，或者甲方已经通过自己的行为体现了不使用的意思，如无正当理由连续多年不使用，协议就可以被解除。未注册模式下，甲乙双方虽然并不存在正式的书面协议，但双方的事实协议关系已经通过“使用＋默示同意”的方式成立，商标注册仅是对已经存在协议的重新誊写。在这个协议中，甲方已经先对商标进行了使用，通过行为的方式表明了其具有真实的使用目的，客观上也存在充分的使用行为，特别是在协议能否得到乙方同意尚未可知时，甲方就已经投入了大量成本，基本上也可以推断其使用行为的真诚度，在如此背景下，甲方几无失信风险，注册后的明示协议将会被真诚地履行。总言之，“恶意不容宽恕”“诈欺与恶意不得对任何人享有利

---

[1] 参见郑玉波：《法谚（二）》，法律出版社2007年版，第158页。

益”。〔1〕申请注册和使用商标，应当遵循诚实信用原则，以欺骗手段或者其他不正当手段申请注册的商标不具有正当性。

第二节　瑕疵注册商标民事司法治理的法理支撑

一、从先占视角论瑕疵注册商标民事司法治理

(一)先占理论简述

所谓先占，“是指以所有的意思，先于他人占有无主的动产而取得其所有权的事实”。〔2〕拆解来看，先占在时间上要求先于他人，占有对象为无主的动产，主观上有所有的意思表示，客观上有占有的行为。关于占有与所有权之间的关系，“财产所有权的产生依据是占有，并以先占为原则”。〔3〕并且，“在整个财产权关系中，占有是人类基于本能形成的一系列规则，所有权只不过是在占有基础上，以权利为工具，对占有体系进行理性化、逻辑化的建构罢了”。〔4〕在一个毫无规则的社会，动物想要生存，就必须与其他动物争夺生存资源，无论是食物、水源还是土地，这些争夺通常通过武力进行，身体强壮、体型强大的动物总体上能够占有比身体虚弱、体型矮小动物更多的资源，这种占有往往是物理占有，犹如豺狼将食物咬在口中，虎豹将猎物置于身下，这样才能尽可能防止资源被其他动物掠夺。进一步地，单纯凭靠武力的占有是不稳定的，豺狼自身的身体状态会随着年龄的变化而变化，也可能遇到比自己强壮的动物，它也有繁衍等其他需求，如果食物不能食用完毕或者

---

〔1〕郑玉波:《法谚(一)》，法律出版社2007年版，第58~59页。

〔2〕梁慧星等:《中国财产法》，法律出版社1998年版，第18页。

〔3〕张恒山:《法理要论》，北京大学出版社2002年版，第422~433页。

〔4〕季境:《论民法上的占有》，中国检察出版社2012年版，第18页。

对领地不能时刻巡守,其占有之物就不可避免地会被其他动物占据。于是,动物们纷纷建立了规则,除了从物理上实现占有外,更希望可以通过规则保护、维持占有。人类也是如此,只不过发明了“所有权”这个工具,使这种占有更为稳定和更有秩序。后来,随着发展,人类对某一类所有物的占有已经超过了自身需要,而对另一类又较为缺乏,人与人之间就产生了交易行为,各取所需,货币的出现实现了财富积累,出现了比“所有权”更为丰富的财产权观念。

如前所述,物理占有不太可靠,它对物体形成的控制很容易受到外界因素的影响,通过法律规则的拟制占有弥补了这一缺陷。占有实际上经历了从“人对物进行身体上的接触,到一定空间内进行控制,再到仅从法律关系上进行控制的扩张过程”。[1] 如果说前者是动物本能的被迫选择,那么后者则是对美好生活的主动追求。就如物权而言,人对有体物的占有是直接的、可视的,此时占有可以表达两层含义,一是通过自己的行为表达占有的意思,二是告诉别人他已经占有了这个物体。就像一人正在使用的计算机、手机、水杯,他人会当然地理解为这些东西属于他。但即便如此,法律为了保护财产及交易安全,还规定了物权法律,专门施加法律之力。以房屋为例,人不可能长期待在一个房屋里,也不可能只能拥有一个房屋,人一旦离开房屋就丧失了物理占有,如果缺少法律之力继续加持,他就对房屋丧失了占有,除非再次占有,否则就不能享有占有利益。为了解决物理占有力度不足的问题,一般将不动产权证书作为权属的凭证,将登记作为不动产物权变动的公示规则。继续以动产为例,甲抢夺了乙的花瓶,乙就失去了对花瓶的占有,甲在被打败或者自愿交出之前,甲就是花瓶基于自然法则的占有者;而在权利时代,物

〔1〕 季境:《论民法上的占有》,中国检察出版社2012年版,第112页。

理占有虽然丧失，但法律的拟制占有依然存在，甲的抢夺并不能影响花瓶的归属，这就是法律规则的对物理占有力量的重要补充。

虽然商标和有体物不同，它难以在物理上被某一个人独占，但是依然可以通过法律的手段实现。占有分物理占有和拟制占有，越是文明的时代，法治观念越强，拟制占有的力度就越大，它甚至超越了物理占有对物的控制度，因为一个人的力量始终有限，一群人的力量将是无穷的。商标作为社会文明发展的产物，恰好体现了这一点。商标可能由某人设计并应用于营业之中，他人想要获得商标图样的设计文件在过去其实并不容易，某种意义上，商标使用人在物理上实施了占有，但无疑这种占有是十分虚弱的，尤其是在当下，粘贴复制等计算机技术使商标图样可以被便利地批量制造，商标使用人对商标图样的事实管领力几乎荡然无存。事实上，伴随商标的出现，与商标有关的保护规则也随之而来，无论是从欺诈之诉、仿冒之诉到侵权之诉，还是从混淆理论、商誉理论到商标财产化，都体现了法律规则对商标的保护——禁止他人未经许可，在同一种或者类似服务上使用与在先商标相同或者近似并容易引起相关公众混淆误认的商标，或者就不相同或者不相类似商品使用复制、摹仿或者翻译他人已经在中国注册的驰名商标，误导公众，致使该驰名商标注册人的利益可能受到损害的商标。[1] 这些规则为商标使用人提供了强力之手，帮助商标使用人完成对商标使用的占有。

法律为商标使用提供了保护机制，但要完成对商标使用的占有，还需要有具体的所有意思以及占有行为。通观世界商标法律，大致分两种商标取得制度——“使用取得”“注册取得”。首先，在“使用取得”制

---

〔1〕《商标法》第13条第3款规定：“就不相同或者不相类似商品申请注册的商标是复制、摹仿或者翻译他人已经在中国注册的驰名商标，误导公众，致使该驰名商标注册人的利益可能受到损害的，不予注册并禁止使用。”

度下，使用行为本身就表达了使用者想要专有使用并禁止他人使用的意思，因为任何人都不想搭载商誉的商标被他人“搭便车”或者随意使用，同时使用行为也体现了使用者正在试图“占有”。诚然，商标使用是极其简单的，如果允许任何象征性地使用完成了占有并由此获得商标权利，对他人而言是极其不公平的。于是，在使用程度上就提出了一定要求，满足要求时就认为其有权禁止他人使用。以我国《反不正当竞争法》为例，要求使用行为达到“知名”或者“具有一定影响”。同理，占有的公示范围也和“一定”程度相关，使用行为在区域内具有一定影响，其获得占有保护也只能局限于区域内部。其次，对于“注册取得”，虽然部分国家的商标法律在申请商标注册时并未提出“使用意图”的明文要求，但从商标法“促进交易”“禁止混淆”的立法目的来看，静止的商标对商品或者服务的交易起不到任何作用，也不会引起任何混淆，只有在使用时才有相关担忧；从注册商标连续多年不使用即可被撤销的规定以及知名度越高、保护力度越大的规定，也可以看出商标法对商标使用的要求。因此，使用应作为商标注册的默示义务，申请注册的商标也应是其意欲使用的商标。而且，商标申请人对商标注册后可以得到的法律保护是极其清楚的，申请注册商标的行为就可以理解为其想要占有“商标使用”的行为。客观上的申请注册行为也具有对外公示作用。具体地，公示体现在两个方面，其一，商标申请人因申请行为对特定符号享有先占利益；其二，享有未来对特定符号的使用可能产生的期待利益。这种先占和期待最终能否转化为商标使用的占有，需要检验商标是否具备可使用性和可注册性。[1] 商标一经注册便完成了占

〔1〕 参见孔祥俊：《论商标法的体系性适用——在〈商标法〉第8条基础上的展开》，载《知识产权》2015年第6期。

有,商标注册人对注册商标享有使用权与禁止权,但如前所述,这种注册是附隐性条件的,如果存在连续多年未使用情形,经他人申请,法律将取消注册,让商标回到无主状态。与“使用取得”相比,“注册取得”的商标权利在全国范围内发生效力,未经法定程序,任何人不得宣告该商标无效或者撤销注册,更具稳定性。“二者发生冲突时,全国范围内的先占效力强于地方范围内的先占效力,注册商标权人有权要求在先使用人附加一定的区别标志。”〔1〕总的来讲,拟制占有提供了比物理占有更强的控制力,先占理论可以为商标权利的取得提供解释路径,亦可以用于治理瑕疵注册商标。

(二)先占视角下的瑕疵注册商标

第一,占有的对象应当具备合法性。先占反映的是无主财产与民事主体之间的关系,具有有效利用社会资源、稳定既定社会秩序的作用。〔2〕无主财产作为占有的对象,它首先应是一种资源,其次可以被作为财产。所谓资源,指的是一切可被人类开发和利用的物质、能量和信息的总称。在法律语境下,可以被开发利用的资源增添了法律属性,比如,人的身体就不可以作为物权对象。具体而言,在商标法视角下,商标作为一种资源,促进商品交易和流通是其基本使命,一种标识被禁止传播或者传播具有不良影响时,就不能作为商标使用,这类标识就不属于可以被商标性使用的资源。作为一种财产对象,它也应该遵守财产法律的其他限制性规定。例如,虽然虚拟货币具有一定的财产属性,但“任何法人、非法人组织和自然人投资虚拟货币及相关衍生品,违背公序良俗的,相关民事法律行为无效,由此引发的损

---

〔1〕 李雨峰:《未注册在先使用商标的规范分析》,载《法商研究》2020 年第 1 期。

〔2〕 参见李雨峰:《未注册在先使用商标的规范分析》,载《法商研究》2020 年第 1 期。

失由其自行承担”。〔1〕 在我国,商标之所以被作为财产对象予以保护,是因为《民法典》《商标法》《反不正当竞争法》的规定,也就应当受其约束,《商标法》第10条等规定了若干禁止作为商标使用的情形,拟将某一商标作为占有对象的商标注册人自然要遵守该禁止性规定。就注册商标而言,申请注册的行为虽然使注册商标权人对申请商标享有先占利益并享有对使用可能产生的期待利益,但标识本身还需要经过检验,否则,对不具有合法性的标识的先占利益不能获得《商标法》的承认。对于此类标识,体现在《商标法》上的结果就是不予注册,禁止使用。对于瑕疵注册商标,虽然其在形式上获得注册,但缺少合法使用的可能性,与商标法律制度目的相违背,无法产生受法律保护的商誉,自当无进行保护的必要;反而还可能会因使用非法标识受到法律惩罚。更重要的是,非法标识不可作为一项财产或者商标资源,永远处于无主状态,无法满足“先占—获权”避免资源浪费的初衷,先占理论亦将无法为瑕疵注册商标提供权利支持。

第二,占有的对象应当具备识别性、非功能性。如前所述,采用注册的方式占有商标须满足《商标法》对标识的要求,识别性和非功能性就是商标注册的另一条件。除此之外,按照先占理论,谁先合法占有,谁就享有占有利益。对于具有功能性和缺乏识别性的标识,与万物本身具有的特征密不可分,谁先将该标识使用于商品上着实无从考察,它伴随语言的形成或自然规律,自然而然地被用于特定商品上。因而在“先”的判断上缺乏基础,或者说就不存在“先”或“后”的概念。而且,任何人在使用这类标识时本身就不存在“所有”的意思。语言存在的

---

〔1〕《中国人民银行、中央网信办、最高人民法院、最高人民检察院、工业和信息化部、公安部、市场监管总局、银保监会、证监会、外汇局关于进一步防范和处置虚拟货币交易炒作风险的通知》(银发〔2021〕237号)。

重要理由就是为了传播,如果某一标识只能被某人自己理解和使用,它必然不会被大部分人用于指代某一物品,因为他人缺少这样的认识,这类标识就不会成为描述某一物品的通用语言。因此,在某一标识被广为传播、指代或者描述物品时,在商标意义上,它就一定不会有被占有的意思。同理,功能性是商品自身结构、性质、形状自身具备的属性,这种属性是否存在与使用人的意志无关,更不可能存在"所有"的意思。进一步地,功能性标识也不可能通过商标法律被占有,它属于对事物本身情况的客观反映,并非使用的结果;而且,如果基于其效果而不知其技术就让该类商品被占有,天马行空的想法得不到技术支持,而其技术效果又被垄断,将会阻碍社会进步。承担技术保护使命的是专利法律,但它要求专利申请人披露技术方案,以此才能换得保护,这种占有才是促进技术发展的。缺乏识别性的标识与具备功能性的标识不同,它的识别性是动态的,从有至无,从无至有,弱和强随着使用程度而反复交替。本身不具有识别特征的标识随着使用逐渐使相关公众将其与商品或服务产生了联系,可以使相关公众识别到商品或服务的出处,此时,标识本身的识别性空缺将被填满,使标识本身产生了"第二含义",该第二含义由使用人先行创造,当然存在"所有"的意图,第二含义的产生就是使用人占有的结果,主客观一致,应用先占理论,可以产生商标权。识别性和非功能性决定着商标是否可以注册,并不影响其作为商标使用,但在先占理论下,它们本身并不能通过使用产生商标权利,只有缺乏识别特征的商标可以作为例外,不过也需要以"第二含义"为前提,否则就不能以先占理论作为权利获得的基础。

第三,先占的对象应该是无主物。"先""后"体现为一种秩序,以"先"为占有取得权利的规则,是基于规范秩序的需要,谁先合法占有,谁就优先享有占有利益,在后者要进行利用时,必须经过法律允许以及经过在先占有人同意。作为先占对象的无主物,既可以是绝对的,如从未被他人占有过的有体财产、被所有人抛弃的有体财产;也可以是相对的,如在一个财产权领域被控制而在另一个财产权领域没有被控制的财产。一个被他人享有著作权的美术作品,在著作权法意义上不是无主物,但在商标法意义上可能是无主物,尽管欲将该作品当作商标使用的人有可能受到著作权人的限制。[1] 体现在商标法律中,要求先占的商标不得与他人在先申请、注册的商标产生冲突,不得损害他人合法权益。理性分析,占有时间有先后,保护在先的合法占有是最理想的秩序状态,假如以在后占有为优先,这社会又会回到依据抢夺实现占有的蛮荒时代,权利没有存在的必要,谁是物最后的占有者根本无从确定,交易也就不存在了,商品经济也就不会出现,商标制度也就不复存在了。在先者将物占有之后,该物不再无主,他人的试图占有或者实施的占有行为都可能属于侵犯权利,不被准许,即使被掠夺,也可以依照法律要求排除危险、赔偿损失、停止侵害。同理,在后侵权的瑕疵注册商标,其注册和使用都是一种对他人占有之物的抢夺,更不应允许其依据抢夺之物而取得权利、行使权利,这是法律文明的重要成果和基本要求。

第四,维护已有的社会秩序是先占理论的重要价值取向,诚信是先占取得商标权利的必要前提。如前所述,占有在主观上需要有"所有"的真实意思,客观上要有占有行为。具体到注册商标,要求申请注册时有使用商标的意图,客观上有申请注册的行为,经过审查注册的,方能

---

〔1〕 参见李雨峰:《未注册在先使用商标的规范分析》,载《法商研究》2020 年第 1 期。

享有商标权利,同时承担使用义务。不以使用为目的的恶意注册、利用欺骗性手段获得注册首先在主观上就缺乏真诚使用的意图,通过注册后,客观上一般也缺少使用行为,投机行为居多,这类商标往往只是具备形式上的合法性,实质上不能满足先占理论关于主客观一致的要求。从秩序角度来看,采用非诚信手段取得商标注册阻碍了其他想要使用商标的人,在浪费了审查资源的同时,显著提高了这部分人商标注册的成本,明显扰乱了商标注册秩序,造成"注册取得"制度成本高、效率低、质量低的假象,这使先占理论成为"罪魁祸首",让人不免产生对制度合理性的怀疑。通过商标获得财富要"脚踏实地",虽然商标资源并不匮乏,但朗朗上口、充满意义的标识仍然是较为稀缺的,非诚信的商标注册人往往又乐于注册稀缺标识,进而"囤货居奇"或者"投机取巧",甚至"敲诈勒索",这种行为已经脱离了商标注册制度的真正目的,坚决不能让此种风气横行,让非诚信者获利,否则就是对在先"诚实守信""埋头苦干""兢兢业业"商标占有者的不尊重。

二、从正义视角论瑕疵注册商标民事司法治理

(一)正义简述

何为正义?柏拉图认为正义就是各守其序、各得其所,亚里士多德认为正义就是服从法律并得其所应得,[1]在罗马法学家看来,"正义就是给每人以应有权利"。《查士丁尼法典》也将"诚实生活,不害他人,各得其所"作为法的准则。可见,虽然不同时期对正义的理解有些微差异,但有一点是共同的,均强调各得其所,给每个人他应得的东西。应得,蕴含着自然法原理。每个人都有维持生存,获得财产,追求幸福和反抗压迫的需要,为了满足需要,需要将资源进行分配。"等量的劳

[1] 参见强世功:《法理学视野中的公平与效率》,载《中国法学》1994年第4期。

动应该得到相等的报酬”,“每一个人的劳动才是他的利益或损失的唯一标准”。[1] 讲求按劳分配,多劳多得。“人们根据其才能、地位、职务等特质按比例取得与之相称的物品。”[2]而不是让每个人取得相同数量、种类的物品。但是,机会是均等的,例如,不能剥夺人劳动的权利,虽然每个人都可以劳动,但是劳动的内容、强度、时长有所区分,得到的劳动结果也当然有差异。除此之外,在法治社会,依照自然规律得到的结果是否会被矫正取决于对当下的政治、经济、社会、法律等因素的考虑,意味着不是任何劳动成果都可以受到法律的确认和保护。例如,委托投资矿机挖掘虚拟货币的行为,客观上产出了大量的虚拟货币,但法律对挖矿行为本身持否定态度,导致投资利益不能收回。普遍认为,知识产权是一种自然法上的权利,并受到实定法的检验和保护。它基于创造者的智力活动而自然产生,摆脱封建特许束缚而法定存在,因而是符合正义的。[3] 商标作为知识产权对象的一种,并非智力活动的结果,它更像是一种劳动,相比于专利、作品等知识产权对象,更具有自然性。

正义有两把尺子,一是自然规律,二是法律规定。前者为后者的基础,丧失自然基础的法定权利无正义可言,它只是国家治理社会的暴力工具。同时,后者之所以存在,首先是对客观自然规律的反映,其次通过法律能动地反作用于客观,对前者进行适当矫正,以满足社会进步的需要。黄汇教授认为,商标“注册不过是为洛克意义上的劳动所建立起来的商

[1] [英]约翰·勃雷:《对劳动的迫害及其救治方案》,袁贤能译,商务印书馆2009年版。

[2] 强世功:《法理学视野中的公平与效率》,载《中国法学》1994年第4期。

[3] 参见吴汉东:《知识产权法价值的中国语境解读》,载《中国法学》2013年第4期。

誉所有权，盖上社会普遍认可的印章”。[1] 它表明了两层含义，一是通过使用取得商标权利；二是注册是对商标权利的一种确认。前者考察的是商标使用获取权利符合自然规律，后者仅是对前者的公意确认。但实际上，现行商标注册制度存在一定差异，它不仅是确认，更是一种实质性授权。初步来看，授权性的商标注册不符合自然规律，但如前所述，法律并不仅仅是客观自然规律的客观反映，它还可以反作用于自然规律。商标使用获权存在稳定性差、公示力度弱的特点，具体在司法程序中，权利人的举证难度也很大，难以有效率地维护权利；而且，被诉侵权者也可能不知商标系他人在先使用。而在商标注册制度下，注册之后即具有法律效力，在全国范围内公示，举证时提供商标注册证明即可，大大地降低了举证难度，也方便他人避让，避免侵权情况发生。而且，商标注册并非对“使用”的不重视，使用程度越高、保护力度就越大。连续多年不使用可被撤销等制度促使商标注册人积极使用商标。在提升效率的同时，也不忘补足自然规律的缺陷，注册授权附随使用义务，使商标注册制度依然符合自然规律。瑕疵注册商标所缺乏的正义性也能在自然法和实定法维度上进行双重验证。

(二)正义视角下的瑕疵注册商标

首先，通过使用获得商标权利是商标的自然法基础。不能使用的商标无论在何种维度均不能获得商标权利，即标识应具备合法性——合乎自然规律，符合法律规定。商标本为区别来源的工具，自然法讲究的分配正义，在制度设计上，体现为对商标使用人和社会公众之间的利益平衡，他们各自应有其所得。商标使用人，经过对商标的使用，享有

[1] 黄汇：《商标权正当性自然法维度的解读——兼对中国〈商标法〉传统理论的澄清与反思》，载《政法论坛》2014 年第 5 期。

对应的商标利益;而社会公众的所得体现为基于对商标的信赖不应受到欺骗和歧视,也不会损害社会公众集体的利益。如果商标使用的行为不合理地对社会公众造成损害,就相当于得到了不应归其所有的东西,这种使用就不会产生商标权利。具体到实定法中,如果标识存在民族歧视性、带有欺骗性、有害于社会主义道德风尚或者有其他不良影响,允许其使用就意味着剥夺了相关社会公众受到尊重、获得优质商品的资格,不符合自然法维度上对正义的要求。除此之外,《商标法》第10条第1~5项还规定了其他限制性条件,同样具有自然法基础,国家、组织、区划、官方标识、公益标识本身就代表了整体利益,对这些标识的不当使用容易影响相关群体形象、公信力和号召力,不利于国家管理性、政治性目的实现,这些标识的使用本身也是违反其他法律的行为,禁止使用本身存在合理性。如前所述,符合法律规定是各得其所的重要前提,符合自然法原理是法律规定具有正义性的重要依据。禁止使用不具有合法性的标识在自然法及实定法维度上均具有正义性。相反,如果使用的商标不合法,使用行为就不具有正义性,就不应该基于使用分配给其任何商标权利。瑕疵注册商标,因为不能利用非法标识完成注册附随的使用义务,也就没有基于标识使用产生的期待利益,注册的正当性不复存在,商标注册人不能基于瑕疵注册获得任何权利。

其次,各得其所要求不能侵占他人利益,商标不能与他人权利相冲突。在自然法上,每个人可以通过劳动、共有协议、先占等方式取得他应得的东西,按照不同理论,这个东西一般是共有的或无主的,但绝不能是已归他人私有之物。在先商标经过使用或者注册,已经享有商标权利,相关利益归其所有,由其应得。一人应得,则不归另一人。在后商标使用者或者注册人对冲突商标的每一次使用或者注册都是对他人应得的商标权利的侵犯。在商标法律体系中,《商标法》第9条规定,申请注册的商标,不得与他人在先取得的合法权利相冲突。《民法典》《反不正当竞争法》等亦禁止未经允许,将属于他人的姓名、作品、名称等注册为商标或者进行商标性使用的行为。法律规定符合自然法原理,对法律的违反也是对自然法的违背,与他人权利存在冲突的瑕疵注册商标不具有正义性,不应让其获得商标权。

再次,具有功能性和缺乏识别性的瑕疵注册商标不具有正义性。各得其所的另一前提是每个人都有平等使用商标的机会。正常情况下,商标资源是充足的,某商标归某人使用,不影响另一个人使用另一个商标。对于功能性商标,公众的选择极其有限,商标形状由商品自身的特性形成,一旦将其归某人享有,就剥夺了他人销售同类商品的机会,相当于禁止他人使用任何标识销售同类商品,这对他人而言是极其不公平的。对于缺乏识别性的商标亦然,语言源于客观事物,解释、描述客观事物是语言存在的基础,形容商品的名称、大小、温度、成分、形状等语言是人类认识客观事物的媒介,商标存在的目的是促进商品交易,如果不允许对商品进行描述,除了面对面交易,交易将无法达成,商标也就丧失其本身意义;同时,与功能性商标一样,描述性标识资源是有限的,归某人所有,也容易剥夺他人使用商标的机会,不满足分配正义的要求。当然,如果这些缺乏识别特征的标识或者语言,具有另一种不寻常的含义,它就脱离了单纯的描述意义,获得了识别性。这种识别性由使用取得,归其所有也不会影响他人在描述的层面上使用商标,平等性得到了保障。对应到法律规定中,《商标法》禁止具有功能性的商标注册,具有功能性的商标,也不影响他人对功能性部分的使用;商标应该具有识别特征,当标识本身缺乏识别性且未获得第二含义时,亦不能获得注册,注册商标权利人也不得禁止他人合理使用注册商标的缺乏识别性部分。商标注册的重要功能之一是对商标使用权利的确认,之二是授权;功能性商标无论如何使用均不能获得商标权利,也就无所谓确认,不予注册。缺乏识别性的商标可以通过使用获得第二含义,产生第二含义的同时也因使用获得了商标权利,此时的注册是对权利的确认。无权利则无确认的必要,不符合注册条件的商标也无授权的可能。“共同福利”或“共同利益”是在分配和行使个人权利时不可超越的外部界限,[1]错误将功能性商标或缺乏识别性商标予以注册的瑕疵注册商标,天生侵犯了他人的平等权利,违背了分配正义,因注册产生的形式上的商标利益不应由其获得。

又次,各得其所要求诚实生活,任何虚假或者欺骗性的行为都是不归其有的证明。遵守既定秩序,对权利的追寻需要在秩序的框架内进行,由此方能产生归其所有的东西。商标注册隐含着使用义务,正常的商标注册秩序默认商标申请人是诚实地使用商标,所提供的材料和陈述没有虚假内容,经过实质审查后取得权利。不以使用为目的的恶意注册或者采用欺骗性手段获得注册,在申请时隐匿了真实目的或者虚构了事实,破坏了商标注册秩序,就自然不能得到正常情况下的结果——注册。瑕疵注册表面上看是对自然法权利的确认以及商标权利的授予。采用非诚信手段申请、取得注册的商标一般不会将其投入使用,或者即使使用,也存在侵犯他人所得的嫌疑,不会有自然法上的商标权利,所以瑕疵注册不是确认权利。瑕疵注册也不是授予权利,实定法上,商标注册需要满足若干注册条件,《商标法》第4条、第44条第1款等条款明确表示对不诚信申请、取得商标注册的否定态度。道理是如此朴素,就像是在足球竞技的赛场,一方球队不遵守比赛规则、背离

---

[1] 参见刘期家:《商标权正当性的伦理学分析》,载《河北工业大学学报(社会科学版)》2014年第2期。

体育精神，为了进球，买通对方守门员后取得胜利，按照足球比赛规则，应当取消相关称号、追回奖项。因此，以违反诚信的方法取得的商标注册视为瑕疵注册商标，不具有正义性，不归其所有，不产生实质的商标权利。

最后，迟到的正义非正义，对瑕疵注册商标的治理应具有效率。“效率是知识产权法产生的思想基础，也是知识产权法追求的价值目标。”[1]按照现行的商标法律，基于对行政权力的尊重，对具有无效宣告事由或者可撤销事由的注册商标，在民事司法程序中，不能直接宣告注册商标无效或者撤销注册，要达到目的，只能另行提起行政程序。从时间上看，商标无效、撤销等行政决定作出时间在一年左右，如果再伴随两审行政诉讼，还需要花费近一年的时间；如果在此期间，民事侵权判决已经作出，可能又需要提起民事再审申请，纠正错误判决，循环往复，时间冗长。虽然从结果上看，相关人员最终取得了正义的审判结果，但被告可能已经投入了大量成本，也丢失了很多交易机会，实质非正义。因此，有必要提升对瑕疵注册商标的治理效率。某一法律活动的效率，体现在过程和结果两个方面，过程追求节约资源，结果追求实质正义，两者结合，快速地实现正义结果是对效率最好的诠释。具体地，在过程上，要针对不同的纠纷作出不同的科学且合理的程序设计，将有限的司法资源在不同的法律纠纷中进行配置，做到“区别对待和特殊处理”，在能够保证纠纷真正解决的前提下，有利于减少时间、人力、财力的投入，同时要体现基本的程序公正。[2] 在结果上，司法审判的结果应当符合人民群众对正义的期待，缺乏正当性基础的瑕疵注册

---

〔1〕 冯晓青：《知识产权制度的效率之维》，载《现代法学》2022年第4期。
〔2〕 参见李家军：《司法的效率之维》，载《法律适用》2009年第6期。

商标权利人不能因此获得利益。在治理进路上，利用禁止权利滥用规则对商标权利的保护范围或者法律效力进行解释是较好的方法，一来不否认形式上的注册效力，二来阻碍了瑕疵注册商标权利的行使，足以确保当事人在一个民事司法程序中解决问题并得到正义结果，减少了司法资源投入，使纠纷得到真正化解，及时彰显正义。

本章小结

商标制度本身有其正当性基础，瑕疵代表了注册商标取得以及行使的非正当性。劳动财产理论、符号学理论以及“知识共有理论”可以为瑕疵注册商标治理提供法哲学依据，先占理论和正义理论可以为瑕疵注册商标治理提供法理支持。

劳动财产理论以“共有之物”为对象，以“劳动”为手段，以“改变原始状态”为效果，以“不过度”“不浪费”为限制。不具有合法性的瑕疵商标超出了人类的自我保存需要，不可作为劳动对象。冲突性瑕疵商标破坏了既存的权利状态，他人之物也不可作为劳动对象。缺乏识别性以及具备功能性的商标如果允许注册将无法给其他人留下“足够的同样好的东西”。非诚信瑕疵注册商标要么超出了自身使用的需要，对应着劳动财产理论中的必要性；要么基于自身能力无法充分使用商标，导致占有过度和浪费商标资源，违背了劳动财产理论中的“不过度”“不浪费”限制；要么就是想剥夺已属他人之物，而劳动对象局限于公共之物，不能占有私物以致侵犯他人权利。

符号学视角下，商标由“能指”“所指”“对象”组成。“词语、姓名、记号或图案或者其任何组合”是商标的能指，商标指涉的特定商品或服务为商标的对象。商标标示的产品出处和该出处的商誉就是商标的所指。不具有合法性的瑕疵商标能指处于一种静止状态，自始至终不能将其投入到商品流通中，商标所指——商誉就无法产生；即使从事实上，它可能会发挥识别商品来源的作用；但从价值判断上，应该得到一种否定评价。冲突性瑕疵商标与他人权利相冲突具有违法性；与在先商标的能指和对象过于接近，可能致消费者产生所指上的混淆，使商标基本功能无法发挥。对缺乏识别性以及具备功能性的商标如果允许注册，从成本角度考虑，要花费相当大的成本才可能使商标能指脱离其本身含义，产生第二含义，这种商标能指就是不经济的；从言论自由的角度看，经营者在商品销售等经营中将直接表述商标对象含义的文字、语言等符号作为商标使用是经营者的行为自由，任何人在该第一含义上将商标符号垄断都是对言论自由的伤害。非诚信瑕疵注册商标在客观上可能不会将商标能指应用在商标对象上，进而不能产生商标所指；如果一个行为会降低制度的运行效率或者利用制度谋取某种不当利益，就应该被否定；从社会价值观念上看，以不诚信行为注册的商标符号随着商标的使用，会将这种不诚信的不良风气传递给其他人。

“知识共有”视角下，万物属于所有人，但不属于任何一个特定的人，除非以某种形式将该物划为私有。不具有合法性的瑕疵商标并未开放给大众使用，不能适用“知识共有”理论利用或者分配商标。对缺乏识别性的标识，如果通过订立明示协议的方式，使商标注册，将会深刻影响商品的流通，甚至脱离市场经济。如果给功能性的形状符号分配商标权利，就无异于禁止他人经营该形状符号对应的商品，而这些商品又是人类共同的生活资料，不可通过商标“注册”而私有，因此该类商标不可注册。如果一个标识已经被分配或者归他人使用，就难以再通过协议的方式被划归他人。冲突性瑕疵商标不得注册，否则也会因在先协议的存在，使这种取得丧失正当性，甚至还可能会因冒犯协议，而承担责任。“知识共有”理论下的财产权是基于协议产生,诚实信用作为人类行为的基本准则,要求协议各方在签订、履行协议的过程中要讲求信用、诚实不欺,否则就不能享受因协议产生的有利成果。非诚信瑕疵注册商标违反诚实信用原则,不具有正当性。

占有分为物理占有和通过法律的拟制占有,先占是获得财产权的法理基础。先占在时间上要求先于他人,占有对象为无主的动产,主观上有所有的意思表示,客观上有占有的行为。不具有合法性的瑕疵商标不可传播,并不是一种人类开发和利用的资源,将永远处于无主状态,无法满足“先占—获权”避免资源浪费的初衷。缺乏识别性、具有功能性的瑕疵商标与万物本身具有的特征密不可分,这种属性是否存在与使用人的意志无关,更不可能存在“所有”的意思,亦无法分辨先后,除非缺乏识别性的商标获得第二含义,否则不能获得财产权。先占的对象应该是无主物,冲突性瑕疵商标无法被占有,他人的试图占有或者实施的占有行为都可能属于侵犯权利。维护已有的社会秩序是先占理论的重要价值取向,诚信是先占取得商标权利的必要前提,不以使用为目的的恶意注册、利用欺骗性手段获得注册首先在主观上就缺乏真诚使用的意图,通过注册后,客观上一般也缺少使用行为,投机行为居多,这类商标往往只具备形式上的合法性,实质上不能满足先占理论关于主客观一致的要求,也是对商标注册秩序的破坏。

正义强调各得其所——给每个人他应得的东西。正义有两把尺子,一是自然规律,二是法律规定。前者为后者的基础,丧失自然基础的法定权利无正义可言,它只是国家治理社会的暴力工具。如果商标使用的行为不合理地对社会公众或者特定个人造成损害,就相当于得到了不应归其所有的东西,这种使用就不会产生商标权利。不具有合法性、侵犯在先权利的冲突性瑕疵商标一旦注册,就是对社会和他人的损害,无论是从自然法还是实定法上分析,均不具有正当性。各得其所的另一前提是每个人都有平等使用商标的机会。允许缺乏识别性、功能性瑕疵商标注册,容易剥夺他人使用商标的机会,不满足分配正义。各得其所要求诚实生活,任何虚假或者欺骗性的行为都是不归其有的证明。不以使用为目的的恶意注册或者采用欺骗性手段获得注册,在申请时隐匿了真实目的或者虚构了事实,一般不会将商标投入使用,既存在侵犯他人所得的嫌疑,也不会产生商标权利。

第三章 瑕疵注册商标民事司法治理类型化分析

第一节 连续3年未使用的瑕疵注册商标的民事司法治理

一、此种类型瑕疵注册商标产生之缘由

按需注册是商标注册的基本原则并贯穿整个商标周期。此处的“需”除了要求商标申请人主观上有使用的意图，还强调客观上有能力使用，如果申请注册的商标明显超过了其业务需求或者经营能力，但又不能作出合理解释，就可以推定商标申请人并无实际使用商标的需要。在商标注册制度下，注册商标权在经历了“申请”“审查”“注册”三个阶段后产生，在申请—审查阶段，国家商标行政机关需要考察商标申请人是否具有履行使用义务的能力和意愿，在注册后，要考察商标注册人是否在客观上对注册商标进行了真实使用。如果考察

未通过,前者可能导致商标注册申请被驳回,后者将直接影响损害赔偿请求权的有无。同时,义务的履行程度也会影响对注册商标权利的保护力度,如注册商标权利保护范围的大小、损害赔偿金额的多少。

"连续3年未使用"作为注册商标的一种衍生瑕疵,剖析其原因,大致分为5种:一是防御性注册;二是预备使用后未使用;三是使用后由于客观原因不再使用;四是从未打算使用,用于囤积转卖;五是基于不正当目的,给竞争对手制造障碍。从目前的商标法律来看,相较于第四、五种原因,商标法无意对第一种至第三种不使用商标的原因过多追究,只是要求在他人有使用需要时,这类商标资源能够被释放出来,一是因为这类商标在申请时不存在扰乱秩序等不诚信行为,二是因为注册商标未被使用的原因是基于一些客观情况。注册商标是拿来使用的,不是用来炒作或者实现其他非正当目的的。第四、五种原因违背了按需注册的基本原则,扰乱了商标注册秩序,可能对其他经营者造成不当影响,除承担商标注册申请被驳回、注册商标被无效的法律后果外,还应追究相应的民事、行政责任。

当下商标注册申请呈现"成本低,收益高"的特点,首先是金钱成本低,商标注册的官费较低,部分互联网商标代理机构甚至零费用代理;其次是时间成本低,商标注册申请可通过网上进行,方便快捷,对于操作熟练的代理人员,一分钟内即可完成提交;再次是违法成本低,虽然法律对以使用为目的的恶意注册规定了诸多惩戒措施,但惩罚力度较弱,且因违法行为的隐蔽性,相关行为不易被执法人员发现,从而逃避处罚;最后是商标注册后收益较高,根据法律规定,商标注册人有权在同一种或者类似商品或服务上禁止他人注册或使用与注册商标相同或近似的商标，〔1〕并享有相应的损害赔偿请求权。基于此，不少投机者甘愿冒险，去谋求不当利益，他们注册商标后，不进行使用，反而针对善良经营者不断发起投诉，甚至起诉，从而强迫经营者们购买该注册商标或者变更经营策略；即使部分经营者采用法律手段，对该类注册提出撤销、无效宣告申请，也会因时间的冗长让自己丧失交易机会，从而不得不妥协。商标的价值在于其识别性，这种识别性并不是与生俱来的，而是要建立在使用的基础上。商标"注而不用"是对商标制度价值的严重背离。作为商标注册制度的产物，"撤三"制度（撤销连续3年未使用或停止使用的注册商标制度）应运而生，一方面，承担起清理闲置商标的任务；另一方面，促使商标注册人将其注册商标进行积极使用，发挥其商标功能。按照"撤三"的规范意旨，任何单位或个人均可以以相关商标连续3年未使用为由而申请撤销，并未局限于特定主体，强调的是公益目的，是对注册主义弊端的弥补。〔2〕但实际上，提起商标撤销申请的主体，往往是出于"私利"，例如，当某商标构成申请注册商标的引证商标时，为了使商标获得注册，对引证商标提出"撤三"申请。几乎不存在纯粹为了维护公共利益而对实际不使用或者停止使用的商标提出撤销申请的情况。〔3〕不可否认的是，"私利"动机驱使的"撤三"申请，造就了"公益"的客观结果——相关商标资源重新回到了市

---

〔1〕《商标法》第57条规定："有下列行为之一的，均属侵犯注册商标专用权：（一）未经商标注册人的许可，在同一种商品上使用与其注册商标相同的商标的；（二）未经商标注册人的许可，在同一种商品上使用与其注册商标近似的商标，或者在类似商品上使用与其注册商标相同或者近似的商标，容易导致混淆的……"

〔2〕参见张鹏：《规制商标恶意抢注规范的体系化解读》，载《知识产权》2018年第7期。

〔3〕参见张鹏：《规制商标恶意抢注规范的体系化解读》，载《知识产权》2018年第7期。

场，减少了有关商标申请注册的障碍。但是，“撤三”制度的“远水”，难以解决民事侵权案件中侵权判定与责任承担的“近渴”问题——注册商标在被撤销或者无效之前，被推定享有圆满的商标权利。在民事侵权案件中，面对连续多年未使用的注册商标，被告要想继续使用侵权商标、不承担赔偿责任，须另行向国家商标行政机关就注册商标提出撤销或者无效宣告申请，但这不会中止民事侵权案件的审理，从而可能导致人民法院作出并不正义的裁判，其后就算纠正，也系迟到的正义。为了实质性化解争议，亟须再找到一个在民事司法案件中治理连续多年未使用瑕疵注册商标的直接方案。

2009 年，最高人民法院发布司法政策，明确“注册商标已构成商标法规定的连续三年停止使用情形的，可以不支持其损害赔偿请求”，[1]并于 2013 年，将该司法政策转化为《商标法》第 64 条，“注册商标专用权人不能证明此前 3 年内实际使用过该注册商标，也不能证明因侵权行为受到其他损失的，被控侵权人不承担赔偿责任”。该条保留了注册商标停止侵害请求权，限制了注册商标损害赔偿请求权，具有进步意义。但该条的不足在于，未对不以使用为目的恶意注册商标的停止侵害请求权作进一步限制，导致善意使用者仍需承担停止使用的法律责任，出现“违法者获利”的不公现象。

二、此种类型瑕疵注册商标民事司法治理之理论探讨

基于劳动财产理论，谁先通过劳动使共有之物脱离原始状态，谁就对该物享有权利。在商标领域中，劳动指向使用，在自然法意义上，使用才是商标权利的来源。在实定法上，注册是对自然权利的确认，也是

---

[1] 《最高人民法院关于印发〈当前经济形势下知识产权审判服务大局若干问题的意见〉的通知》（法发〔2009〕23 号）。

对商标权利的预先授予。后者需要完成对商标的持续使用行为,以弥补商标“注册获权”的自然法缺陷,使注册商标权利得到自然法的支持,否则就不能维持注册或者行使圆满的商标权利。在民事侵权案件中,针对连续未使用的瑕疵注册商标,可作如下抗辩。

(一)不赔偿抗辩

使用是商誉产生的前提,商誉受损是赔偿损失的基础,无使用则无商誉,无商誉则无损害,无损害则无赔偿。从表面上看,使用注册商标是注册人的强制义务,我国《商标法》第 49 条第 2 款规定,没有正当理由连续 3 年不使用的,任何单位或者个人可以向商标局申请撤销该注册商标。使用是维持商标注册的必备条件。从实质上看,以未曾使用的商标提出注册申请,相当于作出了在注册后会进行使用的承诺,以此作为商标注册的隐性要件。商标注册后,承诺要被实际践行,如果商标连续未使用,视为对注册隐性条件的违背,自然不能获得注册带来的完整的商标权利。使用作为注册的附随义务是被推定履行的,只要无相对方对是否履行使用义务提出疑问,注册商标权就被推定圆满。例如,《商标法》第 64 条第 1 款规定,注册商标专用权人请求赔偿,被控侵权人以注册商标专用权人未使用注册商标提出抗辩的,人民法院可以要求注册商标专用权人提供此前 3 年内实际使用该注册商标的证据。注册商标专用权人不能证明此前 3 年内实际使用过该注册商标,也不能证明因侵权行为受到其他损失的,被控侵权人不承担赔偿责任。关于使用义务的履行期限,分析《商标法》第 49 条第 2 款和第 64 条第 1 款,都将期限设定为 3 年,区别在于,前者是维持商标注册的条件,后者是请求损害赔偿的条件。有学者认为,《商标法》第 64 条第 1 款只能适用于注册期已满 3 年的商标。因为既然连续不使用期间未届 3 年,注册商标就不能被撤销,应依法受到全面保护,效力维持在圆满状态,只要发生侵权,其专用权人获取救济的途径和手段理当是全面的,作为法律赋予注册商标权人主要的救济手段,损害赔偿请求权自然也不得受到不合理限制。[1] 该观点认为将注册商标是效力圆满的商标,只要未达到撤销条件,就不应对注册商标的效力予以限制。不过,该观点值得商榷。首先,注册是一种确认和授权,在无自然权利确认时,注册就只剩下"授权"这一项功能。如前所述,授权附随有使用义务,商标注册后,应当允许给予注册人使用商标的准备时间,所以给履行使用义务附加了 3 年期限,未履行使用义务的商标自然存在瑕疵。而对于损害赔偿,针对的是自然法意义上权利的损害,从未使用的商标当然在自然法意义上不享有权利,无权利则无损害。在不赔偿抗辩中将不使用考察期限约定为 3 年,针对的是曾经使用而停止使用的注册商标,推定曾经因使用获得商誉的注册商标 3 年内将商誉消耗完毕,此后认为该注册商标缺乏自然权利基础,因而不承担损害赔偿责任。而之所以保留停止侵害请求权,则完全是基于维持商标秩序的考量。通过使用取得的商标权存在稳定性差、公示力度弱的特点,具体在司法程序中,权利人的举证难度也很大,难以有效率地维护权利,相关方也不方便检索,成本沉没风险较高;注册就是为了解决这些问题,给予商标申请人足够的窗口期(3 年),在这之前先行对商标是否符合注册条件进行审查,保障商标申请人因申请行为对特定符号享有先占利益以及对特定符号的使用可能产生的期待利益,注册通过后,这些利益得以固定。[2] 只要注册商标未被撤销或者无效宣告,商标使用与否并不影响先占利益和期待

---

〔1〕 参见彭学龙:《论连续不使用之注册商标请求权限制》,载《法学评论》2018 年第 6 期。

〔2〕 参见孔祥俊:《论商标法的体系性适用——在〈商标法〉第 8 条基础上的展开》,载《知识产权》2015 年第 6 期。

利益。注册商标停止侵害请求权也是为了实现先占利益,保障期待利益。所以,对于从未使用或者连续3年未使用的注册商标,依然具有禁止权能,有权要求停止相关的侵权行为。虽然该学者以田村善之的“在损害赔偿请求诉讼中,即便原告商标未投入使用,但只要拥有商标权,就可通过与其他人缔结商标使用许可协议,从而取得许可费,所以不能说未使用商标没有一点财产价值”[1],来论证侵犯未使用之注册商标也可以获得损害赔偿的观点。但实际上,此处的许可乃是停止侵权的对价,是对侵犯先占或期待利益的豁免,实质核心仍是停止侵权请求权的内容。当然,不排除未使用的注册商标可以获得损害赔偿,就如《商标法》第64条第1款中的“也不能证明因侵权行为受到其他损失的”限制一样,事事均有例外。虽然其他损失的具体内容有待进一步明确,与注册商标是否使用也尚未发现关联,但与维持或者恢复先占利益和期待利益息息相关。例如,他人未经商标注册人许可,使用与注册商标相同的商标在市场上已经获得较高声誉,此时商标注册人仅要求对方停止侵权是不够的,因为注册人使注册商标与自己的商品建立联系、实现期待利益,比通常情况下更为困难,需要投入更多的成本,有必要判决被告支付一定赔偿。同样,假如注册商标经他人使用在市场上遭受恶评,商标注册人可能就不会再使用注册商标或者即使使用也需要花费更多的成本以恢复声誉,为了补偿商标注册人的先占利益和期待利益,也需要支付一定的赔偿金。以上示例均体现在商标能指层面上,对先占利益和期待利益的补偿或者将赔偿作为许可的对价,而不是商标所指的商誉损害的赔偿,两者应作适当区分。

---

[1] [日]田村善之:《日本知识产权法》(第4版),周超、李雨峰、李希同译,知识产权出版社2011年版,第156页。

（二）商标申请权利滥用抗辩

如前所述，商标注而不用除一些合理的主观原因和客观因素外，部分商标注册人还存在囤积转卖、不正当竞争的情形。虽然可以适用《商标法》第64条第1款进行不赔偿抗辩，但依然需要承担停止侵权的法律责任。就这些具有不正当目的的商标注册人而言，停止侵权已经足够让他们实现目标。因此，有必要对这种滥用商标注册制度并且不使用的注册商标进一步治理。以“CODENAMES”商标侵权案为例，耿某将大量国外知名标识注册为商标，进而提起大量侵权诉讼，法院认为，耿某取得和行使商标权的方式有违诚实信用原则，构成权利滥用。〔1〕依据《最高人民法院关于适用〈中华人民共和国民法典〉总则编若干问题的解释》第3条第3款的规定，构成滥用民事权利的，人民法院应当认定该滥用行为不发生相应的法律效力。具体到商标侵权案件中，滥用商标申请权利的，注册不发生法律效力；滥用注册商标权利的，停止侵害请求权、损害赔偿请求权不得行使。滥用商标申请权取得商标权利的，注册商标权就如毒树之果，行使权利亦构成权利滥用。

商标注册赋予商标注册人因注册行为对特定符号享有先占利益以及未来对特定符号的使用可能产生的期待利益。〔2〕对于以囤积转让、实施不正当竞争为目的的注册商标，主观上一般缺少诚实使用的目的，客观上存在大量提交商标注册申请等扰乱商标注册秩序的行为，并且，商标注册人一般也缺少真实使用注册商标的能力，甚至还可能侵犯他人权利。因注册而取得的先占利益和期待利益需要建立在遵守商标注册规则的基础上，主观上明显不存在使用目的，客观上超出使用能力的

---

〔1〕浙江省高级人民法院民事裁定书，(2021)浙民申5338号。

〔2〕参见孔祥俊：《论商标法的体系性适用——在〈商标法〉第8条基础上的展开》，载《知识产权》2015年第6期。

商标注册申请,如果缺少防御性注册等合理理由,无异于将商标注册制度作为实施不正当目的的工具,自然不能因注册而享受利益。所谓的先占并不正当,无法通过《商标法》第7条第1款等规定的检验,自然就无法享受期待利益。既然如此,滥用商标申请权利的瑕疵注册商标,不具有注册带来的商标禁止权能,对就其提出的停止侵权的诉讼请求,不应予以支持。

三、小结:限制连续3年未使用的瑕疵注册商标请求权

注册商标请求权由停止侵害请求权和损害赔偿请求权组成,注册是对自然权利的确认和附使用义务的权利授予。未使用的商标未形成商誉,在自然法上不产生权利,则不会遭受损害,无其他损失的,经抗辩,不承担损害赔偿责任。对于权利授予型的注册行为,使用义务的履行情况将直接影响赔偿数额。在我国,如果注册商标连续3年未使用,就相当于违反了注册约定,经任何人申请,该注册商标可被撤销。同时,商标注册后,由于规则设计的原因,注册为商标注册人先占使用注册商标并享有使用收益提供了保障,实质上仍需要通过使用使注册商标权利圆满。同理,未使用的注册商标除先占等利益受到侵犯外,并未遭受其他损失,所以也允许被告提出不赔偿抗辩。除此之外,对于连续未使用的、以不正当目的注册的商标,还需要限制其停止侵害请求权。具体来说,商标申请人不以诚实使用为目的,以商标注册制度作为达到不当目的的工具,扰乱了商标秩序,损害公共利益、侵犯他人权利,构成对商标申请权利的滥用,所得注册结果不发生法律效力,不享有禁止权能,无权行使停止侵权请求权。

第二节　不具有合法性的瑕疵注册商标的民事司法治理

一、此种类型瑕疵注册商标产生之缘由

可使用性是商标注册的基本要求，禁止使用的范围也是商标不可注册的范围。商标首先是一种符号，在传播的过程中发挥商业功能和社会功能。商业功能体现在标识商品的出处，促进商品的流通和交易等；社会功能体现在要传播正确的道德、价值、法律观念，不对社会造成不良影响，不危害公共利益。囿于此，不是每个符号都可以作为商标来使用的，那些危及政治国家和国际组织的形象，或是有悖道德风尚而造成不良影响，或是产生欺骗性指向而损害消费者利益的标识，不得核准作为商标使用。[1] 禁止使用的标识是静止的，只有“能指”和“对象”，无法产生“所指”——商誉。从劳动财产角度看，禁止使用的标识容易对国家、集体或个人造成负面影响，不属于人自我保存的对象，它们无法被人利用或者享受，即使使用，也无法产生财产权利。从法的准则“各得其所”的角度分析，如果商标使用的行为不合理地对社会公众等造成损害，就相当于得到了不应归其所有的东西，这种使用就不会产生商标权利。商标注册的对象是已经使用或者可以被使用的标识，注册是确认使用产生的商标权利，也是对未使用标识先占利益以及使用产生的期待利益的保护，当标识不可被商标性使用时，就无法完成促进商品交易和流通的基本使命，不能成为一种商标资源，也就没有为其提供“注册”保护的必要。从另一个角度分析，注册商标具有强制使用义务，如果允许不具有合法性的标识注册，注册就成了使用禁止标识的背

〔1〕 参见吴汉东：《知识产权法》，法律出版社2021年版，第498页。

书,从而引发冲突。

商标申请—注册需要经历国家商标行政机关依职权审查、异议监督等过程,前者由具体的审查人员负责,后者由社会公众提出。诚然,受到社会认知、价值观念、证据、法律理解等方面的局限,由专业精英组成的商标审查团队不可能对每一枚商标都作出恰如其分的审查结论。例如,符号的含义会随着社会的发展不断发生变化,单纯的"MLGB"并无不良影响,它和粗俗用语本身并无关联,但随着人们主动将该粗俗用语与"MLGB"联系起来,使相关公众看到"MLGB"就能想到该粗俗语言。新生事物层出不穷,"吃货"并非固有词汇,其出现之初用于指代美食爱好者,早期被允许作为商标使用,但后来被认为"格调不高",不允许注册。[1] 又如,在法律适用上,"不良影响"条款是一个争议了多年的条款,经历了从适用范围较宽到严格限缩适用范围再到适当扩展适用范围的过程,[2]在认识上有5种观点,[3]相对复杂。而且,即便商标得以注册,但由于后来发生的情况导致该商标的使用会存在不良

---

〔1〕 国家知识产权局关于第25057152号"吃货"商标驳回复审决定书。

〔2〕 参见孔祥俊:《论商标法的体系性适用——在〈商标法〉第8条基础上的展开》,载《知识产权》2015年第6期。

〔3〕 参见李铭轩:《商标注册不良影响条款的规范目的和判定方法》,载《人民司法(应用)》2017年第4期。第一种观点认为,不良影响条款是商标法不予注册所有事由的兜底条款,在其他条款无法适用时,可适用该规定不予注册。第二种观点认为,不良影响条款是商标禁止注册绝对事由的兜底条款,凡违反公序良俗、损害公共利益和公共秩序而其他绝对事由未规定的情形都可以适用该条款加以调整。第三种观点认为,不良影响条款构成《商标法》第10条第1款的兜底条款,其目的在于保护公共秩序和公共利益。第四种观点认为,不良影响条款实际上包括两项:一项是有害于社会主义道德风尚的,规范的是与伦理道德有关的要素;另一项是有其他不良影响的,既是前八项的兜底条款,也可以规范其他没有列举的违背公共秩序和公共利益的情形。第五种观点认为,不良影响条款并非《商标法》第10条第1款的兜底条款,其目的在于保护社会道德和公序良俗,不应扩张适用至宽泛意义的公共利益。

影响而有违公序良俗，在理论上仍然不排除被撤销注册和禁止使用的可能。[1] 面对如此复杂的问题，国家为了谨慎注册，在初审之后，设置了异议程序，规定在初步审定公告期间，社会公众可以针对该注册商标就其不可注册性提出异议。但是，社会公众相对缺少提起异议的动力，无法使初步审查结论被广泛、充分地监督，致使不具合法性的瑕疵注册商标出现。固然，该类瑕疵注册商标可以通过无效宣告程序处理，但无效宣告的动机往往是为了解决先行发生的商标民事侵权纠纷。

二、此种类型瑕疵注册商标民事司法治理之理论探讨

使用是商标自然权利的来源，禁止使用的标识不能被作为商标使用，在自然法上，不能产生财产权。我国是商标注册制国家，商标权利基于注册产生。即便如此，注册仍以自然权利为正当性基础，否则就将徒具形式。在注册时，《商标法》不强求商标已经使用，允许先行注册，其后通过使用的方式补足注册制度的自然法缺陷，如果由于标识本身的原因，永远不能被作为商标使用，缺陷将无法补足，该注册商标将注定不具正义性。

先以使用的未注册商标为例，《反不正当竞争法》将具有一定影响的标识等纳入保护范围，关于标识的合法性问题，法律并未说明。司法解释补充了这一点，如果属于标识存在《商标法》第10条第1款规定的不得作为商标使用的情形，对保护请求不予支持。[2] 在“特种兵”案中，原告认为，被告销售的椰子汁商品与其享有的具有一定影响的“特

---

[1] 参见马一德：《商标注册“不良影响”条款的适用》，载《中国法学》2016年第2期。

[2] 《最高人民法院关于适用〈中华人民共和国反不正当竞争法〉若干问题的解释》（法释〔2022〕9号）第7条规定：“反不正当竞争法第六条规定的标识或者其显著识别部分属于商标法第十条第一款规定的不得作为商标使用的标志，当事人请求依据反不正当竞争法第六条规定予以保护的，人民法院不予支持。”

种兵生榨椰子汁”包装与装潢近似，侵害了其就涉案商品享有的特有包装装潢权益。法院认为，在判断是否构成反不正当竞争法规制的仿冒行为时，需要经营者证明其所遭受损害的利益乃正当的竞争利益，如果主张受到保护的竞争利益非法或者具有不正当性，对此类竞争利益的争夺通常不构成不正当竞争行为。否则，将导致无法依据商标法获得保护的标志，反而能够通过反不正当竞争法获得保护的不良导向。本案中，“特种兵”已经被生效判决认定具有不良影响，不得作为商标使用的情况下，将“特种兵”文字作为显著识别部分的涉案包装、装潢同样不应当作为反不正当竞争法意义上的有一定影响的包装、装潢进行保护。[1] 该案非常典型地将未注册标识和注册商标联系起来，正面地以《商标法》第10条第1款审查了未注册标识的合法性，又侧面地说明在标识不能被商标法保护时，当然不能获得反不正当竞争法的保护，更隐含了标识在反不正当竞争法上可被保护时，才有被商标法保护的可能。

相对于未注册商标，注册商标具有更强的稳定性和公示力。以存在禁止使用情形的具有一定影响力的标识A为例，在未被注册时，即使他人使用相同标识，人民法院也将对标识A不予保护。但假如标识A经申请后被错误注册，此时以注册商标权提起侵权之诉，人民法院又该作何判断？通常存在4种观点。第一种：人民法院基于对注册法律效力的尊重，直接认定被告构成侵权；第二种：人民法院基于对商标审查专业性的尊重，不审查注册商标的合法性，直接认定被告构成侵权；第三种：人民法院认识到注册商标的不正当性，释明被告另行提起行政无效宣告程序，中止本案审理；第四种：人民法院认为注册商标没有正

〔1〕 最高人民法院民事裁定书，(2019)最高法民申4847号。

当性基础，为了避免与行政权力冲突，认为被告使用的标识不能作为商标使用，进而不具有混淆可能，驳回原告诉讼请求。前三种观点较为保守，是较为通行的观点，其中，第二种观点着实经不起推敲，如前所述，人民法院有权审理有一定影响标识是否存在违反《商标法》第 10 条的情形，审查注册商标，并不会比前者更难。不过，随着瑕疵注册商标的增多，在民事司法案件中出现了对第四种观点的尝试。在“中樺龍”案中，原告系“中樺龍”商标权利人，核定使用商品范围为包括米在内的第 30 类商品。陆某曾向原国家工商行政管理总局申请注册“中華龍”商标，但未获批准。被告等在其生产、销售的大米产品外包装上使用了“中華龍”标识。原告起诉认为被告在相同商品上使用的“中華龍”商标标识与其注册商标“中樺龍”近似，构成商标侵权。法院经审理认为：(1)被告使用的“中華龍”商标标识含有法律所禁用的元素，不能申请注册商标，也是禁止作为商标使用的。(2)不应将“中華龍”标识纳入原告商标的保护范围，否则等于变相承认原告商标对禁用元素的垄断，这实际上是不当扩大了原告商标权的保护范围，侵害了社会公共利益。〔1〕 在该案中法官并没有直接评价注册商标的效力，而是采用权利解释的方式——不可使用的范围就是商标权利不可及的范围，迂回地认定被告的行为未侵犯原告的权利。相比于第四种观点，可以更进一步，探索第五种道路：人民法院认为注册商标权利存在正当性瑕疵，不得行使，驳回原告的诉讼请求。虽然尚未在商标民事侵权案件中检索到因注册商标存在《商标法》第 10 条禁止使用和注册元素，导致其被驳回诉讼请求的情形，但举轻以明重。《商标法》第 10 条保护的是公

---

〔1〕 福建省高级人民法院民事判决书，(2017)闽民终 901 号。该判决仍有可探讨之处，详见下文。

共利益，在现行案例对侵犯他人权利的注册商标进行正当性评价后驳回商标注册人的诉讼请求时，危害公共利益的注册商标，当然也可以对其正当性进行考察。以“乔丹”案为例，法院论述道：注册商标专用权的范围包含允许权利人合法使用注册商标以及禁止他人违法使用商标，虽然乔丹公司是“乔丹”商标的权利人，其有权在法律规定的范围内使用，但是基于该注册商标存在一定权利瑕疵，乔丹公司行使禁止权缺乏正当性，遂驳回了原告的诉讼请求。[1] 通过类比，含有禁用元素的注册商标，其权利瑕疵在于其“不可使用性”，在不可使用的范围内，行使该注册商标禁止权利当然缺乏正当性。

三、小结：禁止使用的商标即使注册也不应获得法律保护

使用是商标的天然使命，是商标权利的自然法基础。虽然注册获权本身存在自然法缺陷，但可以通过对注册商标使用的方式进行弥补。纯粹无法使用的注册商标使缺陷无法被弥补，该注册商标在自然法上将无正当性可言。在实体法上，商标注册人意想得到商标法律保护，就需要遵守商标注册秩序，法律规定不可使用的标识，就自然不被注册，即使注册，也不具有合法性。对实质违法、不具正当性的含有禁用元素的瑕疵注册商标，在民事司法程序中，人民法院不能因注册商标获得某种形式上、程序上所谓的合法授权而改变其违法行为的性质而盲目地放弃管辖权力，作为侵权案件的审理者，法院当然有权对保护范围作出解释，也有权对权利的正当性进行评价，只要不动摇商标注册的对世效力即可。具体来说，可以通过解释权利保护范围的方式，将被告使用含有禁用元素的标识排除在注册商标权利保护范围之外，类似于专利侵权案件中的现有技术抗辩。更进一步地，如果注册商标本身明显含有

---

[1] 北京知识产权法院民事判决书，(2020)京73民终1506号。

禁用元素,无须考察被告的行为,可先行以权利基础不具有正当性不得行使为由,对该瑕疵注册商标不予保护。

第三节　不具有识别性的瑕疵注册商标的民事司法治理[1]

一、此种类型瑕疵注册商标产生之缘由

从表面上看,“错误”是不具有识别性商标注册的原因,商标审查人员未能对申请商标的识别性进行准确认定,社会公众也未能及时提出异议,导致瑕疵注册商标产生。该论述揭露了瑕疵出现的原因,但不够全面,未能认识到商标识别性会发生动态变化,也没有详细描述注册商标识别性要求的真正动因。

首先,商标识别性具有动态特征。由无到有,由强变弱,由有到无,均有可能。这意味着,不具有识别性的瑕疵注册商标并不一定是在注册审查时产生;也可能是在后续过程中,因为环境变化使原本具有识别性的商标丧失识别性。商标注册后,使用在核定的商品上,使商标和商品产生了特定联系,但“因为他人巨大的商业成功而不再具有与申请人商品建立区别性联系的可能性,乃至变成通用标志”。[2] 摩卡、咖啡伴侣、优盘、鲁锦、席梦思等商标就是最好的例证。这类注册商标丧失识别性的瑕疵是在注册后产生的。同理,不具有识别性的瑕疵注册商标也可能在注册后获得识别性,第二含义的产生是获得识别性的基础,使相关公众能够在第一含义之外将商标与商品建立联系,识别商品的

---

〔1〕 具有功能性的瑕疵注册商标民事司法治理,因与该类型较为相似,故不再赘述。

〔2〕 孔祥俊:《论商标法的体系性适用——在〈商标法〉第8条基础上的展开》,载《知识产权》2015年第6期。

出处，并与其他商品相区分，即注册时的识别性瑕疵可以在注册后予以弥补。以“小罐茶”注册商标无效宣告案为例，“小罐茶”申请注册在茶等商品上，“茶”是茶叶的简称，“小罐”，通常指产品的包装，“小罐茶”的字面意思为小型罐体包装的茶叶，“小罐茶”直接表明了该类商品的主要原料、产品包装特征等特点，在注册时缺乏商标应有的固有识别性，但商标注册人有充分证据能够证明“小罐茶”在申请日之后通过实际、有效使用确已获得识别性，从节约司法资源和保护当事人合法权益的视角出发，应维持注册。[1] 不难发现，识别性与商标使用是一种互动关系，识别性不仅是商标使用产生的结果，也是商标使用成立与否的内因。[2] 使用可直接影响注册商标识别性的有无或强弱。以案为例，“优盘”被使用在电子数据存储器上，后来部分经营者将优盘直接指代电子数据存储器，商标注册人也未对他人的侵权使用进行及时、充分的维权，导致越来越多的经营者和相关公众只知“优盘”，而不知商品的正式名称为“电子数据存储器”，致使“优盘”被通用化。[3] “小罐茶”注册商标的固有识别性是缺乏的，但经过使用，“小罐茶”注册商标在相关公众中已具有较高知名度，与商标注册人形成了对应关系，可以起到区分商品来源的作用，从而获得识别性。[4] 因此，商标的识别性是动态变化的，商标区别能力与固有识别性和使用程度息息相关，识别性瑕疵可能出现在注册商标取得和行使的各个阶段。

其次，可“区别”是商标注册的内在动因。在自然法上，识别性通

[1] 北京知识产权法院行政判决书，(2021)京73行初5228号。

[2] 参见陈明涛：《“商标使用”之体系建构与反思》，载《环球法律评论》2022年第3期。

[3] 参见吴新华：《商标与商品通用名称辨析——第1509704号“优盘”商标争议办案札记》，载《中华商标》2007年第10期。

[4] 北京知识产权法院行政判决书，(2020)京73行初18054号。

常是和公共利益相关的。劳动财产理论认为要给其他人留下“足够的同样好的”东西，通用标识被用于垄断将显著影响他人销售同样的产品。在知识共有理论中，如果通过订立明示协议的方式，使缺乏识别性的商标获得注册，禁止他人使用，将会深刻影响商品的流通，甚至脱离市场经济。不具有识别性的标识也不是先占的对象，除“先”“后”无法确定以外，当某一标识被广为传播、指代或者描述物品时，人们就一定不会存在“所有”该标识的意思，也就不发生占有效果。明显影响公共利益的不具有识别性的商标在自然法上无法产生财产权利，也无法利用注册的方式确认一个根本不存在的东西。此外，虽然识别性可以通过使用获得，但要花费相当大的成本才可能使商标能指脱离其本身含义，产生第二含义，采用注册的方式维护这种商标能指的先占利益就是不经济的，除非第二含义已经被取得。在本质上，商标是为了将自己的商品与服务与他人作出区分，使相关公众识别来源，假设用“苹果”标识指代“苹果”商品，相关公众只会将其识别为“苹果”商品的名称，无法识别该商品的来源，也无法区别该商品与其他“苹果”商品，此时的“苹果”标记就不能称为真正的商标。因而《商标法》第 9 条才规定，申请注册的商标，应当有显著特征，便于识别。

二、此种类型瑕疵注册商标民事司法治理之理论探讨

对注册商标识别性的审查贯穿于权利取得和行使两个阶段。注册代表商标通过了权利取得阶段的审查，审查错误的不可避免性、商标识别性的动态变化性，导致在权利行使阶段，需要再次对识别性进行检验。在行政程序中，如果发现注册商标没有识别性，可以根据识别性缺乏的时间作出不同的处理决定。比如，自始无识别性的，说明该商标一开始就不应注册，权利取得便不正当，应予以无效宣告，自始无效。丧失识别性的，说明商标在注册时无瑕疵，仅在丧失识别性时无法维持注

册，予以撤销，自撤销之日起失去注册效力。在民事司法案件中，也会面临注册商标无识别性的问题；因处在权利行使阶段，故人民法院仅需要判断侵权行为发生时，注册商标识别性的情况。与其他注册商标瑕疵类型一样，人民法院依然面临职权划分的难题，毕竟注册商标是否无效或者可撤销属于国家商标行政机关的职权范围。在论述此问题之前，首先考虑注册商标为何会因缺乏识别性被无效宣告或者撤销，法律规定是其中一个方面，更重要的是注册制度不能为该注册商标提供正当性依据。注册制度的自然法缺陷可以通过注册后的使用予以解决，之所以如此，是因为使用可以产生自然权利，而如前所述，缺乏识别性的商标无法因使用取得财产权利，该商标注册行为的缺陷将无法弥补，致使“注册”缺乏正当性。为了维护注册商标的公共秩序，有必要对不具有正当性的注册商标进行清理，无效或者撤销就是对应的清理手段，然后将相关清理结果公示在商标公告中。而民事司法不一样，人民法院作出的判决常常只在个案中发生效力，直接对注册商标瑕疵进行判断并不会影响公共的商标秩序，假如注册商标在实质上缺乏正当性，在形式上也就没有因“注册”而扰乱秩序的疑虑了，人民法院就没有必要刻意回避对注册商标的效力判断。如果为了谋求某种形式合理性而忽视对案件实质正义的追求，将落入案结事未了的窠臼，无谓地浪费司法资源，损害司法公信力，更可能会让人民群众感受不到公平正义。

实际上，对识别性的判断是商标民事司法中无法回避的问题。例如，在侵权判断时，注册商标的显著性程度与相关公众对来源的混淆可能性呈正相关，商标识别性越强，其发挥的区别作用就越大，该商标所指示的商品或服务来源的混淆误认的可能性较高，商标权的保护范围也会较大。《最高人民法院关于审理商标民事纠纷案件适用法律若干问题的解释》第 10 条规定，人民法院在判定商标近似时，应当考虑请求保护注册商标的识别性和知名度。可见,识别性和知名度互相成就。又如,商标授权确权案件的审查时,注册商标可能含有描述性元素;根据《最高人民法院关于审理商标授权确权行政案件若干问题的规定》第7条的规定,商标标志中含有描述性要素,但不影响其整体具有识别特征的;或者描述性标志以独特方式加以表现,相关公众能够以其识别商品来源的,应当认定注册商标整体具有识别特征。对应地,在侵权案件中,就不能认为注册商标的"描述性"部分也具有识别性,在作近似性判断时,需要将"描述性元素"与"识别性元素"剥离,然后进行对比判断,如《最高人民法院关于审理商标民事纠纷案件适用法律若干问题的解释》第10条明确了人民法院在判断近似时,需要将被诉侵权商标与注册商标整体构成中处于支配地位、决定商标的整体形象并对商标起主要识别作用的部分进行对比。总言之,在民事司法案件中,人民法院有能力、有权力对注册商标的识别性进行审查。如在"咖啡伴旅"商标侵权案中,将"咖啡伴侣"作为"咖啡用植脂末"等商品类别中的商标,其词汇含义本身就包含有与咖啡一同饮用的产品之意,存在一定程度上的对产品特点的描述性,"咖啡伴侣"商标的禁用权保护范围应当适用相对严格的标准。在"伴侣"与"伴旅"在字形和含义均不同的情况下,不易导致相关公众混淆误认为系雀巢公司的产品,不构成商标侵权。[1]

除了正面地对注册商标的识别性进行认定,《商标法》第59条还设置了正当使用条款。商标注册人无权禁止他人正当使用注册商标中含有的本商品的通用名称、图形、型号,或者直接表示商品的质量、主要

---

〔1〕 北京知识产权法院民事判决书,(2019)京73民终3611号。

原料、功能、用途、重量、数量及其他特点,或者含有的地名的部分。[1] 该进路以被告的商标使用行为为考察对象,然后对注册商标的权利范围进行解释,不可注册的范围就是商标权利不可及的范围。这样的好处在于,人民法院并不直接谈论注册商标的可注册性。在"千岛湖"案中,被告使用"千岛湖古酿白酒""源自千岛湖秀水成佳酿""源自千岛湖的生态健康酒"对被诉侵权酒产品的水质来源、生产地域进行描述说明,没有将作为区分酒产品来源的商标予以使用,并且被告在使用时附加了其他标识,遂认定被告构成正当使用。[2] 但该进路依然存在一定的缺陷,因为一旦对被诉侵权标识进行商标性使用、不附加任何区别性标识,仍有侵权的可能。以"金银花"案为例,被告抗辩原告"金银花"商标缺乏显著性,"金银花花露水"作为产品通用名称使用,其对"金银花"文字属于合理使用。法院认为,被诉侵权产品包装的"金银花"文字位于瓶身正面显著部分,为艺术字体,呈黑色并加粗显示,与其他文字在字体上存在明显区别,具有较强的识别性;如果被告想要标明涉案被控侵权商品含有金银花成分,应当以善意方式,在必要的、合理的范围内予以标注,然而被控侵权商品包装上"金银花"标识字体醒目、位置突出,已超出了正当使用的界限,构成商标性使用,故不属于正当使用。[3] 客观上,该案原告就相同商品向国家知识产权局再次提交了"金银花"注册申请,国家知识产权局以"金银花"具有清热解毒的功能,使用在指定商品上仅直接表示商品的原料等特点,缺少识别性,已

---

[1] 《商标法》第59条第1款规定,注册商标中含有的本商品的通用名称、图形、型号,或者直接表示商品的质量、主要原料、功能、用途、重量、数量及其他特点,或者含有的地名,注册商标专用权人无权禁止他人正当使用。

[2] 浙江省高级人民法院民事判决书,(2014)浙知终字第44号。

[3] 江苏省高级人民法院的民事判决书,(2020)苏知终24号。

经驳回了其注册请求。[1] 虽然商标注册号不同，但实质是同一的，充分说明该案原告“金银花”注册商标不具有维持注册的正当性，金银花的功效和指定的商品多年以来未曾变化过，意味着原告在先注册的“金银花”注册商标存在瑕疵。[2] 但笔者认为，在此背景下，人民法院是以被告视角考虑被诉侵权标识使用的正当性，并未考察注册商标权利本身是否正当。

除因客观情况导致注册商标不具有识别性的情形外，部分商标申请人在明知标识为通用名称的情况下，还将其注册为商标，此后不断提起行政投诉，恶意提起知识产权侵权诉讼。“CPU”是“浇注型聚氨酯”的通用名称，浇注型聚氨酯被广泛使用于防水卷材和涂层等商品中，“CPU”使用在核定商品上，缺乏商标应有的显著特征，消费者不易将其当作商标加以识别。共利公司在明知的情况下，仍将其申请注册在第 19 类“非金属耐火建筑材料”等商品上，并不断对竞争者发起行政投诉，商标侵权诉讼。虽然在前序案件中，法院以正当使用为由，未支持共利公司的侵权主张，但对竞争者而言，已经因交易机会丧失，货物变质，就恶意注册提起无效宣告、委托律师答辩应诉等遭受巨大损失。鉴于此，竞争者认为共利公司具有恶意诉讼行为，故将其起诉到法院。法院审理认为，民事诉讼活动应当遵循诚实信用原则。一方面，它保障当事人有权在法律规定的范围内行使和处分自己的民事权利和诉讼权利；另一方面，它又要求当事人在不损害他人和社会公共利益的前提下，善意、审慎地行使自己的权利。任何违背法律目的和精神，以损害他人正当权益为目的，恶意取得并行使权利、扰乱市场正当竞争秩序的

[1] 国家知识产权局关于第 39922281 号“金银花”商标驳回复审决定书。

[2] 最高人民法院民事裁定书，(2022)最高法民再 238 号。

行为均属于权利滥用,其由此给他人造成的损失应当予以赔偿。[1] 因为恶意注册的商标已经被宣告无效,该案的进步性不在于就被告恶意起诉的行为作出侵权认定,而是将明知商标不可注册,在注册后恶意行使商标权利的行为认定为权利滥用。权利滥用的法律效果之一就是不发生法律效力,假设共利公司再次以"CPU"作为权利基础起诉,法院可以直接援引禁止权利滥用规则,驳回其诉讼请求。

三、小结:不具有识别性的瑕疵注册商标权利止于瑕疵范围

识别性是商标注册的基本条件之一,也是通过使用产生自然财产权利的前提。同时,商标的识别性会因客观情况变化而变化,注册时的识别性与权利行使时的识别性可能会发生变化,意味着,不具有识别性的瑕疵注册商标可能出现在权利取得和行使两个阶段。对于不具有识别性的瑕疵注册商标,由于缺乏识别性所在阶段不同,会产生无效或撤销两种法律效果。但在民事司法程序中,基于对行政权力的尊重,司法权力受到限制,无法对世直接否定商标的注册效力。但法官不能拒绝裁判,在以缺乏识别性的瑕疵注册商标作为权利基础发起的侵权诉讼中,人民法院必须在把握实质正义的基础上,有效率地做到案了事结。现行法律和司法实践提供了两条治理路径,分别是正当使用抗辩论和禁止权利滥用论。前者采用类似专利侵权案中的现有设计抗辩,将他人正当使用注册商标的行为排除出注册商标的保护范围。缺乏识别性的注册商标无法使其与其他商品相区别,相关公众无法识别商品来源,无论被诉侵权商标是否突出使用、是否附加区别标识,都不会对相关公众造成混淆,侵权主张自然不成立。后者直接从正面审查注册商标的识别性,考察商标注册人主观上是否违反诚实信用原则,客观上是否实

[1] 浙江省高级人民法院民事判决书,(2018)浙民终37号。

施了不当损害国家利益、社会公共利益或者他人合法权益等行为,如果构成权利滥用,则可直接驳回原告的诉讼请求。

第四节　侵犯在先权利瑕疵注册商标的民事司法治理

一、此种类型瑕疵注册商标产生之缘由

基于劳动财产理论,劳动的对象是共有之物,他人通过劳动先使相关客体脱离原始状态,权利应归他人所有,不允许破坏既存的权利状态,造成他人合法利益受损。[1] 符号学视角下,在后商标不能与在先商标的能指和对象过于接近,以致消费者产生所指上的混淆。从知识共有视角看,如果一个标识已经被分配或者归他人使用,就难以再通过协议的方式被划归他人。先占的对象应是无主物,以侵犯他人权利的方式获得权利也不具有正义性。因此,侵犯在先权利瑕疵商标即使进行了实际使用,亦难以弥补其行为合法性方面的缺陷,无法产生自然权利,自然也不应获得“注册”的认可。

相比于其他瑕疵注册商标类型,侵犯在先权利瑕疵注册商标具有更强的隐蔽性,判断起来也更加困难。除了与在先注册、申请商标的商标相同、近似或者存在其他绝对无效情形,国家商标行政机关无权亦无法主动审查商标是否存在侵犯他人在先权利的情况。在商标注册审查过程中,商标审查人员如果认为商标不存在禁止使用、注册或者恶意注册等情形,只会审查商标是否和其他在先申请或者注册的商标相冲突,如果未发现冲突就会初步审定并公告,提供 3 个月的期限供社会公众提出异议,未有异议即核准注册。首先,在引证商标的判断上,商标审

---

〔1〕 参见吴汉东:《知识产权法》,法律出版社 2021 年版,第 512 页。

查人员获得的资料是有限的,无法对引证商标的使用情况进行考察,使用程度高的商标自然具有较强的排斥力。以“郎”酒商标为例,在该商标注册人提供使用证据前,商标审查人员一般将其作为普通商标进行审查,“胜朗”“朗朴”“朗师傅”“蜀儿郎”“江山朗”等商标均会通过初步审定,但是一旦进入异议阶段,“郎”酒商标注册人就会提供大量使用证据以证明其具有很高的知名度,曾获驰名保护,以排斥这些初步审定的商标。国家知识产权局经异议审查,认为这些商标与“郎”酒商标文字接近,已构成使用在同一种或类似商品上的近似商标,如果并存使用易造成相关消费者混淆误认,就会决定对这些商标全部不予注册。〔1〕可见,如果在先申请、注册商标权利人没能及时提出异议、提供证据,这些初步审定的商标将得以注册。其次,商标审查人员难以知晓申请注册商标是否有侵犯他人其他在先权利的可能。在先权利包括姓名权、肖像权、著作权、具有一定影响力的标识、商品化权等。以具有一定影响力的标识为例,由于该类标识具有一定的行业性和地域性,商标审查人员在审查申请商标时,根本不会产生申请商标可能存在侵犯他人在先权利的意识;即使审查人员通过网络搜索或者其对这个行业很熟悉,处在标识影响地域,其也无法知晓申请注册商标是否得到相关在先权利人的许可。对侵犯著作权的情形判定更加困难,如果作品不具有知名度,商标审查人员缺少接触作品的机会,连审查的申请商标可能侵犯他人著作权的疑虑都不会产生。再次,侵

〔1〕 国家知识产权局关于第57515649号“胜朗”商标不予注册的决定书;国家知识产权局关于第57276711号“朗朴”商标不予注册的决定书;国家知识产权局关于第56796823号“朗师傅”商标不予注册的决定书;国家知识产权局关于第57363820号“蜀儿郎”商标不予注册的决定书;国家知识产权局关于第57585970号“江山朗及图”商标不予注册的决定书。

犯其他在先权利的注册商标并不必然会引发权利人的争议，即使权利人知晓，因尚无使用相关符号作为商标使用的计划，在公告期内也不会提出异议申请。最后，从异议成本的角度考虑。商标申请人提交一个商标申请的费用是300元，而异议申请的费用为500元，而且，相对于申请商标，提出异议需要更强的专业知识，异议人不得不委托专业的商标代理机构，导致异议成本较大，特别是针对那些提起批量注册的申请人，在先权利人如果一一提出异议，成本将会陡增，从而使人不得不放弃异议。故而在商标注册审查阶段，不可避免地会使存在侵犯在先权利瑕疵的商标得以注册。

二、此种类型瑕疵注册商标民事司法治理之理论探讨

经过注册审查的筛选，侵犯在先权利的瑕疵注册商标进入行使阶段，一般表现为禁止他人注册或者使用与注册商标相冲突的标识。前者体现在商标授权确权的行政程序中，后者以民事侵权诉讼为主要代表。在民事司法程序中，侵犯在先权利的瑕疵商标注册人通常有两个角色，一是作为主张他人侵犯商标权的原告；二是他人主张其侵犯在先权利的被告。整体上，无论是起诉还是抗辩，除注册商标之间的冲突以及相关绝对无效理由外，对注册商标侵犯他人在先权利的瑕疵性质疑，只能由在先权利人提起。但也存在例外，如果在先权利人在其他案件中已经提出怀疑，其他人也得以援引。以“乔丹”案为例，原告为乔丹体育公司，被告为世纪卓越公司和亚马逊卓越公司，迈克尔·乔丹本人并非案件当事人。本案中，原告系“乔丹”商标的注册人，认为被告在运动鞋类商品的销售中使用了“乔丹”文字侵犯了其注册商标权利，被告则援引最高人民法院在（2016）最高法行再27号行政判决中的认定，以证明迈克尔·乔丹对原告注册“乔丹”商标的行为提出过异议，并已经得到法院支持。从而证明“乔丹”注册商标存在一定权利瑕疵，原告

行使其禁用权缺乏正当性，起诉行为具有明显的主观恶意，故法院驳回了原告的诉讼请求。[1]

在原告角色中，侵犯在先权利的瑕疵商标注册人主观上往往不具有正当目的，客观上未善意、审慎行使自己的权利，法院通常以其违反诚实信用原则构成权利滥用为由，对其侵权主张不予支持。以“茶颜观色”商标侵权案为例，原告于2018年8月从案外人处受让了第43类“茶颜观色”“茶颜”商标，两个商标核定使用的服务包括“餐厅”等。被告自2013年起开始在奶茶店的经营中使用“茶颜悦色”商标，并经其不断推广宣传，该商标具有较高的知名度。原告以被告的行为侵犯了其“茶颜观色”“茶颜”注册商标权为由将其诉至法院。在庭审中，被告辩称，原告在明知被告“茶颜悦色”知名度的情况下，依然从案外人处受让第43类“茶颜观色”“茶颜”商标，并在奶茶店上对“茶颜观色”“茶颜”商标进行使用，具有明显的攀附意图，违反了诚实信用原则，不具有正当性。法院认为，如果绝对地以在先商标注册人的利益为唯一的衡量因素，简单认定被告使用“茶颜悦色”商标标识的行为构成侵权，将会给连续、诚信使用特有名称和商标的经营者的正当权益及其积累的商誉造成不当损害，有违市场公平原则。本案原告并未善意、审慎行使自己的权利，主观恶意明显，违反诚实信用原则，构成权利滥用，故驳回了原告的诉讼请求。

在被告角色中，与其他瑕疵类型不同，人民法院开始审查注册商标的合法性，对在先权利人来讲，避免了行政程序冗长，方便快速维权。《最高人民法院关于审理注册商标、企业名称与在先权利冲突的民事纠纷案件若干问题的规定》第1条规定，原告以他人注册商标使用的文

---

〔1〕 北京知识产权法院民事判决书，(2020)京73民终1506号。

字、图形等侵犯其著作权、外观设计专利权、企业名称权等在先权利为由提起诉讼的，人民法院应当受理。以“N 字母装潢”案为例，原告“NEW BALANCE”运动鞋的“N 字母装潢”在 2004 年 8 月前就已经具有一定的影响。被告于 2004 年 8 月在“鞋”等商品上申请了“N”字商标，并获得注册。因被告将“N”字商标使用在生产、销售的运动鞋两侧中央靠近鞋带处，原告以被告对“N”字商标使用方式构成不正当竞争为由将其诉至法院。被告抗辩其相关行为系对自有的“N”字商标的合法使用，不构成不正当竞争。法院认为，原告的鞋两侧“N”字母装潢在被告的“N”字注册商标申请日之前已经形成了一定的影响，在被告取得商标专用权之后，理应对在先形成的鞋两侧“N”字母装潢进行合理的位置避让，而被告在明知的情况下，仍然在其生产的同类商品的相同位置上使用与原告近似的标识，其主观过错明显，客观上足以导致消费者对商品来源产生混淆、误认，违背了诚实信用原则和公认的商业道德，侵害了原告的在先权利，构成不正当竞争。[1]

同时，在注册商标之间冲突解决方面，前述司法解释为了防止司法权力逾越，规定只能向有关行政主管机关申请解决，仅在他人超出核定商品的范围或者以改变显著特征、拆分、组合等方式使用的注册商标，与其注册商标相同或者近似的情形时，才可以通过民事司法程序解决。[2] 以“东方红郎”案为例，原告是“郎”酒商标的权利人，被告在后

---

〔1〕 上海知识产权法院民事判决书，(2020)沪 73 民终 327 号。

〔2〕 《最高人民法院关于审理注册商标、企业名称与在先权利冲突的民事纠纷案件若干问题的规定》第 1 条第 2 款规定：“原告以他人使用在核定商品上的注册商标与其在先的注册商标相同或者近似为由提起诉讼的，人民法院应当根据民事诉讼法第一百二十四条第(三)项的规定，告知原告向有关行政主管机关申请解决。但原告以他人超出核定商品的范围或者以改变显著特征、拆分、组合等方式使用的注册商标，与其注册商标相同或者近似为由提起诉讼的，人民法院应当受理。”

于“酒”类商品上申请注册了“东方红郎”商标，被告在使用过程中，将注册商标“东方红郎”的排列顺序更改为上下结构“东方”“红郎”，原告认为被告的行为侵犯了“郎”注册商标权，被告则抗辩其系对注册商标“东方红郎”的使用。法院经审理后认为，被告在被控侵权产品上并未规范使用“东方红郎”注册商标，而是将其中的“东方红郎”进行了拆分后的单独使用，容易导致相关公众发生混淆，构成侵权。[1] 实质上，可以发现，拆分后的被诉侵权商标与原告的“郎”酒商标在识别特征上实在没有任何差别，故最高人民法院强调“行政审查机关在商标授权确权程序中的意见不能当然为后续侵权程序所引用”，民事司法不当然受商标注册审查意见拘束的观点呼之欲出。司法解释对注册商标冲突的谨慎就像是一层窗户纸，非常脆弱；[2] 但也正因为这层纸，人民法院关上了通过民事司法程序解决注册商标之间冲突问题的门窗。

三、小结：侵犯在先权利瑕疵注册商标的每一次使用都是对他人权利的侵害

任何人不应因违法行为而获利。虽然在事实层面，存在将他人享有在先权利的标识作为商标使用的情形，但不存在“注册”这一合法形式，适用侵权法判定即可，未对侵权行为的判断制造过多障碍。注册制度下，人民法院就会思考，司法权如何与行政权保持适当距离，又不至于被迫作出实质非正义的判决。与其他瑕疵注册类型不同，侵犯在先权利的瑕疵注册商标更不容易判断，主要是因为证据材料的有限性、侵

---

〔1〕 最高人民法院民事裁定书，(2019)最高法民申2137号。

〔2〕 在“鹦鹉”商标侵权和不正当竞争纠纷案中，最高人民法院指出，在后注册商标的权利人起诉在先注册商标的权利人侵害其商标权的，不属于《最高人民法院关于审理注册商标、企业名称与在先权利冲突的民事纠纷案件若干问题的规定》第1条第2款规定的应当由原告向有关行政主管机关申请解决的情形，人民法院应当依法受理并作出裁判。最高人民法院民事判决书，(2020)最高法民再25号。

权权利识别的困难性、在先权利人的被动性以及异议成本明显大于申请成本等因素。瑕疵商标注册后，给本身违法的使用行为披上了一层看似合法的外衣——注册。正常状态下，无效宣告系国家商标行政机关的职权，在对世层面上是治理瑕疵。而矛盾更加集中于民事司法案件中，面对侵犯在先权利的瑕疵注册商标，人民法院如果机械地适用法律，对瑕疵注册商标的正当性不予评价，可能导致结果不正义或者久拖不决，使纠纷在司法程序—行政程序中打转，耗费的是司法资源以及人民群众对司法的信任。如果能动适用法律，使纠纷在民事司法程序中被实质解决，不必将纠纷导向行政机关，这才是司法为民的真正体现。考虑到此类纠纷越来越多，最高人民法院专门制定了司法解释，允许在先权利人直接通过民事司法程序对此类瑕疵注册商标的使用行为发起侵权诉讼，虽然在处理“注册商标冲突”方面存在一定缺陷，但随着司法实践的不断深入，该缺陷会逐渐被弥补。比如，如果商标注册人在明知他人在先权利的情况下，仍然将在先权利标识申请注册为商标，以谋求不正当利益，对他人权利造成损害，违反了诚实信用原则，构成权利滥用，人民法院可以直接在民事司法程序中认定该商标注册以及行使权利的行为不发生法律效力，依法对该瑕疵注册商标不予保护，甚至可以基于在先权利人的主张，给予消极评价，毕竟此类瑕疵注册商标的每一次使用都是对他人在先权利的侵犯。

第五节　非诚信瑕疵注册商标的民事司法治理

一、此种类型瑕疵注册商标产生之缘由

上文所述的 4 种瑕疵注册商标的侧重点在于“商标”本身，如合法性、识别性、非冲突性等；而本瑕疵类型更加侧重于“注册”，考察申请

注册的行为本身是否违反诚实信用原则,诸如不以使用为目的的恶意注册、欺骗性注册或者抢注特定关系人标识等。虽然非诚信瑕疵注册商标可能伴随侵犯他人在先权利等情形,但上文已有论及,不再赘述。

“按需注册”是商标注册的基本原则,要求商标申请人主观上具有真实的使用需求,客观上具备一定能力可以将商标付诸使用,也要求在商标申请过程中不弄虚作假,诚实守信。就诚实而言,它描述的是一个人在从事某项行为时的内在品性,除非这个人通过自己的语言或者行为表达出来,否则外人将难以探查,即使这个人曾经有过诸多不诚信行为,也很难当然推定另一行为也不具诚信,只能作为参考判断的补充资料。商标申请时,商标审查人员接触的信息是有限的,对商标申请人的申请原因无法直观了解,只能通过商标申请人的客观行为进行推断,如商标申请量较大、注册商标的类别较多、申请主体能力有限等,就可以推定客观上申请人并没有将申请商标投入使用的能力,如果再辅以商标申请人有转让商标、圈占商标资源、不正当竞争、侵犯他人在先权利等记录,就可以合理怀疑该申请行为系不以使用为目的的恶意注册。为避免误判,保障商标申请人的申辩机会,商标审查人员会发出审查意见通知书,要求其对合理怀疑进行解释。即便程序如此完善,准确判定不以使用为目的的恶意注册也较为困难,如商标审查人员难以掌握申请人是否存在不正当竞争、侵犯他人在先权利的情况,导致部分瑕疵商标通过注册。不仅如此,对于提供虚假材料等欺骗性注册行为以及抢注特定关系商标的行为,在注册审查阶段处理,商标审查人员更是无能为力。比如,如今商标申请常采用电子申请方式,提供的商标资料为电子资料,除了网络可查的公开信息,核实其他信息的真实性存在一定障碍;是否抢注特定关系人的商标是更加隐蔽的事情,就如侵犯他人在先权利的瑕疵注册商标一样,较难判断。即使初步审定后的公告期为社会公众提供了异议机会，也不可能做到完全筛选。于是这些以不诚信手段申请注册的瑕疵商标就产生了。

以不诚信目的取得商标注册，注册只是他们实施不正当行为的手段，以注册商标的禁止权能作为武器，囤积转让、恶意投诉、强迫购买、“盗窃”商标等现象屡见不鲜。例如，在“UL”商标无效宣告案中，指南针公司、中唯公司超出经营范围，非以使用为目的且无合理或正当理由大量申请注册并囤积包括诉争商标在内的注册商标2000余件，还通过商标转让、恶意诉讼等手段实现商标谋利。[1] 针对这些使用非诚信手段的瑕疵注册商标，采用行政争议程序当然可以清理，但存在三个问题，一是争议成本太高，如“sheer love 十分爱”商标无效宣告案，庆鹏公司申请注册了700多件商标且公开售卖，针对庆鹏公司及其关联公司抢注的商标，维多利亚的秘密公司先后提出100多件异议申请、近20件无效宣告申请。[2] 商标申请人可以低成本获得一个注册商标，该商标可以通过转让或是滥诉获得高额利益，而对于社会公众，维权成本又太高，经营者的任务是做好商业，而不是陷入解决为商业服务标识问题的泥潭。二是行政争议效率较低。当瑕疵注册商标影响经营者的具体业务时，他才具有提出行政争议申请的紧迫性，他们想要快速地扫清障碍，商标无效宣告行政争议的处理时间约为1年，而民事司法程序约3个月就会作出一审判决，行政争议路径不能满足经营者的需要。三是对非诚信行为没有威慑力。经行政争议程序，瑕疵注册商标被宣告无效，就商标注册人而言，他仅失去了一个无关痛痒的商标权利，他甚至可以继续实施类似行为注册类似商标，持续扰乱商标秩序，因为一旦成

[1] 北京市高级人民法院行政判决书，(2017)京行终5603号。
[2] 北京市高级人民法院行政判决书，(2018)京行终1133号。

功,将获得较高收益;如果让瑕疵商标注册人知晓,即使注册,也不能在民事司法程序中行使注册带来的禁止权利或者不能对在后注册商标造成障碍,该类瑕疵“注册”就如没有牙齿的老虎,注册人将失去采用非诚信手段注册商标的动机。另外,因为商标申请、复审程序不能通知瑕疵引证商标注册人参与审理,难以对瑕疵引证注册商标的排斥力作出不同认定,所以在行政程序中,瑕疵注册商标依然具有排斥力,该瑕疵注册商标仍可能构成对在后商标申请注册的障碍。所以,有必要在民事司法程序中探索治理非诚信瑕疵注册商标的方案,特别是针对抢注特定关系人商标的瑕疵注册商标,当以该商标无法对特定关系人主张民事权利且容易被关系人无效宣告时,抢注就是一种成本远高于收益或者零收益的行为,相关行为人就不会产生抢注动机,从而达到治理效果。

二、此种类型瑕疵注册商标民事司法治理之理论探讨

欺诈毁灭一切。凡是在商标注册活动中从事欺诈行为,并以扰乱商标注册秩序、损害公共利益为目的的,该行为就不能成为取得权利的基础。注册商标是以使用或者保护商标权利为目的,不以使用为目的的恶意注册、代理人或代表人的抢注、采用欺骗性手段注册,要么超出了自身使用的需要,要么基于自身能力无法充分使用商标,导致占有过度和浪费商标资源,违背了劳动财产理论中的“不过度”“不浪费”限制。而且,商标符号除具有商标意义外,还将社会价值传递给接受者,以不诚信行为注册的商标符号随着商标的使用,会将这种不诚信的不良风气传递给其他人,一旦使人认为可以通过恶信甚至是违法行为获得收益,整个社会的道德底线将会不断下滑。申请商标注册就需要遵守注册秩序,而诚实信用是注册秩序的基本内容,违反诚实信用原则就不能享受因注册而产生的有利成果。民事司法是原被告解决商标侵权

纠纷的“修罗场”,只不过在这场角斗中,胜利只能属于正义的一方。

鉴于本瑕疵类型侧重于注册行为而不是商标本身,无法采用权利保护范围解释的方法将瑕疵排除在权利之外,为了达到正义目的,寻求禁止权利滥用规则予以解决更为妥当。具体来说,以“优衣库”案为例,法院认为不以使用为目的恶意注册商标后的行使行为,构成权利滥用,依法不应予以保护。该案中,中唯公司申请注册了1931件商标,指南针公司申请注册了706件商标,其中部分商标与他人知名商标在呼叫或者视觉上高度近似,指南针公司、中唯公司曾在华唯商标转让网上公开出售;在未能成功转让“优衣库”商标后,又以优衣库公司侵害该商标专用权为由,利用优衣库公司门店众多的特点,形成全国范围内的批量诉讼,请求法院判令优衣库公司及其众多门店停止使用并索取赔偿,主观恶意明显,其行为明显违反诚实信用原则,对其借用司法资源以商标权谋取不正当利益之行为,法院以构成权利滥用为由,对侵权主张不予支持。[1] 在“STAHLWERK”案中,抢注特定关系人的商标后,据此主张关系人的加工方构成侵权,其主张不具有法律上的正当性。本案中,百联公司系威科公司法定代表人陈某平独资的一人有限责任公司,威科公司与百联公司系关联公司,而百联公司在2010年左右即与德国 stahlwerk 公司有过业务往来,为德国 stahlwerk 公司的“STAHLWERK”牌电焊机设计外观,加工产品。法院认为,威科公司作为百联公司的关联公司,显然清楚知晓德国 stahlwerk 公司“STAHLWERK”商标的存在,却在同一种商品上申请注册相同商标,明显违反了诚实信用原则,遂驳回了原告的诉讼请求。[2] 上述案例均

---

〔1〕 最高人民法院民事判决书,(2018)最高法民再394号。

〔2〕 宁波市北仑区人民法院民事判决书,(2019)浙0206民初7747号。

认为以非诚信手段获取商标注册并行使权利的行为违反了诚实信用原则,进而产生禁止权利滥用的法律后果,认定商标注册人取得的注册商标权利基础本身存在重大权利瑕疵,即使其已获得注册商标专用权,亦不能改变其行为的不正当性,应依法坚决予以规制。特别是"STAHLWERK"案的审理法院还专门提到"虽然注册与否归于商标授权行政程序处理,但当事人据此提出不侵权抗辩仍属于民事救济的范畴"。综上所述,通过民事司法程序治理非诚信注册商标的瑕疵问题,具有理论上的正当性以及实践上的可行性。

需要厘清的是,在本瑕疵注册商标治理中被禁止滥用的权利究竟为何。法律先将权利授予了权利人,然后又在已经授予的权利范围内划出了若干空洞或公共空间,在这些空洞里所为的行为,虽然在外在形式上表现为行使权利的行为,但实际上违背了法律赋予其权利的目的。[1] 我国《商标法》第4条规定,任何人均有申请注册商标的权利,在申请商标时,商标法律设置了遵守诚实信用原则等条件,对这些条件的违反实质上就是对商标申请权利目的的背离。商标申请人以法律赋予的商标申请权利为工具,以损害国家利益、社会公共利益、他人合法权益为主要目的,在客观上,商标申请人因申请行为对特定符号享有的先占利益和享有的未来对特定符号的使用可能产生的期待利益,已经可能对在后申请注册的商标造成了实质障碍,并扰乱商标注册秩序,导致公共利益受损。此时非诚信的商标申请行为已然符合权利滥用的构成要件,那么被禁止滥用的权利当然为商标申请权,而非注册商标权。不发生法律效力是权利滥用的法律后果之一,就商标申请行为而言,不

---

〔1〕 参见郭禾:《关于滥用知识产权问题的法律逻辑推演》,载《知识产权》2013年第5期。

能因申请事实取得对特定符号的先占利益以及对应使用产生的期待利益。皮之不存,毛将焉附。申请行为不具有正当性,后续的注册行为也就不具有正当性,该瑕疵注册商标不能取得专有使用权以及禁止权。禁止权利滥用的前提是权利存在,对于非诚信的瑕疵注册商标,错误注册的行为不能改变申请行为不生法律效力的事实,“注册”并无商标权利产生,自然无禁止注册商标权利滥用的结论,所得出的法律效果,仍是禁止商标申请权利滥用的结果。

三、小结:任何人不能因违反诚信而获利

在这个错综复杂的社会之中,仅靠法律建立的秩序还不能完成社会治理,道德、宗教等秩序虽不具有强制力,却是法律的重要补充。诚实信用作为整个社会保持健康、稳定发展的基石,以至于法律、道德、宗教等无不要求践行诚信。《民法典》《商标法》都明确提到了诚实信用原则,并直接影响权利的正当性。以非诚信手段申请商标注册,囿于审查的局限性,无法做到完全、充分、准确的识别,以至于部分非诚信瑕疵商标通过了注册。商标法律并未回避这一缺陷,补充设置了商标无效宣告制度,专门针对那些不满足商标注册条件的瑕疵注册商标。虽然行政程序可以实现清理目标,但在这个过程中,非诚信瑕疵商标注册人可能已经获取了利益,扰乱了商标注册秩序,对他人权益、社会公共利益等造成了损害,呈现出一种迟到的正义。在民事司法中能动地对非诚信瑕疵注册商标进行治理,可以将纠纷实质性化解在民事争议中,提升了司法效率,保证了结果的正义性。在进路上,灵活运用诚实信用原则,将以非诚信目的申请商标注册,滥用商标申请权利,损害国家利益、社会公共利益或者他人合法权益的行为认定为权利滥用,作为禁止权利滥用的法律后果,认定相关主体的商标申请行为不发生法律效力,后续的注册、行使行为当然也就失去了正当基础。当非诚信瑕疵商标注

册人无法对他人行使禁止权利时,他也就失去了以非诚信手段获取商标注册的动机,甚至,受害一方还可以提起诉讼,追究非诚信瑕疵商标注册人的侵权责任。任何人不能因违反诚信而获利,在民事司法中,采用前述方式对此类瑕疵商标进行治理,有助于从根本上解决囤积商标、恶意抢注等现实问题。

本章小结

本章详细地对瑕疵注册商标民事司法治理进行了系统梳理,并进行类型化分析,针对不同瑕疵注册商标类型,详细分析瑕疵产生缘由,并进行相应的理论探讨,分别得出了如下结论。

首先,应限制连续3年未使用的瑕疵注册商标请求权。注册商标请求权由停止侵害请求权和损害赔偿请求权组成,注册是对自然权利的确认和附使用义务的权利授予。未使用的商标未形成商誉,在自然法上不产生权利,因此不会遭受损害,无其他损失的,经抗辩,被告不承担损害赔偿责任。对于连续未使用的、以不正当目的注册的商标,还需要限制其停止侵害请求权。具体来说,商标申请人不以诚实使用为目的,以商标注册制度作为达到不当目的的工具,扰乱了商标秩序,损害公共利益、侵犯他人权利,构成商标申请权利的滥用,所得注册结果不发生法律效力,不享有禁止权能,无权行使停止侵权请求权。

其次,禁止使用的商标即使注册也不应获得法律保护。使用是商标的天然使命,是商标权利的自然法基础。虽然注册获权本身存在自然法缺陷,但可以通过对注册商标使用的方式进行弥补。纯粹无法使用的注册商标使缺陷无法被弥补,该注册商标在自然法上将无正当性。具体来说,可以通过解释权利保护范围的方式,将被告使用含有禁用元素的标识排除在注册商标权利保护范围之外。如果注册商标本身明显含有禁用元素,那么无须考察被告的行为,可先行以权利基础不具有正当性不得行使为由,对该瑕疵注册商标不予保护。

再次,不具有识别性的瑕疵注册商标权利止于瑕疵范围。识别性是商标注册的基本条件之一,也是通过使用产生自然财产权利的前提。现行法律和司法实践提供了两条治理路径,分别是正当使用抗辩论和禁止权利滥用论。前者将他人正当使用注册商标的行为排除出注册商标的保护范围;后者直接从正面审查注册商标的识别性,考察商标注册人主观上是否违反诚实信用原则,客观上是否实施了损害国家利益、社会公共利益或者他人合法权益等行为,如果构成权利滥用,则可直接驳回原告的诉讼请求。

又次,侵犯在先权利瑕疵注册商标的每一次使用都是对他人权利的侵害。如果商标注册人在明知他人有在先权利的情况下,仍然将在先权利标识申请注册为商标,以谋求不正当利益,对他人权利造成损害,人民法院可以直接在民事司法程序中认定该商标注册以及行使权利的行为不发生法律效力,依法对该瑕疵注册商标不予保护,甚至可以基于在先权利人的主张,给予消极评价。

最后,任何人不能因违反诚信而获利。诚实信用作为整个社会保持健康、稳定发展的基石,也是商标申请注册的基本要求;以非诚信目的申请商标注册,滥用商标申请权利,损害国家利益、社会公共利益或者他人合法权益的行为应被认定为权利滥用,作为禁止权利滥用的法律后果,认定相关主体的商标申请行为不发生法律效力,后续的注册、行使行为当然也就失去了正当基础。

第四章 瑕疵注册商标民事司法治理的中国问题

第一节 职权分开原则压缩了瑕疵注册商标民事司法治理的空间

对瑕疵注册商标进行民事司法治理的前提是人民法院有权在商标侵权案件中评查注册商标的瑕疵性,然后对其权利保护范围作出准确的认定。我国建立商标法律制度较晚,正因如此,少走了很多“弯路”。最初,使用是取得商标权利的方式,后来为了弥补使用获权制度稳定性不高、公示能力差等特点,产生了商标注册制度,将“注册”作为商标权利的来源。我国自始就采用商标注册制,规定由商标注册行政部门专门负责商标授权确权的审查工作,人民法院通过行政诉讼程序对审查工作进行监督,以民事诉讼程序保护注册商标权利,具有明确的分工。即便如此,对商标注册行为的法律性质,多年仍有争议。

一、商标注册行为的法律属性

从表面上看,商标"注册"结论系由行政机关依据法律授权经过审查作出的,并对世产生法律效力,那么注册就应该属于行政行为。部分学者认为注册商标权是民事权利,注册不过是起到一种增强公示的作用,不能改变其民事行为的法律属性。[1] 前者考究"注册"行为本身,后者关注商标权利本身。不过,我们在谈论什么,就应该关注什么,注册商标权利当然具有私权属性,但它又复合了行政管理下的公权属性,"注册"就是国家管理注册商标的方式,仅就注册本身而言,是一种明显的行政行为。关于行政行为种类的划分,存在"行政许可"和"行政确认"两种观点。

行政许可观点。行政许可是指行政主体依法对行政相对人的申请进行审查,并同意赋予相对人某种权利或权能的行政行为。[2] 商标注册是一种依照商标申请人申请、国家商标行政机关进行审查后"注册"的行为,注册后商标注册人基于注册商标享有商标权利。从表面上看,商标注册符合行政许可的定义,不过在实质上,行政许可是对特定的相对人解除禁止并要求其作出行为的权利。在商标申请注册之前,任何人都可以将特定符号作为商标使用,并不存在禁止某人使用商标的情形。有观点认为,在注册取得模式下,商品经营者虽然可以自由拣选和使用商标,但全国范围内禁止权的适用范围是通过注册获取的商标,而且这种禁止权已远远超过了它所使用的标志本身,他人使用近似的标志如果造成消费者混淆,也在被禁之列。这种实体性权利是一种新权

---

〔1〕 参见刘春田:《民法原则与商标立法》,载《知识产权》2010 年第 1 期;田晓玲:《商标注册民事法律行为论》,载《西南民族大学学报(人文社科版)》2016 年第 5 期。

〔2〕 参见王清云、迟玉收主编:《行政法律行为》,群众出版社 1992 年版,第 160 页。

利的授予，而且，商业标志来自公共领域，本来大家都有使用的自由，任何人不得垄断，这应当是“法律上的一般禁止”，但是由于其可以区别产品的来源，基于功利的选择，法律允许符合条件的人垄断使用，这不就是一种“解禁”吗?〔1〕该观点将侵权的禁止作为法律的一般禁止，将解禁视为法律的授权，殊不知，侵权的前提是未经权利人允许而非未经法律授权，解禁对应的是权利人的许可而非法律授权，任何标志未经法律允许不能被垄断使用，从正面来讲就是“自由”。按照此观点，商标注册更像是复合了的行政征收，它将本属于公众使用的商标征收为国有，国家就有权禁止公众使用，然后通过行政许可允许特定人使用。但这些显然经不起推敲，除了“烟草”等特定商品外，公众有权使用商标从事商业经营，国家对这种权利进行征收违背了市场经济规律，也未给予补偿，更难以实现，也就无法说存在“一般禁止”。因此，“商标注册不是行政许可”。〔2〕

行政确认观点，行政确认是行政主体依法对相对人既定的法律、关系事实、行为，以及有法律意义的文书等予以确定、认可或证明的行为。它不改变现有的法律关系和法律事实，只是对现状是否合法进行确认。与行政许可相比，许可的法律效果具有后及性，而确认具有前溯性。经过使用的未注册商标，在使用地域、行业范围内根据其使用程度具有一定影响，客观上形成了商标权利，将具有一定影响的商标申请注册，国家商标行政机关对该商标的合法性进行审查，然后进行确认。有观点

〔1〕参见曹世海：《商标权注册取得制度研究》，西南政法大学2016博士学位论文，第70~74页。

〔2〕参见国务院法制办公室：《行政许可法有关问题解答(二)》，载《政府法制》2004年第15期。

认为，商标注册是典型的行政确认行为。[1] 不过，该行政确认似乎并不典型。首先，商标注册并不如专利一样，专利技术在形成之时，技术持有人便付出了创造性劳动，基于劳动财产理论，可以产生财产权，通过行政确认确定专利权人和任何第三人之间的法律关系，承认发明人发明创造的财产性质和排他范围。[2] 我国《商标法》并未要求申请注册的商标是经过使用的商标，行政确认是对既存的权利等进行合法性确认，而未使用的未注册商标并不产生任何权利，此时并无确认之权利基础；其次，即使具有一定影响力的标识也具有局域性，而注册之后的商标在全国范围内具有法律效力，注册除了确认权利状态之外，还扩大了权利保护范围，而行政确认并不改变权利本身，由此一来，行政确认似乎并不贴切。但是，商标注册与行政确认具有共同的本质。商标注册确认的是一种推定的圆满的商标权，此时的商标注册可以被视为容缺确认。在商标注册后，注册商标需要进行使用，否则不能维持注册或者享有完整的商标权利，经过使用的注册商标将弥补“确认”基础不足的缺陷。最后，商标注册除具有确认或者容缺确认商标权的效力之外，还有规范商标秩序的作用。一是注册可以方便商标行政部门管理商标；二是便于经营者回避侵权；三是就消费者而言，减少了混淆和误认的情况发生。为了妥善平衡各方利益，提升商标效率，注册还为商标注册人授予了一种秩序性利益——对特定符号的作为商标使用的先占利益以及通过使用产生的期待利益，它来自确认或者容缺确认权利保护的反射利益，“这些程序性的权利与财产性的权利相结合，可以让商标

[1] 参见杜颖、王国立：《知识产权行政授权及确权行为的性质解析》，载《法学》2011年第8期。

[2] 参见李雨峰：《专利确权的属性重释与模式选择》，载《中外法学》2022年第3期。

所有人获得更为强有力的保护”,[1]增强了自然权利的保护范围,使注册商标在全国范围内发生效力。因此,可以认为商标注册是一种非典型的行政确认。

二、职权分开原则对民事司法治理瑕疵注册商标的影响

自然法意义上的商标权利,一经注册,便披上了法定权利的外衣。一经法定,对该权利产生的疑问就需要通过法定程序进行,法院作为公权力机关,法无授权不可为,在未寻找到合理的法律依据之前,不可以越俎代庖。自我国商标制度诞生以来,商标行政审查机关和司法机关都有具体的分工:前者负责商标授权确权;后者除对前者的行为进行监督外,还肩负着保护商标权利的职责。具体来说,当商标注册或者维持商标注册存在瑕疵时,是否撤销或者无效宣告,需要由商标行政审查机关依照既定程序进行,人民法院不能直接撤销或者无效宣告某注册商标。如此处理,一方面,由行政机关统一负责注册、撤销或无效宣告,方便统一管理、提升效率;另一方面,商标审查属于专业性较强的领域,在确定商标是否符合注册条件等问题上,行政机关具有更强的专业能力。但治理瑕疵商标的不正当性又是民事司法时常面对且不得不解决的事情。一般来讲,当瑕疵注册商标具有明显的不正当性时,人民法院一般建议当事人另行通过行政程序解决,致使程序往复,司法资源浪费,司法效率降低,司法公信力备受怀疑。于是,人们就在思考,要是能在民事司法程序中直接得到高效、正义的判决就好了。简单的方法就是在民事司法审判中评价注册商标的效力,而这种“评价”就涉及人民法院的管辖权问题。

具有公定力的行政行为一经成立,无论是否合法,即具有被推定为

---

[1] 李明德:《商标注册在商标保护中的地位与作用》,载《知识产权》2014年第5期。

合法而要求所有机关、组织或个人予以尊重的一种法律效力。[1] 日本学者田村善之认为，应当采用行政行为无效法理，行政行为公定力原理并非绝对普适，如果行政行为有重大明显、明显的违法情形，则自其成立开始，就无任何法律约束力可言，被管理者有权不服从。[2] 杨志敏也认为，行政行为存在重大或明显瑕疵时，任何人都可主张它无效且人民法院也有权宣告其无效或对特定的案例不予适用。[3] 可见，公定力不是绝对的，而是一种推定效力，当发现行政行为存在重大且明显瑕疵时，可以不受其拘束，相关司法解释也体现了这一精神。[4] "重大""明显"表明对行政行为效力怀疑的谨慎。商标法律制度在商标确权授权方面秉持的是专属管辖，从表面上看，它要求所有有关商标权效力的评价必须通过商标行政审查机关，但实质上，是需要保持适用法律的统一性和商标管理的效率性，如果允许人民法院在民事司法程序中直接对注册商标的有效性作出评价，将动摇商标法律职权分开设计的基石。但在注册商标权存在明显无效事由时，若经商标行政审查机关审查也将得到同样的结论，那么人民法院在民事司法中基于一方抗辩对侵权主张不予支持，并不会妨碍职权分开制度设计的本质目的的实现。从稳定商标注册秩序的角度考虑，民事个案司法中对注册商标效力的评价，并不会当然作为商标行政审查机关的依据，也不会产生一种对世

---

〔1〕 参见王天华：《行政行为公定力概念的源流——兼议我国公定力理论的发展进路》，载《当代法学》2010年第3期。

〔2〕 参见李扬：《日本专利权当然无效抗辩原则及其启示》，载《法律科学（西北政法大学学报）》2012年第1期；姜明安主编：《行政法与行政诉讼法》，北京大学出版社、高等教育出版社1999年版，第155、159～161页。

〔3〕 参见杨志敏：《关于"公知技术抗辩"若干问题的研究——从中、德、日三国判例与学说的对比角度》，载《比较法研究》2003年第2期。

〔4〕 《最高人民法院关于审理行政许可案件若干问题的规定》第7条。

的公示效力,整体上并不会对商标注册秩序、商标撤销或者无效审查造成当然影响。“从诉讼经济出发如果最初就明知这样做终会被再审推翻的话,就在当初的时候加以控制避免其发生也应是明智的选择。”[1]到目前为止,世界上多数国家都采用法院直接判断知识产权无效的制度。如“美国商标法第 37 条、英国商标法第 46 条、澳大利亚商标法第 87 条、德国商标法第 55 条、法国知识产权法典第 L. 714 - 3 条等都明确规定法院可以判决注册商标权无效或被撤销”。[2]

《最高人民法院关于审理注册商标、企业名称与在先权利冲突的民事纠纷案件若干问题的规定》是对瑕疵注册商标直接进行民事司法治理的有益尝试,在此之前,只有在注册商标达到驰名状态时,才可以根据《商标法》第 13 条禁止在后的注册商标使用。另外,对于缺乏识别性或者具有功能性的注册商标,《商标法》第 59 条规定了正当使用规则,可以在一定程度上对此类瑕疵商标进行治理。整体局限性在于,前述司法解释或者法律规定,并未论及标识的合法性、非诚信取得商标、普通注册商标之间冲突等瑕疵问题。而且,核心点在于,在并未规范建立起职权分开制度下,人民法院在民事司法中对瑕疵注册商标的评价的法律路径,相反,通过行政程序解决注册商标争议的路径更为明确,导致法官在审理相关案件时,无法把握权力边界,进而导致瑕疵注册商标进行民事司法治理的空间被压缩。

---

[1] 杨志敏:《关于“公知技术抗辩”若干问题的研究——从中、德、日三国判例与学说的对比角度》,载《比较法研究》2003 年第 2 期。

[2] 张耕:《知识产权无效程序的反思与重构——以诉讼效益为视野》,载《学术论坛》2005 年第 11 期。

第二节　时代背景下的司法政策趋于保守

早在2003年，北京市第一中级人民法院就直接在民事司法程序中处理了注册商标之间的冲突纠纷，法院认为，被告无视他人合法的、在先的注册商标专用权，在相同的商品上注册并许可他人使用与原告“恒升”注册商标相近似的“恒生”商标，有悖诚实信用原则，侵犯了原告“恒升”注册商标专用权，应承担停止侵权、赔偿损失等民事责任。[1]但在2008年，《最高人民法院关于审理注册商标、企业名称与在先权利冲突的民事纠纷案件若干问题的规定》并未解决其他瑕疵注册商标问题，还特别强调，注册商标之间的冲突由有关行政主管机关解决，明确地放弃法院对该类瑕疵注册商标管辖权。《最高人民法院关于当前经济形势下知识产权审判服务大局若干问题的意见》中明确提出，因超过《商标法》规定的争议期限而不可撤销的，在先权利人仍可在诉讼时效期间内对其提起侵权的民事诉讼，但人民法院不再判决承担停止使用该注册商标的民事责任。该意见将商标注册和使用联系起来，认为在商标注册本身不可因《商标法》本身被无效时，当然是可以使用的，即使这种使用侵犯了他人合法权利，相当于以合法的注册形式规避了“停止侵权”民事责任的承担。这些司法政策均体现了人民法院对商标注册效力的保守态度，也将直接影响法官的司法能动性。

一、未合理限制连续3年未使用瑕疵注册商标停止侵权请求权

商标注册作为一种非典型的行政确认，既确认已有事实，又对未来事实进行预先确认。如果事实不存在，未来相关事实也未发生，确认将

---

[1] 北京市第一中级人民法院民事判决书，(2001)一中知初字第343号。

失去基础,徒留“注册”形式。使用是产生商标财产权利的自然法基础,一般情况下,无使用则无商誉,无商誉则无损害,无损害则无赔偿。作为一种预先确认的对价,使用是注册商标的天然使命。我国《商标法》第64条第1款规定,注册商标专用权人请求赔偿,被控侵权人以注册商标专用权人未使用注册商标提出抗辩的,人民法院可以要求注册商标专用权人提供此前3年内实际使用该注册商标的证据。注册商标专用权人不能证明此前3年内实际使用过该注册商标,也不能证明因侵权行为受到其他损失的,被控侵权人不承担赔偿责任。该条规定蕴含了5层含义,第一,注册商标的使用义务是被推定完成的,无人质疑时,就认为注册商标已经被投入实际使用;第二,注册商标是否使用的举证义务在于商标注册人,在别人质疑时,商标注册人有义务将注册商标的使用情况提供给法院;第三,3年是预先确认注册商标的履行准备期或商誉消耗期,一旦超过这个期限,就认为注册商标未尽到使用义务;第四,使用是注册商标权产生损失的重要基础;第五,未使用的注册商标权能是不圆满的,无法行使损害赔偿请求权。该条极具合理性,准确地洞察到注册商标的价值在于使用,未使用的注册商标反而可能扰乱商标注册秩序。恰恰就因为此,未加区别地保留连续多年未使用注册商标的停止侵害请求权能稍显保守。原理上,相对于损害赔偿,注册商标只剩下确认—注册的行政法外壳,而无任何实质事实。对不存在事实或者长期不可实现的事实,实无确认的必要,更何况,《商标法》第49条已经规定,注册商标没有正当理由连续3年不使用的,任何单位或者个人都可以向商标局申请撤销该注册商标。“存在连续不使用瑕疵的注册商标既然可以被撤销,则在其所有人提起的民事侵权诉讼中,法院应被告请求,应有权排除原告包括损害赔偿、停止使用、提供信息、没收工具和召回产品在内的全部请求权。"[1]注册商标一经撤销即丧失全部法律效力，是一种对世的公示手段。注册商标授权确权案件，对注册商标禁止权的限制、允许在后商标注册将直接、长期地影响商标注册秩序，而在具体的民事司法案件中，根本不存在损害公信力的情况，对停止侵害请求权的限制仅仅具有个案效力，不但对"注册"秩序未造成影响，反而更具有正义性。不过，即便如此，也需要作较为精细的区分，限制连续3年未使用或者从未使用的注册商标损害赔偿请求权具有正当性，但对注册时间未满3年的注册商标，应当谨慎限制其停止侵权请求权，为了与"撤三"制度相协调，3年是商标注册人实现先占利益以及适用期待利益所享有的期限利益，在此期间内，应当禁止他人使用或者注册与注册商标相同或者近似的标识，否则这些期限利益将被剥夺，先占利益和期待利益也将无法保障。

二、未尝试审查商标注册证书等证据的可采性

商标注册是一种行政行为，商标注册证书是行政行为的载体。在具体案件中，"原则上，法院在民事诉讼中对案件涉及的事实和法律问题可以独立审查，直接作出认定。行政行为可以作为初步证据，法院原则上有审查的权力和义务"。[2] 商标注册证书是一种权属证据，民事司法有权对证据的合法性等审查。证据的合法性体现在主体上、形式上、取得方式上和程序上。商标注册证书本身由国家知识产权局制作，有单位盖章、负责人签名等，商标申请人通过申请—审查—注册等程序才能取得证书，当事人要将商标注册证书作为认定案件事实的证据，就必须依照程序提交法院，并经对方质证。瑕疵注册商标的合法性问题

---

〔1〕 彭学龙：《论连续不使用之注册商标请求权限制》，载《法学评论》2018年第6期。

〔2〕 何海波：《行政行为对民事审判的拘束力》，载《中国法学》2008年第2期。

通常表现在取得方式上，诸如不以使用为目的的恶意注册、以不正当手段获得注册、故意抢注他人在先权利标识等。目前的问题在于，人民法院是否有权力实质审查证据的合法性。黄全认为，行政行为将直接影响相对人的定罪量刑时，行政行为对司法机关只具有选择性证据效力——司法机关实施实质审查后，只有合法的行政行为才对司法机关具有证据效力。[1] 他将对合法性的审查局限于刑事诉讼程序中，但并未说明为何刑事程序要作出不同安排。曹达全认为，对诉讼过程中的证据，民庭有权对行政行为的合法性作出判断，并有权决定是否将该行政行为作为定案证据，但民庭并不享有对行政行为予以实体性审查的权力。[2] 该观点似乎存在矛盾之处，一方面认为民庭有权审查合法性；另一方面又认为不能予以实体性审查，殊不知合法性审查就包括实体审查部分。该论断意欲表达的是，民庭可以对行政行为进行实体性的合法性审查，但只能决定是否将其作为定案证据而不是径行在判决书中宣称该行政行为不合法。叶必丰教授等认为："对无效行政行为的司法救济，也不应只限于行政诉讼这一途径。如果在刑事诉讼和民事诉讼中涉及无效行政行为，法院就应有权以裁定的方式确认其无效。"沈岿博士亦持此观点。[3] 此类观点确实与当下行政诉讼与民事诉讼二分的体制存在较大冲突，但改革不是一蹴而就的事情，应当立足

[1] 参见黄全：《法治国视野下行政行为对司法机关的效力》，载《河北法学》2014年第3期。

[2] 参见曹达全：《民事诉讼过程中行政行为处理之我见——从诉讼法角度加以论证》，载《海南大学学报（人文社会科学版）》2011年第1期。

[3] 参见叶必丰：《行政行为的效力研究》，中国人民大学出版社2002年版，第97～98页；沈岿：《法治和良知自由行政行为无效理论及其实践之探索》，载北京大学法学院编：《北大法学文存》第2卷，法律出版社2002年版，第170页。转引自方世荣、羊琴：《论行政行为作为民事诉讼先决问题之解决——从行政行为的效力差异进行分析》，载《中国法学》2005年第4期。

于当下逐步推进。因此，综合上述观点，本书认为人民法院可以在民事司法程序中以审查证据的方式对行政行为的合法性进行认定。最高人民法院于2020年发布了《最高人民法院关于知识产权民事诉讼证据的若干规定》，其中第6条规定，对于未在法定期限内提起行政诉讼的行政行为所认定的基本事实，或者行政行为认定的基本事实已为生效裁判所确认的部分，当事人在知识产权民事诉讼中无须再证明，但有相反证据足以推翻的除外。该条规定实质上扩展了民事诉讼免证事实之范围，增加了未在法定期限内起诉的行政行为所认定事实这一类免证事实，超越了2015年《最高人民法院关于适用〈中华人民共和国民事诉讼法〉的解释》第93条第1款和2020年5月1日起施行的《最高人民法院关于民事诉讼证据的若干规定》第10条第1款之规定。众所周知，民事诉讼举证责任于当事人而言是一个沉重负担，负有举证责任的一方当事人如若举证不能或所举证据达不到证明标准，将会面临主张事实无法被支持之不利后果。故在一定程度上，举证责任之分配是关乎当事人胜败诉风险的一个至关重要的因素。〔1〕整体上，人民法院关于知识产权的证据规定具有进步意义，相比于司法实践基本不审查行政行为合法性的做法，该项“有相反证据足以推翻的除外”的规定明确给予了当事人一定的质疑空间，也给予了人民法院相当的审理空间。但就当事人而言，该项知识产权证据规定仍显保守，它没有正面引导当事人合理质疑行政行为的合法性问题，也未明确何种程度的举证构成“足以推翻”的证明，致使人民法院更愿意接受经过行政审查的事实和内容，这不利于纠纷高效、实质性解决。

〔1〕 参见张海燕：《知识产权行政行为所认定事实在民事诉讼中的效力》，载《法学论坛》2022年第3期。

三、未将“瑕疵”划出注册商标权利保护范围

《商标法》第59条规定了两类正当使用情形,第一类:注册商标中含有的本商品的通用名称、图形、型号,或者直接表示商品的质量、主要原料、功能、用途、重量、数量及其他特点,或者含有的地名,注册商标专用权人无权禁止他人正当使用。第二类:三维标志注册商标中含有的商品自身的性质产生的形状、为获得技术效果而需有的商品形状或者使商品具有实质性价值的形状,注册商标专用权人无权禁止他人正当使用。两类均以被告的行为为对象,认为被告的行为属于对有关标识的正当使用,而并不提及这些标识对注册商标权利的影响。正如观察到的,第一类对应《商标法》第11条因缺乏显著性不得作为商标注册的情形;第二类对应《商标法》第12条因具备功能性不得作为商标注册的情形。正当使用的标识本身就不属于商标注册的范围,也即注册商标权利不可行使的范围。在逻辑上,缺乏显著性、具有功能性的标识任何人都可以使用,这些无论是从自然法原理上还是从实定法上,均属于不可注册商标的范围,不可注册则不可依据《商标法》享有商标权利。正当使用条款实际上将不属于注册商标权利保护范围的内容划分出来,正当使用抗辩客观上是对注册商标权利保护范围的认定。类似于专利侵权中的现有技术抗辩,它关注的也是被诉侵权技术方案与现有技术之间的关系,如果相同,则认为专利权利要求保护范围当然不包括这个现有技术方案,从而达到不侵权的法律效果。不管正当使用抗辩或者现有技术抗辩作出多么巧妙的设计,以避免与商标“注册”、专利“授权”发生冲突,客观上已经达到了商标或专利无效抗辩的效果,只不过,此处的“无效”分为部分无效和全部无效,公示范围局限于个案,“无效”指相应“注册”或“授权”部分不发生法律效力。尝试将商标注册与不具有识别性、具有功能性或者他人在先权利的标识进行比较,

比如，核定在手机商品上的“苹果手机”商标，标识中的“手机”部分不具有识别性，在确定“苹果手机”商标权利范围时“手机”部分不具有排他或者专有使用效力。再以“青花椒”案为例，青花椒作为一种调料，使用在餐饮服务上代表了一种口味，两者具有天然联系，使“青花椒”的服务商标标识和有青花椒字样的特色菜品在辨识上界限微妙、相互混同，极大地降低了“青花椒”注册服务商标的显著性，几乎难以起到通过商标识别服务来源的作用，被告“青花椒”是对其提供的特色菜品鱼火锅中含有青花椒调味料的客观描述，具有正当性。[1] 本案中被告对“青花椒”的使用行为构成正当使用，相应使用行为也不属于“青花椒”注册服务商标的禁止范围。不过，该案仍然将“未单独、突出使用”“附加区别标识”等因素考虑在内，秉承的就是商标注册这一行政行为不能质疑的观点，逻辑上还仅是将被诉侵权行为与缺乏显著性的标识进行联系，未主动地划定注册商标权利保护范围，实属保守。如果直接将注册商标与缺乏识别性的客观描述进行比较，被告将“青花椒”作为对特色菜品鱼火锅中含有青花椒调味料的客观描述的行为本身就是“青花椒”服务商标不可注册的范围，本身就不能禁止被告的使用，即使未附加区别标识、单独突出使用，只要仍停留在客观描述层面，都是“青花椒”注册服务商标权利不可覆盖的范围。再以“金银花”案为例，法院认为，如果被告想要标明涉案被控侵权商品含有金银花成分，就应当以善意方式，在必要的、合理的范围内予以标注，然被控侵权商品包装上“金银花”标识字体醒目、位置突出，已超出了正当使用的界限，构成侵权。[2] 然而，“金银花”具有清热解毒的功能，使用在指定商品上

---

〔1〕 四川省高级人民法院民事判决书，(2021)川知民终2152号。

〔2〕 江苏省高级人民法院民事判决书，(2020)苏知终24号。

仅直接表示商品的原料等特点，本身缺乏识别性。如果直接将注册商标与缺乏识别性的客观描述进行比较，将“金银花”作为产品主要原料描述的行为就不属于“金银花”注册商标的保护范围，而不再考虑描述是否突出。本案将是否“突出”作为被告描述产品主要原料是否正当的考虑因素，实在不妥，特别是国家知识产权局在其他“金银花”商标驳回复审决定案中，已经明确认定“金银花”不具有识别性，不可注册的情况下，法院仍以“金银花”作为权利基础作出侵权判决，未能让人民群众感受到公平正义。尔后，本案被最高人民法院裁定提审，最高人民法院撤销江苏省苏州市中级人民法院和江苏省高级人民法院判决。[1]

四、超过争议期的瑕疵注册商标未以停止使用为原则

为避免以民事裁判为名触及行政职权之实，督促权利人在5年争议期内及时采取法律措施，司法政策指出，对于超过争议期的注册商标使用侵犯其他在先民事权利的，一般不再判决停止侵权。[2] 诚然，在维护商标注册秩序上，5年争议期有助于建立稳定的商标注册秩序。不过，时间的经过并不会改变侵权行为的性质。以侵犯他人著作权为例，甲将他人的美术作品申请为注册商标，然后将其投入使用，权利人发现后，并未及时提出注册商标异议或者无效宣告申请。5年之后，权利人向人民法院提起诉讼，要求甲就其行为承担侵权责任。首先，甲将权利人的美术作品使用在具体商品上，侵犯了权利人的复制权、发行权等权利，根据《民法典》的相关规定，甲应当承担停止侵权、赔偿损失等侵权责任。其次，虽然权利人发现侵权后，未在争议期内就争议商标提出无效宣告申请，但是甲侵权行为的状态是持续的，权利人追究甲侵权

---

〔1〕 最高人民法院民事判决书，(2022)最高法民再238号。

〔2〕 参见杨静：《民事判决对注册商标专用权的限制》，载《人民司法》2019年第34期。

责任并未超过诉讼时效，权利方依然享有胜诉权。再次，争议期后，注册商标的“注册”状态变得不可争议，但并未改变其使用构成侵权的法律判定。最后，如果甲不停止侵权，允许其继续使用将会使权利方的著作权被持续侵害。

支持在争议期后，注册商标使用构成侵权但不停止的观点，大概还有以下理由作为支撑。第一，超过争议期的注册商标不可争议；使用是维持商标注册的义务，那么就不能禁止注册商标的使用，否则相当于通过民事判决使使用变为不可能，使撤销注册成为注册商标的归宿，有逾越司法权力边界的嫌疑。第二，注册商标经过使用可能已经具有一定影响，禁止其使用可能会破坏业已形成的稳定的市场秩序。实际上，这些理由并不足以支撑侵权状态下判令被告“停止侵权”。首先，《商标法》《民法典》等有不同的任务。在使用注册商标存在侵犯他人权利的情形时，人民法院判断的重点是“使用”本身，而非“注册”。这意味着，人民法院针对“使用”作出的司法判断并不直接影响“注册”，并不存在扰乱商标注册秩序的顾虑，只是客观上注册商标不能使用确实有被撤销注册的可能，但这并不是人民法院的司法判决导致的，而是这个注册商标自始就不符合注册条件和使用要求，停止使用是必然的，人民法院仅是为这个“停止使用”附上了强制执行效力而已。其次，不是每个注册商标都会形成足够的商业格局以至于不能要求其停止使用，而且，如果商标申请人在该商标注册时就怀有恶意，“承认此种行为所形成的所谓市场秩序或知名度，无异于鼓励同业竞争者违背诚实信用原则，罔顾他人合法在先权利，强行将其恶意申请的商标做大、做强”。〔1〕“恶

〔1〕 蔡伟、欧群山：《侵害在先权利的注册商标是否应判决停止使用》，载《人民法院报》2018年11月8日，第6版。

意不容宽恕。"[1]如果注册商标的每一次使用都是对诚实信用原则的违反,对他人权利的侵害,即使商标注册人对该注册商标进行了实际使用,亦难以弥补其行为合法性方面的缺陷。不过,并非要求将所有超过争议期的侵犯他人在先权利的注册商标停止使用。如果侵权是无意的,经过商标注册人的善意使用,注册商标在相关市场已经具有较高的知名度,而权利方又怠于行使权利,"放水养鱼",从维护既定的市场格局考虑,避免对商标注册人的经营造成重大不利影响,相较于"公正"与"效率",不要求商标注册人停止使用将会给社会带来更多功效,权利人长期不维权也说明商标注册人对注册商标的使用行为对权利方的影响较小。综合考虑,不判令停止侵权具有合理性,但应当在赔偿金额确定方面对权利方作出适当补偿。回看《最高人民法院关于当前经济形势下知识产权审判服务大局若干问题的意见》中"不再判决承担停止使用该注册商标的民事责任"的观点,谨慎有余,对瑕疵注册商标的治理力度尚有不足。笔者认为,应以判决承担停止使用该注册商标的民事责任为原则,以不破坏市场格局为例外,让注册的归注册,使用的归使用。

第三节　治理进路不够体系化

我国现有的民事司法治理瑕疵注册商标的方案,可以分为主动型和被动型。其中,主动型包括"侵权诉讼""合理开支反诉"等,被动型包括"正当使用抗辩""在先权利抗辩""连续三年未使用抗辩""禁止权利滥用论""权利保护范围解释论"等。

---

[1] 郑玉波:《法谚(一)》,法律出版社2007年版,第59页。

一、治理路径分述

具体来说，如果瑕疵注册商标的使用侵犯了他人民事权利或者构成不正当竞争，权利人或者经营者有权依照相关法律规定发起侵权诉讼。《最高人民法院关于审理注册商标、企业名称与在先权利冲突的民事纠纷案件若干问题的规定》第1条规定，原告以他人注册商标使用的文字、图形等侵犯其著作权、外观设计专利权、企业名称权等在先权利，或者原告以他人超出核定商品的范围或者以改变显著特征、拆分、组合等方式使用的注册商标，与其注册商标相同或者近似为由提起诉讼的，人民法院应当受理。另外，最高人民法院修改后的《民事案件案由规定》增加了"因恶意提起知识产权诉讼损害责任纠纷"案由，专门用于审理行为人恶意提起知识产权诉讼导致利害关系人产生损害而追究其侵权责任的案件。例如，在圣壹门公司与易动公司恶意知识产权诉讼损害纠纷案中，易动公司针对圣壹门公司先后在多个法院提起多件知识产权侵权诉讼，在相关案件已被法院判定不侵权的情况下，依旧提起新诉，导致圣壹门公司产生损失，于是圣壹门公司对易动公司提起恶意诉讼损害诉讼。[1] 除此之外，实践中部分法院也以"不正当竞争纠纷"作为案由，如拜耳集团与李某不正当竞争纠纷案，拜耳集团拥有两款防晒霜产品，产品的包装装潢系由拜耳集团于2010～2011年间委托第三方公司设计，相应的著作权由拜耳集团享有。两款产品自2014年起就已经在国内进行了广泛宣传和大量销售，深受消费者青睐。2015年5月，李某将拜耳集团两款产品包装装潢中的"太阳"图形及"男孩和冲浪板"图形分别向原国家工商行政管理总局商标局提交商标注册申请，指定的商品为"防晒剂"等。两个商标核准注册后，李某

[1] 北京知识产权法院民事判决书，(2019)京73民终50号。

并未在生产经营中对两个商标进行使用,而是以对淘宝平台销售的拜耳集团防晒霜产品发起投诉的方式获得利益,规模大、数量多,并且多次联系拜耳集团以图将两个商标高价出售。拜耳集团随后以李某“海量投诉”“付费撤诉”“恶意售卖”“囤积商标”违反诚实信用原则构成不正当竞争为由,向法院提起诉讼。

为了降低被告在原告滥用权利时支出的合理开支,发挥律师费等合理开支对当事人诉讼行为的调节作用,更好地规制权利滥用,最高人民法院明确支持被告提出的“合理开支反诉”。2021 年,《最高人民法院关于知识产权侵权诉讼中被告以原告滥用权利为由请求赔偿合理开支问题的批复》指出,在知识产权侵权诉讼中,被告提交证据证明原告的起诉构成法律规定的滥用权利损害其合法权益,依法请求原告赔偿其因该诉讼所支付的合理的律师费、交通费、食宿费等开支的,人民法院依法予以支持。

“正当使用抗辩”“在先权利抗辩”规定在《商标法》第 59 条。其中,“正当使用抗辩”以被诉侵权标识是否属于本商品的通用名称、图形、型号,或者直接表示商品的质量、主要原料、功能、用途、重量、数量及其他特点,或者含有的地名,或者属于商品自身的性质产生的形状、为获得技术效果而需有的商品形状或者使商品具有实质性价值的形状为标准。经判定为“是”时,如果未单独、突出使用或/且附加了区别标识,就认为被告的行为构成正当使用,本抗辩适用于缺乏识别性或者具有功能性的瑕疵注册商标。“在先权利抗辩”应用在申请商标注册前,他人已经在同一种商品或者类似商品上先于商标注册人使用与注册商标相同或者近似并有一定影响的商标的情形。因为在先未注册商标已经形成了一定的市场影响力,在原使用范围内形成了较为稳定的秩序,在后的注册商标专用权人无权禁止该使用人在原使用范围内继续使用该商标，但因为注册商标在全国范围内发生效力，为使注册商标区别于在先未注册商标，避免相关公众发生混淆，可以要求其附加适当区别标识。除此之外，“在先权利抗辩”还体现在《商标法》第9条、第32条，对于那些侵犯他人在先权利的注册商标，也可以基于此进行抗辩，如“乔丹”案[1]。四川省高级人民法院《侵害商标权案件审理指南》中的第8.12条规定，被告以享有著作权、外观设计专利权等其他在先权利抗辩的，人民法院依照《商标法》第32条之规定，根据诚实信用原则、公平原则、保护在先权利原则以及防止市场混淆原则等审查抗辩是否成立。综上，本抗辩适用于侵犯他人在先权利的瑕疵注册商标。

“连续三年未使用抗辩”规定在《商标法》第64条。如果被控侵权人以注册商标专用权人未使用注册商标提出抗辩，注册商标专用权人不能证明此前3年内实际使用过该注册商标，也不能证明因侵权行为受到其他损失的，被控侵权人不承担赔偿责任。该抗辩存在的基础是使用是注册商标权利圆满的基本条件之一，如未使用，未产生商誉；或者曾经使用后停止使用达3年，就认为商誉已经消耗完毕，一般情况下，他人对该注册商标权利的侵犯不会对商标注册人造成损害，无损害则无赔偿。综上，本抗辩适用于那些连续3年不使用的瑕疵注册商标。

近年来，“禁止权利滥用论”逐渐出现在司法实践中，特别是在“歌思力”案之后，各地法院适用得越来越频繁。在“歌思力”案中，最高人民法院在说理部分强调，任何违背法律目的和精神，以损害他人正当权益为目的，恶意取得并行使权利、扰乱市场正当竞争秩序的行为均属于权利滥用，其相关权利主张不应得到法律的保护和支持。[2] 湖南省长

---

〔1〕北京知识产权法院民事判决书，(2020)京73民终1506号。

〔2〕最高人民法院民事判决书，(2014)民提字第24号。

沙市岳麓区人民法院在“茶颜观色”案中论述道：法律应尊重诚信、独立经营而积累的正当商业利益，以维护正常的商标秩序和市场竞争秩序，有效促进品牌经济的良性发展。如果绝对地以在先商标注册人的利益为唯一的衡量因素，简单认定被告使用“茶颜悦色”商标标识的行为构成侵权，将会给连续、诚信使用特有名称和商标的经营者的正当权益及其积累的商誉造成不当损害，有违市场公平原则。本案原告广州洛旗餐饮公司并未善意、审慎行使自己的权利，主观恶意明显，违反诚实信用原则，构成权利滥用。〔1〕 在“CODENAMES”商标案中，杭州市中级人民法院认为，涉案商标的申请日期晚于“CODENAMES”桌面游戏首次公开发售时间，且该桌面游戏已在中国市场销售，国内消费者可以通过网络等方式购买或了解该桌面游戏。耿某旭存在接触“CODENAMES”标识的可能性，且不能就涉案商标标识的确切来源进行举证或说明，同时其在销售的产品上标注了 CGE 标识。对此亦无法作出合理解释，因此在纸牌类产品上注册、使用涉案“CODENAMES”商标的目的难谓正当。耿某旭将大量国外桌面游戏相关标识注册为商标，进而提起大量侵权诉讼，取得和行使商标权的方式有违诚实信用原则，属于滥用权利。〔2〕 在“ASSASSIN'S CREED 刺客”商标中，浙江省金华市中级人民法院直接引用了最高人民法院在“歌思力”案中的原文。〔3〕 “劳亚尔”案中，重庆市高级人民法院认为，重庆盛百利公司的商标权系在后非善意取得使用，不能据此对抗重庆久圣成公司、沈阳久圣成公司的注册商标专用权，其以系在核定商品范围内使用其注册商标的抗辩，违反诚实信

---

〔1〕 湖南省长沙市岳麓区人民法院民事判决书，(2019)湘0104民初14008号。

〔2〕 浙江省高级人民法院民事裁定书，(2021)浙民申5338号，杭州市中级人民法院民事判决书，(2021)浙01民终1374号。

〔3〕 浙江省金华市中级人民法院民事判决书，(2019)浙07民终2958号。

用原则，构成权利滥用。〔1〕除此之外，还有“菲利普”案〔2〕，“颐和果园”案〔3〕，“jiaoren 骄人”案〔4〕等。这些案件以原告或者被告注册、行使商标权利的行为违反诚实信用原则，构成权利滥用为由，驳回原告的诉讼请求或者依法追究被告的侵权责任。实际上，在“歌思力”案作出前，实定法上并没有关于禁止权利滥用的条文，相关条文规定在之后的《民法典》以及相关司法解释中，《民法典》第132条规定，民事主体不得滥用民事权利损害国家利益、社会公共利益或者他人合法权益。《最高人民法院关于适用〈中华人民共和国民法典〉总则编若干问题的解释》第3条进一步作了细化，规定行为人以损害国家利益、社会公共利益、他人合法权益为主要目的行使民事权利的，人民法院应当认定构成滥用民事权利，并列明滥用民事权利的法律后果：滥用行为不发生相应的法律效力，滥用民事权利造成损害的，依照《民法典》侵权责任编等有关规定处理。注册商标权作为民事权利的一种，当然可以适用《民法典》的相关法律规定，对相关滥用行为进行规制。

“权利保护范围解释论”并未明确体现在法律规定中，但它是司法者在判定商标侵权时，时刻都在做的事情。例如，在认定驰名商标时，需要依据商标使用的时间、范围、方式等确定商标的知名度。〔5〕在评价对注册商标的保护力度时，应当考虑请求保护注册商标的识别性和

---

〔1〕重庆市第一中级人民法院民事判决书，(2017)渝01民初843号，重庆市高级人民法院民事判决书，(2021)渝民终96号。

〔2〕浙江省宁波市中级人民法院民事判决书，(2017)浙02民终2164号。

〔3〕江苏省常州市中级人民法院民事判决书，(2021)苏04民初13号。

〔4〕参见刘义军、田芬：《以非善意取得的商标权起诉他人侵权构成权利滥用》，载微信公众号“知产北京”2022年5月30日，https://mp. weixin. qq. com/s/L8Y8 - rOWaQN UN9iUBZDbnA。

〔5〕《最高人民法院关于审理涉及驰名商标保护的民事纠纷案件应用法律若干问题的解释》第5条。

知名度。[1] 总体而言，识别程度越高、知名度越大，注册商标的排斥范围也就越大。人民法院在民事司法程序中，对识别性和知名度的判断就是在解释注册商标权利保护范围。例如，在“好多鱼”商标侵权案中，法院认为，好丽友公司在膨化土豆片上使用的“好多鱼”注册商标知名度较高，雨润公司在其鱼肉火腿肠上突出使用“好多鱼”文字，容易导致相关公众认为两种商品来自同一提供主体或者存在特定联系，从而对商品来源产生混淆或误认。[2] “雨洁”商标侵权案中，法院亦将识别性和知名度作为判断注册商标权利保护范围的考量因素，“原告企业及其产品的知名度较高的情况下，被告突出标注‘雨洁’文字或者拼音，容易造成普通消费者的混淆误认”。[3] 更进一步地，注册商标的权利保护范围并不能仅依据注册商标本身确定，还需要考察被诉侵权行为，只有当具体的行为确定时，才能结合注册商标知名度和显著性确定被诉侵权行为是否落入注册商标的保护范围。另外，注册商标识别性和知名度的动态变化特性，也让人民法院需要在具体的案件中根据举证情况作出适当的判断，当时对识别性和知名度的认定基础，并不一定与当下相同。例如，《最高人民法院关于审理涉及驰名商标保护的民事纠纷案件应用法律若干问题的解释》第7条第1款规定，被诉侵犯商标权或者不正当竞争行为发生前，曾被人民法院或者国务院工商行政管理部门认定驰名的商标，被告对该商标驰名的事实不持异议的，人民法院应当予以认定。被告提出异议的，原告仍应当对该商标驰名的事实负举证责任。该条中，被告之所以提出异议，是因为当初的驰名状

---

[1] 《最高人民法院关于审理商标民事纠纷案件适用法律若干问题的解释》第10条。

[2] 北京市高级人民法院民事判决书，(2015)高民(知)终字第4005号。

[3] 山东省潍坊市中级人民法院民事判决书，(2014)潍知初字第341号。

态不一定持续到侵权行为发生时,也体现了注册商标保护范围的动态变化性。因此,注册商标的权利保护范围,需要根据具体情况进行个案判断,注册商标本身存在瑕疵时,也可以将瑕疵范围排除出注册商标权利保护范围,实现瑕疵注册商标的民事司法治理。

二、治理进路未成体系

现有的瑕疵注册商标民事司法治理方案,较为分散且不够体系化,“禁止权利滥用论”和“权利保护范围解释论”实际上可以统领其他治理方案。其中,“权利滥用”具有两种法律效果,以瑕疵注册商标为原告的权利依据时不发生法律效力,以瑕疵注册商标侵犯了他人权利并造成损害的,应当承担侵权责任,前者为禁止权利滥用抗辩,后者为发起“侵权诉讼”,反诉“合理开支”的前提基础。“权利保护范围解释论”可以将“在先权利抗辩”“连续三年未使用抗辩”等包含在内,瑕疵注册商标含有的缺乏识别性的元素、具有功能性的部分以及侵犯他人权利的标识均属于不可注册的范围,不可注册即不可获权。使用是注册商标权利圆满的基本前提,不能把该瑕疵部分解释进注册商标权利保护范围。关于知识产权滥用的定义,学界就存在4种观点。[1] 有关权利保护范围解释论,仅集中于专利权利要求解释领域,尚未发现商标领域的完整论述。而且,“禁止权利滥用论”和“权利保护范围解释论”两者的关系以及如何选择适用也未厘清,以至

〔1〕 参见冯晓青:《知识产权行使的正当性考量:知识产权滥用及其规制研究》,载《知识产权》2022年第10期。第一种观点认为,知识产权滥用是知识产权人行使权利时超越了权利的界限,而构成损害他人利益和社会公共利益的不法行为。第二种观点认为,知识产权滥用是违背知识产权设定目的的不当行使知识产权的行为。第三种观点从违背知识产权制度的相关公共政策角度界定知识产权滥用行为的内涵。第四种观点主张对知识产权滥用作广义的理解,即不仅包括知识产权人不当行使自己的权利,还包括“行使”根本不存在的“知识产权”。

于治理瑕疵注册商标的民事司法“路漫漫”，困难重重，仍需“修远”“求索”。

本章小结

当前，我国法院在瑕疵注册商标的治理过程中，面临诸多问题。(1)商标注册是一种非典型的行政确认，商标行政审查机关和司法机关都有具体的分工，前者负责商标授权确权，后者除对前者的行为进行监督外还肩负着保护商标权利的职责。当商标注册或者维持商标注册存在瑕疵时，是否撤销或者无效宣告，需要由商标行政审查机关依照既定程序进行，人民法院不能直接撤销或者无效宣告某注册商标。现有法律规范并未明确人民法院在民事司法中对瑕疵注册商标的评价的法律路径，相反，通过行政程序解决注册商标争议的路径更为明确，导致法官在审理相关案件时，无法把握权力边界，进而导致瑕疵注册商标进行民事司法治理的空间被压缩。(2)《最高人民法院关于审理注册商标、企业名称与在先权利冲突的民事纠纷案件若干问题的规定》并未解决注册商标之间的冲突问题，反而放弃了该类瑕疵注册商标管辖权。《最高人民法院关于当前经济形势下知识产权审判服务大局若干问题的意见》中明确指出因超过《商标法》规定的争议期限而不可撤销的，在先权利人仍可在诉讼时效期间内对其提起侵权的民事诉讼，但人民法院不再判决承担停止使用该注册商标的民事责任。该项意见将商标注册和使用联系起来，认为当商标注册本身不可因《商标法》本身被无效时，当然是可以使用的，即使这种使用侵犯了他人的合法权利，相当于以合法的注册形式规避了“停止侵权”民事责任的承担。这些司法政策均体现了人民法院对商标注册效力的保守态度，也直接影响了法官的司法能动性。(3)“禁止权利滥用论”和“权利保护范围解释论”实际上可以统领其他治理方案。其中,“权利滥用”具有两种法律效果,以瑕疵注册商标为原告的权利依据时不发生法律效力,以瑕疵注册商标侵犯了他人权利并造成损害的,应当承担侵权责任,前者为禁止权利滥用抗辩,后者为发起“侵权诉讼”、反诉“合理开支”的前提基础。“权利保护范围解释论”可以将“在先权利抗辩”“连续三年未使用抗辩”等包含在内,瑕疵注册商标含有的缺乏识别性的元素、具有功能性的部分以及侵犯他人权利的标识均属于不可注册的范围,不可注册即不可获权。关于知识产权滥用的定义,学界就存在多种观点。有关权利保护范围解释论,仅集中于专利权利要求解释领域,尚未发现商标领域的完整论述。而且,“禁止权利滥用论”和“权利保护范围解释论”两者的关系以及如何选择适用也未厘清,治理进路不够体系化。

第五章 瑕疵注册商标民事司法治理的域外经验

第一节 美国瑕疵注册商标民事司法治理的考察

一、美国的商标注册制度

1946年制定的《兰哈姆法》是美国现行的商标法律。该法规定申请注册的商标应当是“实际使用”的商标或者是“意图使用”的商标。两类商标在注册时均需向专利商标局局长提交宣誓书，不同的是，前者宣誓商标已经真实使用，后者宣誓有真诚的意图在商业中使用该商标。与已经实际使用的商标注册不同，“意图使用”商标只能获得准许通知书，商标申请人必须在6个月内对商标进行使用，然后再次提交宣誓书，说明该商标已经在商业中进行使用，然后才能获得商标注册证。[1] 就美国而言,使用才是产生商标权利的基础,注册并不创设权利,只是一种权利宣示、事实确认。

与其他采商标注册制国家一样,《兰哈姆法》对申请注册的标识以及申请意图提出了诸多要求。[2] 包括:(1)识别性:能将申请人的商品区别于他人商品的商标。(2)合法性:不得包含不道德欺骗或诽谤性内容;或含有对生者或死者机构信仰或者象征有贬损或引起错误联想的内容;或包含使之蒙受鄙视或破坏其名誉的内容;或包含美国或其州市或外国的旗帜、盾形纹章或其他徽章,以及对上述的模仿;或包含与特定在世人物相同的姓名、肖像或签名,经其本人书面同意的除外,或者,在已故美国总统的遗孀尚健在时,使用已故美国总统的姓名、签字或肖像。(3)非冲突性:不得包含与已在专利商标局注册的商标,或他人在美国在先使用且尚未放弃的商标或商号相似的商标,以致其使用在申请人的商品上或与之相关时易于造成混淆或误认或欺骗;除非专利商标局局长认为在使用方式、使用地域、使用商品的条件和限制下,两人以上对相同或近似商标的连续使用不会造成混淆、误认或欺骗,这些人将获得并存注册,或者商标所有人同意授予申请人并存注册,或者法院终审决定两人以上均有权在商业中使用相同或近似的商标,专利商标局局长将准予并存注册。若任何人确信一个商标在主注册簿上的注册会使其受到损害,就可以提出异议。(4)非功能性:由整体具有功能性的事物构成的标志不能注册为商标。(5)注册不得以欺骗性手段获得。只要有商标注册制度的地方就有瑕疵注册。即便美国设定了“实际使用”“意图使用”的前提,还设置了宣誓制度,但这只能在一定

---

〔1〕《兰哈姆法》第1051条。
〔2〕《兰哈姆法》第1052条。

程度上解决囤积商标、恶意抢注、采用欺骗性手段注册等问题，对标识本身的识别性、合法性、非冲突性、非功能性等问题依然无法避免。以合法性为例，在 *Manhattan Medicine Co. v. Wood* 案中，由于被告使用了与原告生产的具有一定市场知名度的医疗检测产品几乎完全一样的外观包装，所以原告请求法院禁止此种商标模仿行为。然而，最终法院拒绝了商标权人的救济请求，理由是原告的商标信息中包含了“马萨诸塞州乔治敦市制造”的虚假字样，Manhattan Medicine Co. 实际是位于纽约市的一家公司，这种做法引起了消费者混淆，其本身便是一种欺诈公众之行为。[1]

对于未使用之注册商标，《兰哈姆法》规定，如果注册商标发生下列任一情况，商标应被视为“放弃”。[2] (1)商标的使用停止时有不再重新使用的意图。不再重新使用的意图可以根据情况推断出来。连续3年不使用应为放弃的表面成立之证据。一个商标的“使用”是指在日常商业活动中对该商标的真诚使用，而不仅仅是为保留一个商标的权利。(2)商标所有人的任何行为，包括不作为和作为，导致商标成为其使用的商品或服务或与之相关的商品或服务的通用名称，或者导致其失去其他作为商标的显著性。购买者动机不得作为判断本款所述放弃的检验标准。简单地讲，如果注册商标无正当理由连续3年未使用，或者丧失识别性，就视为商标注册人放弃了该注册商标。但该放弃需要在具体的案件中进行认定，未经法定程序，该连续多年未使用的商标或

[1] *Manhattan Medicine Co. v. Wood*, THE US SUPSURE COURTCOUR(1883).

[2] 《兰哈姆法》第1127条规定，发生下列任一情况下，商标应被视为“放弃”：(1)商标的使用停止时有不再重新使用的意图。不再重新使用的意图可根据情况推断出来。连续3年不使用应为放弃的表面成立之证据。一个商标的“使用”是指在日常商业活动中对该商标的真诚使用，而不仅仅是为保留一个商标的权利……

者缺乏识别性的商标依然注册于登记簿，形成瑕疵注册商标。

《兰哈姆法》虽然规定了在某些条件下使用商标的不容置疑的权利，即如果自注册之日起该注册商标在其指定的商品或服务或其相关方面已连续使用5年，并且仍在商业中使用，则该注册人对该注册商标在商业中的使用权不容置疑。但若注册商标存在丧失识别性、具有功能性或者已被放弃，或者以欺骗性手段获得注册等情形，依然不受5年之限制，可以被提出撤销申请。因此在实践中，存在表面上不容置疑，但实际上存在可撤销瑕疵的注册商标。

二、美国瑕疵注册商标民事司法治理制度

使用是英美法系各国获得商标权利的传统，后来为了融入世界潮流，英美法系各国纷纷建立了各具特色的商标注册制。美国《兰哈姆法》即使在联邦范围内建立了注册制度，但仍将使用放在首要位置，注册并不产生一项新的权利，而是对已经在商业中使用或者意图使用的商标归属的确认。[1] 因此在处理瑕疵注册商标时，美国商标制度具有无可比拟的优势。《兰哈姆法》第1115条规定，主注册簿上的商标注册，可以作为证据使用，并且是该注册商标和商标注册有效性的表面成立之证据，是注册人对该商标所有权有效性的表面成立之证据，也是该注册人在商业中按照注册的条件和限制在指定的商品或服务上或其相关方面使用该注册商标专用权有效性的表面成立之证据，但不得阻碍他人证实法律上或衡平法上的辩护理由或缺陷的存在。比如：(1)该商标的注册或不容置疑的使用权是以欺骗方式取得的；(2)该商标已被注册人放弃；(3)该注册商标正由注册人或注册人的共同利益人使用，或经注册人或注册人的共同利益人同意而使用，导致对使用该商标

〔1〕 参见李明德：《美国知识产权法》(第2版)，法律出版社2014年版，第508页。

或与其相关的商品或服务的来源的误认;(4)被指控为侵权的名称术语或图形的使用,并不是作为商标的使用,而是对当事人自己商业的个人名称的使用,或者对当事人共同利益人的个人名称的使用,或者对具有描述性且公正善意地描述了当事人的商品或服务或其产源的术语或图形的使用;(5)由一方当事人使用的被指控为侵权的商标是在不知道注册人在先使用的情况下使用的,并且在相应日期之前,一直被当事人或其共同利益人连续使用;(6)其使用被指控为侵权的商标是在注册人的注册商标依本法注册之前注册和使用的,且并未放弃,但条件是这种辩护或缺陷仅适用于注册人的商标在注册或公告之前已使用的区域;(7)商标的使用已经或正在违反美国的《反托拉斯法》;(8)商标具有功能性;(9)根据衡平法的原则,包括延误、不得反悔和默认,可以适用。[1] 更进一步,在民事司法案件中,除了可以以注册商标的相关瑕疵作为抗辩理由,法院也可以依据《兰哈姆法》第1119条的规定,确定注册的权利,命令撤销整个或部分商标的注册,恢复已撤销的注册,以及对注册簿上诉讼当事人的注册进行其他修改。为了使法院的裁判与美国专利商标局的注册相协调,该条还规定法院应将经证明的裁定或命令送达专利商标局局长;专利商标局局长应在专利商标局的文件上作相应的记录;裁定和命令受法院控制。分析《兰哈姆法》的抗辩理由,以及商标注册的条件,可以发现抗辩理由几乎包含了所有注册商标的瑕疵缺陷,甚至可以基于这些缺陷直接撤销商标注册,从根本上实现对瑕疵注册商标的治理。

以"Stealth"商标侵权案为例,原告Central Manufacturing, Inc.在"棒球"商品上注册了"Stealth"商标,被告Brett Brothers Sports是棒球

---

〔1〕《兰哈姆法》第1115条。

棒的制造商，因其在棒球棒上使用了“Stealth”商标，被原告以侵犯商标权为由诉至法院，在庭审中，被告总共提出了13项积极抗辩，其中包括：(1)因登记无效或无效而无法执行；(2)因未以与原告业务有关的方式使用商标而放弃；(3)因被告在原告之前使用商标而不侵权。[1]具体来说，尽管“Stealth”商标在联邦进行了登记，但原告不能提供在被告首次使用该商标之前，原告已经在相关商品上真实地使用了该注册商标；而且，原告长期未使用“Stealth”商标的行为应被视为对商标的放弃，同时因为原告未对“Stealth”商标进行使用也不会导致混淆、误认。特别的是，在本案被告没有援引“法院和专利商标局均有权撤销商标”条款的情况下，法院直接撤销了“Stealth”商标注册，并对原告的主张不予支持。[2] 从该案可以看出，美国商标注册仅提供了商标权利的初步证据，可以被有力的证据反驳，在主张商标侵权时，需要提供关于该注册商标被充分使用的证据，否则就不能基于注册商标主张权利。而且，《兰哈姆法》赋予了法院审查注册商标效力的权力，法院可以在民事司法程序中一揽子解决商标争议，使之不可能面临商标注册制存在的职权分开问题，瑕疵注册商标即使存在，也能予以及时、高效的纠正。这些优势和美国商标法律的发展历史、商标权利的产生逻辑密不可分。

三、美国瑕疵注册商标民事司法治理的逻辑分析

“美国法的基础是英国的普通法”，[3]在关于商标保护的早期案

---

〔1〕 *Defendants' Answer and Affirmative Defenses to Plaintiff's Amended Complaint*, 2004 WL 2817117 (N. D. Ill. ,Sep. 2,2004).

〔2〕 *Central Manufacturing Inc. v. Brett*,2005 WL 2445898 *1,1 (N. D. Ill. Sept. 30,2005) aff'd,492 F. 3d 876,880 (7th Cir. 2007).

〔3〕 [美]伯纳德·施瓦茨：《美国法律史》，王军等译，中国政法大学出版社1989年版，第8页。

件中，美国法院适用与英国相同的制止欺诈原则。[1] 关于商标的理解逐渐从行为规制模式转向权利保护模式，在他们看来，“标识本身不存在任何绝对的权利，只有在该标识贴附在特定商品上并成为识别商品的特色和质量时，才可以被称为商标”。[2] “只有当该种使用与特定物联系起来并作为指示特定物中的个人权利时，法律才会制止他人的使用。”[3]传统普通法上的财产权取得原则被适用于商标领域，最终确立了以使用为原则的商标取得制度。[4] 自美国建立商标注册制度以来，注册从来都不是商标权利的来源，而仅是作为一种辅助机制，制定法并不能产生商标权利。因此，美国商标法律诞生时，要求申请注册的商标必须是已经实际使用的商标，其后为了迎合国际趋势、便利注册，《兰哈姆法》增加了“意图使用”规定，申请注册的商标不再要求已经使用，只要商标申请人在未来一段时间将商标投入使用即可。另外，美国以在先使用原则确定商标的归属，依据使用来维持商标的权利，注而不用或者不真实、规范地使用都可能被视为放弃权利。在发生在先使用商标与在后注册商标冲突时，以保护先使用商标为原则，例如，在 *WATEC CO. ,LTD. v. Watec Company America* 案中，日本华特克公司(WATEC CO. ,LTD.)在 1990 年开始将产品销往美国，美国华特克公司(Watec Company America)作为日本华特克公司在美国的代理商对外活动，后来美国华特克公司注册了“WATEC”和“WAT”商标，之后，日本华特克公司与美国华特克公司解除了控股关系，美国华特克公司继续在美国

---

〔1〕 参见朱冬：《财产话语与商标法的演进——普通法系商标财产化的历史考察》，知识产权出版社 2017 年版，第 35 页。

〔2〕 *Rowley v. Houghton*, 2 Brewst. 303, 309(C. P. Phila. 1868).

〔3〕 *Ferguson v. Davol Mills*, 2 Brewst. 314, 318(C. P. Phila. 1868).

〔4〕 参见朱冬：《财产话语与商标法的演进——普通法系商标财产化的历史考察》，知识产权出版社 2017 年版，第 87 页。

使用“WATEC”和“WAT”商标对外销售日本华特克公司的产品,2000年3月,日本华特克公司正式向美国联邦法院提起诉讼,指控美国华特克公司商标侵权,美国华特克公司则反诉日本华特克公司侵害了其合法注册的商标“WATEC”和“WAT”。按照普通法的规定,日本华特克公司在1992年以前已经拥有了“WATEC”和“WAT”的商标权。美国华特克公司在1992年和1993年注册“WATEC”和“WAT”两个商标时便侵害了日本华特克公司的商标权。法院认定,美国华特克公司注册的“WATEC”和“WAT”两个商标无效,日本华特克公司为“WATEC”和“WAT”两个商标的权利人。如此一来,美国华特克公司在未经日本华特克公司同意下继续使用“WATEC”和“WAT”两个商标就有了侵权之嫌。[1] 可见,美国商标法律自始至终都将使用放在重要地位,而对于商标使用、保护的问题从一开始就是法院的职责,注册作为权利的初步证据并不能妨碍法院对商标的相关问题行使管辖权。

美国作为典型的案例法国家,通过案例不断建立、发展规则,在商标制度建立以前,在制定法层面上并没有对标识本身的要求作系统性的梳理,但在具体案件中都会对是否给具体商标予以适当保护进行判断,这是法院本身就在做的工作。在商标注册制度建立以后,《兰哈姆法》将所有不应注册、不得作为商标使用的情形都进行了详尽的罗列,制度中的宣誓环节也可以对采用不诚信手段取得商标注册进行威慑。商标集中注册之后,就需要有集中的管理机关,美国专利商标局就承担了商标注册等相关工作,并就相关商标争议建立了完整的复审机制,专门处理商标注册、维持、撤销等工作。专利商标局仅在注册秩序层面处

---

〔1〕 *WATEC CO., LTD., v. Chia C. LIU, Watec Company America*, Genwac Inc. (403 F.3d 645).转引自张法连:《美国处理商标注册与在先权利的冲突问题探究　评析日本华特克公司诉刘氏及美国华特克公司案》,载《法律适用》2009年第7期。

理有关事项，并未改变使用产生商标权的本质，不能因为注册这一商标管理的辅助手段就剥夺了法院对商标问题的管辖权，对商标权利的确认、保护本就属于法院的职权范围。

在此基础上，《兰哈姆法》除规定当事人可以在民事司法个案中就注册商标的瑕疵进行抗辩外，还可以从对世的角度申请撤销注册或要求宣告某个商标无效。法院一改往日的被动地位，在法院基于现有的证据足以认为原告的注册商标存在瑕疵时，即使被告不主动援引《兰哈姆法》第 1119 条，也可以主动撤销商标注册。[1] 这无疑是对以囤积、抢注等不正当目的的商标注册人的强力威慑，毕竟除承担败诉风险外，商标也可能被撤销，还可能承担对方因此支出的律师费用，得不偿失。有观点认为，法院该参与商标秩序治理的行为，促进了构成商标法基础的每个部分：保护生产者，保护消费者免于混淆，以及促进公平竞争。[2] 另外，管辖法院众多，为了避免法院的判定结果与美国专利商标局的有关认定发生冲突，美国还专门建立了沟通机制，避免了“多头管辖”引起的秩序混乱问题。更进一步地，法院将商标无效的裁判结果通知给美国专利商标局，该局根据裁判内容更新商标注册簿，将相关商标资源释放至公共空间，避免了商标囤积，让商标资源发挥应有价值。当囤积难以变现、抢注不可牟利时，大部分瑕疵注册商标就可以被过滤掉。美国商标制度下商标权利产生、保护的逻辑，注定不会面临像我国如此严峻的瑕疵注册商标民事司法治理问题。

---

〔1〕 *Central Manufacturing Inc v. Brett*, 2005 WL 2445898, * 1, 13 (N. D. Ill. Sept. 30, 2005) aff'd, 492 F. 3d 876, 880 (7th Cir. 2007).

〔2〕 Anna B. Folgers, *The Seventh Circuit's Approach to Deterring the Trademark Troll: Say Goodbye to Your Registration and Pay the Costs of Litigation*, 3 Seventh Circuit Rev. 452 (2007).

第二节　德国瑕疵注册商标民事司法治理的考察

一、德国的商标注册制度

德国是较早建立商标制度的国家之一,《商标与其他标识保护法》是德国现行的商标法律。该法的适用范围除商标外,还包括商业标志、地理来源标志。在德国,商标权利可以通过3种方式产生:(1)标志在专利商标局设立的注册簿上作为商标注册;(2)通过在商业过程中使用,标志在相关商业圈内获得作为商标的第二含义;(3)已成为《保护工业产权巴黎公约》第6条之二意义上的驰名商标。故就德国而言,使用和注册都是产生商标权利的基础。多个权利产生轨道,注定会产生较多的商标权利冲突,比如,未注册商标与注册商标之间,驰名商标与注册商标之间,未注册商标与驰名商标之间,注册商标之间,未注册商标之间,驰名商标之间。为了避免各种商标权之间产生冲突,《商标与其他标识保护法》专门规定了冲突解决规则——保护在先权利。以注册商标与未注册商标之间的冲突为例,如果注册商标的申请日期早于未注册商标首次投入商业使用日期,注册商标就属于在先权利,有权对抗在后未注册商标;如果注册商标申请日晚于未注册商标首次使用日期,未注册商标就是在先权利,可以质疑注册商标,注册商标可被撤销、无效。

只要采取了商标注册制度,商标法律必然会对可注册的商标提出相应要求。《商标与其他标识保护法》规定,申请注册的商标应当具备:(1)识别性[1]。任何能够将一企业的商品或服务与其他企业的商

---

〔1〕《商标与其他标识保护法》第3条规定,(1)任何能够将一企业的商品或服务与其他企业的商品或服务区别开来的标志,可以作为商标获得保护,尤其是文字(包括人名)、图样、字母、数字声音标志、三维图形(包括商品或其包装的形状)以及其他包装(包括色彩或色彩的组合)……

品服务区别开来的标志，都可以作为商标获得保护，尤其是文字（包括人名）图样、字母、数字声音标志、三维图形（包括商品或其包装的形状）以及其他包装（包括色彩或色彩的组合）。（2）非功能性[1]。由于商品本身的性质决定的；或者为获取一种技术效果所必需的；或者为商品提供了实质的价值。（3）合法性[2]。包括具有欺骗公众性，尤其是关于商品或服务的性质、质量或地理来源的商标；违背公共政策和普遍接受的道德原则的商标；含有政府的徽章、旗帜或其他徽记，或含有地区、社团或国内其他公共团体的徽章的商标；根据联邦法律公报上发布的联邦司法部的通告，包括官方标志和检验印记在内的表明控制和保证的商标，包含国际政府间组织的徽章旗帜或其他标志、印章或标记的商标；或者根据有关公共利益的其他规定，明令禁止使用的商标。（4）非冲突性[3]。如果该商标和一个在先申请的或已注册的商标相同，并且该商标注册的商品或服务与已申请的或已注册的在先商标的商品或服务相同；如果该商标与在先申请的或注册的商标相同或近似，并且该商标使用的商品或服务与在先申请或注册商标核定的商品式服务相同或类似，在相关公众中存在混淆的可能，包括与其他商标产生联系的可能；或者如果该商标与在先申请或已注册的商标相同或近似，并且所注册的商品或服务与已申请或已注册的在先商标所使用的商品或服务不类似，而在先商标在德国境内拥有声誉，并且没有正当理由使用该注册商标将不公正地利用或损害该商标的显著性或声誉。以商标所有人的

---

〔1〕《商标与其他标识保护法》第3条规定，……（2）仅由下列形状组成的标志不能作为商标保护：1. 由于商品本身的性质决定的；2. 为获取一种技术效果所必需的；或者3. 为商品提供了实质的价值。

〔2〕《商标与其他标识保护法》第8条。

〔3〕《商标与其他标识保护法》第9、11、12、13条。

代理人或代表人的名义注册商标，而没有该所有人的授权的；商标注册人以外的其他人，在注册商标的在先权日之前，已获得商标权、商业标志权等权利并且该权利人有权禁止在德国领土范围内使用该注册商标；上述情形下的商标因具有冲突性，相关权利人可以注销该商标的注册。(5)非恶意性〔1〕。如果申请人提起商标申请时有恶意行为，其他人可以基于无效而申请注销该注册商标。与美国《兰哈姆法》相比，德国《商标与其他标识保护法》提供的多渠道获权方式增加了注册瑕疵出现的可能性，毕竟只要投入很小的成本即可博弈较大的"利益"。囤积、抢注商标的现象必然也会在德国出现。经注册取得的商标权利，其识别性、非功能性、合法性、非冲突性以及注册目的的非恶意性瑕疵均是德国法律需要解决的问题。特别是1995年生效的《商标与其他标识保护法》将"商标恶意申请"作为商标无效的理由之一，类似于中国《商标法》第44条第1款将"以欺骗手段或者其他不正当手段取得注册的"作为无效宣告的理由。随着国内相关瑕疵注册情况的治理需要，以及受到《欧共体商标指令》的影响，《商标与其他标识保护法》在第8条第2款"绝对理由"中增加了"恶意申请的商标"。中国《商标法》也有类似动作，在2019年修订《商标法》时，在第4条中增加了"不以使用为目的的恶意商标注册申请，应当予以驳回"的规定。此举有利于将不正当的商标申请扼杀在萌芽阶段，减少由此引发的商标无效宣告和诉讼，以达到节约行政资源和司法资源、保障法律稳定的目的。〔2〕

即使德国商标法律采用了注册商标制度，但对于使用依然提出了

---

〔1〕《商标与其他标识保护法》第8、37条。

〔2〕参见王莲峰：《规制商标恶意注册的法律适用问题研究》，载《中州学刊》2020年第1期。

较高要求，注册商标未依法使用的，其权利将受到限制，也可能被撤销注册。《商标与其他标识保护法》规定，如果在请求提出之前5年内，注册商标所有权人没有将注册商标用于作为赖以提出这些请求理由的商品或服务上，只要该商标在此日期前已至少注册5年，则注册商标所有权人即无权对第三方提出任何禁令、赔偿、告知、销毁等请求。如果前述注册商标请求权系通过起诉提出的，作为对被告异议的回应，原告应证明该商标在提起诉讼前的5年内，已经真实地将注册商标使用在其请求基础的商品或服务上，只要在此日该商标已经至少注册了5年。[1] 德国商标法律给予注册商标5年的“窗口期”，在窗口期内，商标注册人享有期限利益；但是，注册时间一旦经过5年，如果注册商标仍未真实地投入商业使用，就将全方位地限制注册商标权利。另外，如果在某商标注册之日起的连续5年内，该商标没有规范投入使用，则应当应请求撤销该商标的注册。但是，如果在5年期限届满与注销请求的提交的间隔期内，商标已经开始或重新开始使用，任何人都不可以主张撤销该商标的所有权。[2] 可见，该项规定以撤销为辅，以激活为主，如果注册商标在他人提出注销申请之前进行了使用，则仍然可以“抢救”该注册商标。但是，该规定反对那些“突击”使用行为，如果准备使用或重新开始使用只发生在商标所有人知道可以提起注销请求之后，或者在连续5年不使用的期限届满之后、注销请求提起之前的3个月期间内开始使用或重新开始使用，那么，使用行为并不生效。注册获权制度下，注册商标是否进行使用是一个很难监管的事情，比如，在没有商标注册人提供使用证据的情况下，商标注册管理机构就无法准确、

〔1〕《商标与其他标识保护法》第43条。

〔2〕《商标与其他标识保护法》第49条。

全面地知晓某个注册商标是否使用或者使用时间、使用程度等信息，只能通过有"撤销"需要的市场主体对注册商标的使用情况提出疑问，然后通过商标注册人提供的证据情况，才能有一个较为完整地把握，可见，发现一个连续多年未使用的注册商标是较为困难的。基于其注册外观，该注册商标被推定享有相应请求权利，纵使其存在未使用的瑕疵，只要未被提出异议，它依然注册在商标登记簿中，属于瑕疵注册商标。

此外，《商标与其他标识保护法》还建立了"权利丧失"规则，相比于传统的"不可争议条款"，该规则内容更加丰富。首先，对于在后注册商标，如果商标和商业标志所有人在明知的情况下，默许一个在后注册商标连续5年使用，则该所有人无权禁止该在后注册商标在其注册的商品和服务上的使用，除非在后商标申请为恶意申请；其次，对于在后未注册商标，如果商标或商业标志所有人在明知的情况下默许一个在后的未注册商标或其他在后权利连续5年使用，则该所有人无权禁止这些权利的行使，除非在获得该权利时，权利所有人是出于恶意；最后，为了避免在后的商标权利干扰在先权利行使，该规则还明确在后的所有权人无权禁止该在先权利的行使。[1] 与其说是权利丧失，倒不如说权利共存更加恰当，如果在先权利人怠于行使其权利，不对在后商标使用人将商标注册或者投入商业使用的行为进行制止，相当于对在后主体行为的默认，两个原本冲突的商标将共存于市场之中。不过，权利丧失规则只对在后的善意人提供"优待"，对基于恶意提出的商标注册申请或者投入商业使用，还应受到在先权利的约束，不得与在先权利相冲突。

---

〔1〕《商标与其他标识保护法》第21条。

二、德国瑕疵注册商标民事司法治理制度

使用、注册均为德国商标权利的来源。使用产生的商标权因为需要得到法院的检验，所以该类商标权几乎不存在权利瑕疵。对于注册，德国商标法律并未明确提出任何使用或者意图使用的要求，只要符合相关注册条件，即可获准，然后产生商标权。在德国，未使用或者存在其他瑕疵的注册商标虽然表面上仍享有商标权利，但无论是在商标争议程序还是民事司法程序，相关部门都有权对注册商标的可注册性进行审查。例如，在商标注册后的异议阶段，如果一个在先注册商标的所有人对在后注册商标提出了异议，并且在后注册一方对该在先注册商标的使用提出疑问，同时在先商标已经注册不少于5年，在先注册人应当以初步证据证明，在被异议商标注册公告之前的5年内在先注册的商标已经投入使用，否则就不能阻碍在后的商标注册。[1] 在该程序中，专利商标局有权对在先注册商标的使用状态进行实质性审查，然后作出相应结论。如果在先注册商标不能使在后商标注销，根据《商标与其他标识保护法》第22条的规定，在先注册商标就无权禁止该在后注册的商标在其注册的商品或服务上的使用。[2] 德国商标法将商标争议程序与商标民事司法程序联动起来，在商标争议中不被支持的请求，在民事案件中同样也不会得到支持。相比之下，中国法院和国家知识产权局之间作出的裁判或者决定并无如此的"捆绑"关系，人民法院作出的民事判决不会直接影响国家知识产权局关于商标授权确权的争议决定，国家知识产权局的决定也不必然作为人民法院裁判的参考，各

---

〔1〕《商标与其他标识保护法》第25条。

〔2〕《商标与其他标识保护法》第22条规定，(1)当注销在后商标注册的请求被驳回或基于下列因素应被驳回，商标或商业标志所有人应无权禁止该在后注册的商标在其注册的商品或服务上的使用……

个审理程序之间实行的是个案审查。

在民事司法程序中,《商标与其他标识保护法》允许正当使用抗辩,具体地,该法第23条规定,商标或商业标志所有人无权禁止第三方在商业活动中使用“其名称或地址”“与该商标或商业标志相同或近似,但与商品或服务的特征或属性,尤其是与其种类、质量、用途、价值、地理来源或商品的生产日期或服务提供日有关的标志”;或者“必须用该商标或商业标志表示一个产品或服务的用途,尤其是作为附件或配件”,只要这种使用不与普遍接受的道德原则相冲突。该条款对被告使用的标识以及使用的行为均作出了规定,前者要求标志本身属于描述性使用,后者要求使用的方式不得超过善良风俗范围。不过,该条款并未将“不存在混淆可能性”纳入正当使用的判断中。相比于我国法院的实践观点,通常将“混淆可能性”作为正当使用的认定要件之一。例如,在“立邦涂料”案[1]和“维多利亚的秘密”案[2]中,法院除了判断被告使用被诉侵权标识是否会发挥识别来源的作用,是否存在以不正当方式搭载他人商誉,还会考虑被告的使用行为有无造成相关公众混淆的可能,这一点在“青花椒”案[3]和“金银花”案[4]中也有体现。相比之下,德国商标法中的正当使用条款给予相关公众更大的使用空间,使其更接近于对注册商标的识别性要求,当被告使用的标识并不符合商标注册的条件时,一般情况下,它将不会落入别的注册商标权利保护范围。

德国商标法律还允许在普通法院中提起商标注销诉讼,但注销事

---

〔1〕 安徽省高级人民法院民事判决书,(2015)皖民三终字第00074号。

〔2〕 上海市高级人民法院民事判决书,(2014)沪高民三(知)终字第104号。

〔3〕 四川省高级人民法院民事判决书,(2021)川知民终2152号。

〔4〕 江苏省高级人民法院的民事判决书,(2020)苏知终24号。

由不完全包括注册商标存在绝对无效事由，仅包括“商标注册之日起的连续5年内未使用”“注册商标丧失识别性”“商标可能对公众产生误导”“侵犯在先权利”4种情形。具体地，《商标与其他标识保护法》第55条规定，基于撤销或者由于在先权利提起注销请求的诉讼，应当针对注册的商标所有人或其权利继受者提出。对原告的资格要求，该条同样也作出了明确限制，仅包括基于撤销提起注销请求案件中的任何人以及在基于在先权利提起注销请求的案件中的在先权利人或者被代理人。特别是，在以在先注册商标权对在后注册商标提起的注销诉讼中，在后商标注册人质疑在先注册商标是否使用的，如果在先商标在此日已经注册了至少5年，在先商标注册人就应当证明，该在先注册商标在提起诉讼之前的5年内，已经投入使用，否则就可能对其注销请求不予支持。为了使商标注销诉讼与专利商标局之间的决定不至于发生冲突，德国商标法律规定，虽然申请人可以选择向德国专利商标局申请无效宣告或者直接向德国地方法院提起诉讼，但不得在已经提起行政程序或者已经获得行政决定后，再次基于相同事项向法院提起诉讼。[1]

三、德国瑕疵注册商标民事司法治理的逻辑分析

德国《商标与其他标识保护法》开创了注册商标权利行使上使用要求的立法先河，为了保护注册商标权其规定了严格的使用要求，使商标使用成为德国商标注册制度中的核心概念。[2] 虽然德国商标法规定了3种商标权利获取方式，但在以保护在先权利为冲突解决原则的

---

〔1〕 参见张立新：《德国商标法现代化述略(程序篇)》，载《中华商标》2021年第10期。

〔2〕 参见王芳：《我国注册商标权利行使上的使用要求之制度构建——以欧盟相关立法为鉴》，载《法学家》2015年第4期。

基础上，德国商标秩序并不如想象般混乱。首先，虽然注册可以取得商标权利，但使用是行使权利、维持注册的必要条件，特别是德国商标法律中并没有象征性使用、意图使用的规定，而是要求将商标真正使用于注册的商品或服务上。其次，连续5年未使用的注册商标，几乎失去了所有注册商标权利，既无法对外行使禁止权，也无权获得损害救济，就像猛虎失去了牙齿，无法对外发动攻击，这就可能使妄图囤积商标的人感受到无利可图，毕竟如果要实现滋扰或者转卖牟利的不正当目的，还需要将商标进行使用，而他们本身就缺乏使用目的，客观上对注册商标进行使用可能超出了他们可以负担的成本，从成本—效益的角度分析，他们可能已经没有了囤积的动机。与中国商标法律不同，对连续3年未使用的注册商标，仍保留了其禁止权利，商标注册人有权在民事司法程序中禁止被告继续使用某冲突标识，可以在商标确权授权程序中阻碍对方注册，在某些情况下，禁止使用比损害赔偿更能让当事人付出代价，以至于在中国，因为有利可图，囤积转卖注册商标屡禁不止。再次，有关注册商标的争议既可以申请专利商标局解决，也可以直接在民事司法程序中发起注销诉讼。其实，在德国商标法律领域，在治理瑕疵注册商标的问题上，法院从来都不会缺席，甚至一度成为相关争议解决的主场，曾经商标撤销程序只能在德国地方法院启动，后来赋予了当事人选择解决路径的权利。[1] 不过，可以从中看出，法院是有关商标争议解决的原初之地。这意味着，在民事司法程序中，当事人在抗辩之余，可以发动商标注销诉讼，一并化解争议，避免了冗长的循环诉讼。与德国不同，中国商标的确权授权争议统一归国家知识产权局处理，人民法

---

〔1〕 参见张立新：《德国商标法现代化述略（程序篇）》，载《中华商标》2021年第10期。

院并无相应职权。不过,德国法院可以受理的商标注册诉讼范围也受到局限,无法覆盖所有绝对无效理由,如某些违背公共政策和普遍接受的道德原则的商标。相比之下,美国法院所受理的商标无效诉讼并不区分注册商标的瑕疵类型,更加全面,不过,相应诉讼不能单独提起,必须基于其他争议,比如,甲方主张乙方侵权,乙方针对甲方的商标主张商标无效。又次,虽然德国法院和专利商标局之间的职权存在重叠,但德国商标法律良好的协调机制,对化解它们之间的观点冲突具有重要作用。比如,在先商标注册人对在后商标注册人的商标提出异议后,专利商标局认为异议不成立,驳回了其异议请求,在先商标注册人就不可以再次提起民事司法程序,主张在后商标注册人对其商标的使用构成侵权,禁止使用或索要赔偿。最后,德国法院还可以直接治理恶意注册商标。以“AKADEMIKS”不正当竞争案为例,原告于 1999 年在服装类别上向美国专利商标局申请注册了包括“AKADEMIKS”在内的商标,早在 2000 年春季,该商标经过原告的使用,在美国和欧洲范围内、在服装行业内具有较高的知名度。被告于 2000 年年底向德国专利商标局申请在服装等商品上注册“AKADEMIKS”商标,该商标于 2001 年 3 月获得注册。2003 年,被告一方向原告在欧洲的经销商发送了侵权通知。为了应对,原告遂以被告构成不正当竞争为由向法院提起诉讼,请求法院判决被告停止侵害并撤销被告抢注的“AKADEMIKS”商标。该案一审判决原告胜诉,二审驳回了原告的诉讼请求,后经德国联邦最高法院审理,认为虽然本案原告的“AKADEMIKS”商标并未在德国使用过,或者能够提供证据证明在德国已经具有一定的知名度。但是,被告作为同类服装经营者,应该知道原告在德国境外注册、使用了“AKADEMIKS”商标并具有较高知名度,原告的商品很有可能流入德国市场,在此基础上,被告仍申请注册“AKADEMIKS”商标并对原告发送警告函件，恶意明显，构成不正当竞争。[1] 可见，德国商标法律除对标识本身的可注册性有较高要求之外，还对申请注册的行为本身具有非恶意要求，其对瑕疵注册商标的治理依据、治理路径为其他国家治理类似问题提供了重要参考。

第三节　域外瑕疵注册商标民事司法治理的总结分析

一、美、德两国瑕疵注册商标民事司法治理路径的比较分析

美国、德国是商标制度领域的典型代表，前者以使用作为权利获得的基础，后者同时将使用与注册作为商标权利的来源。相同点在于，两国均建立了商标注册制度，均重视使用之于注册商标的意义。与纯粹的以使用取得商标权不同，注册除了是对商标提供保护或者权利存在的初步证据，还是对商标本身以及取得注册的方式的一种审查。经比较，两国均对商标提出了识别性、非功能性、非冲突性、合法性以及连续使用的要求，而且均要求在取得权利时不存在恶意。如此一来，注册商标的瑕疵就可能形成，因为商标注册审查制度是一种集约化制度，它审查的结果虽然代表了国家，但也只是少部分精英得到的结果，必然与经过市场检验的未注册商标不同，所以，商标注册审查未发现注册商标瑕疵，而准许其注册时，就诞生了瑕疵注册商标，这种瑕疵不可避免，只可能通过提升审查能力而尽量减少，更多的瑕疵注册商标还是会流入权利市场，即进入民事司法程序。

首先，对于连续多年未使用的注册商标，两国均建立了否定商标权

[1] 参见王莲峰：《规制商标恶意注册的法律适用问题研究》，载《中州学刊》2020年第1期。

利的规则。在美国,注册商标如果连续3年未使用或者变为通用名称,就认为商标注册人放弃了该注册商标,自然不能再行使相应权利。德国给予了注册商标5年的“窗口期”,在这5年内,如果注册商标未曾使用,除无法行使基于注册享有的停止侵害请求权、损害赔偿请求权等外,还可能因被告的主张,在民事司法程序中撤销该注册商标,于是,连续多年不使用的瑕疵注册治理问题得以解决。其次,对于标识本身合法性瑕疵问题,美、德两国都将该瑕疵作为注册商标的绝对无效理由。在商标侵权案件中,美国法院允许以原告的注册商标不具有合法性为由进行抗辩,进而证明原告行使商标权利不存在正当性,被告也可以请求法院撤销该注册商标,甚至,法院还可以在未经请求时,主动对该注册商标予以撤销。但是,德国并没有对所有的绝对无效理由提供注销诉讼的通道,须另行向专利商标局提起商标争议程序。相比于其他瑕疵类型,标识合法性问题在侵权诉讼中并不会直接引起两造冲突,将该问题留给专利商标局处理也无不妥之处。再次,对于侵害在先权利的瑕疵注册商标,两国将其作为相对无效理由,在征得在先权利人同意或者在先权利人在法定期间不对注册商标提出异议的,得以继续注册。在处理该冲突的问题上,两国均秉持着保护在先权利的精神。原则上在后的权利无权禁止在先权利的行使——在先权利抗辩,当注册商标的使用可能侵犯在先权利时,也可以通过法院诉讼程序,提起无效或者注销诉讼。特别是德国专利商标局对商标权利冲突的认定结果将直接影响在先注册商标权利的行使,一方以在先商标权对在后商标的注册提出异议,尔后被驳回的,在先商标权人就不可以禁止在后商标权人的使用行为,不能再诉请追究侵权责任。又次,对缺乏识别性、具备功能性的瑕疵注册商标,就两国而言,在侵权案件中均可以得到适当的处理。美国只是将联邦注册作为权利存在的初步证据,在被告提出异议的情况下，每一次权利的行使其实都需要审验商标的可注册性和可使用性，当发现注册商标缺乏识别性、具备功能性时，除非缺乏识别性的标识经过使用产生了第二含义，否则就应当对该注册商标不予保护。而德国从两方面对该类瑕疵注册商标进行规制。在商标侵权案件中，被告可以根据《商标与其他标识保护法》第23条之规定，主张正当使用抗辩，也可以基于《商标与其他标识保护法》第55条向普通法院提起注销诉讼，从根本上否定该注册商标的效力。最后，任何制度都有被滥用的可能，商标注册制度带来的便利性给予不怀好意之人投机的空间，其主观目的和客观行为的隐蔽性使这类问题难以被发现、被防范。美国独有的宣誓制度给予商标申请人足够的威慑，虚假陈述将使其受到严厉处罚；而且注册之后的商标要想发挥其权利的效力，必须将注册商标真实、持续地投入使用，否则注册无益、徒增成本，从该方面考虑，美国《兰哈姆法》的一系列规定降低了恶意注册商标的动机。德国不同，商标一旦注册就将获得实际的商标权利，即使存在未使用抗辩，但法律给予了其5年的窗口期，在此期间内，注册商标不得因未使用被撤销，也不得因未使用被限制商标权利，所以，在某些程度上“值得”投机者一试。为了对该类恶意注册行为进行打击，德国法院可以以该注册“阻碍竞争”为由，认定其构成不正当竞争，进而追究恶意注册人的侵权责任，并同时注销该恶意注册的瑕疵商标。

二、美、德两国的经验与我国方案

将美、德两国瑕疵注册商标的民事司法治理经验与我国商标法律相比较，可以发现美、德两国并不会遇到我国面临的职权分开问题，在美、德两国看来，商标虽经注册，但本质上仍是一项民事权利，法院当然有权处理有关民事权利的争议，包括权利的确认、归属以及保护问题。但在商标权利保护范围的解释方面，中国法院具有较为丰富的经验。

比如，在判定混淆可能性时，将不具有识别性或者具有功能性的部分排除，根据识别性是否显著以及知名度的高低确定注册商标的保护力度，特别是部分法院还尝试利用“被告使用的标识不可注册”—“不可注册就不受到商标法保护”—“被告使用的标识就不会落入注册商标权利范围的保护范围”这样的逻辑方式，[1]将不可注册的商标排除在注册商标的权利范围外，否则就无异于将注册商标权利不当地扩大到不可注册的部分。除了抗辩，还允许在先权利人或者利害关系人通过起诉的方式禁止瑕疵注册商标的使用。比如，驰名注册商标权利人、普通注册商标权之外的其他权利人，可以以在后的注册商标使用侵犯其权利为由，禁止其使用，但如果要使其无效，仍需要经过商标确权程序处理；另外，如果滥用商标权利给他人造成损失或者实施不正当竞争行为，受害人还可以追究滥用人的侵权责任。可见，在职权分开的框架下，中国法院也采取了多种手段治理瑕疵注册商标。与中国法院对商标注册制度性问题提供的解决方案相比，美、德两国的商标制度虽然具有一定优势，但也不可盲目借鉴。比如，美国是使用取得商标制国家，而中国是注册取得制国家，美国的经验应用至中国可能出现“水土不服”，如果全面允许商标无效抗辩，将显著地与行政权力发生冲突。德国“基于在后商标注册的法律效力产生的专用请求权”条款，将商标异议审查的效力直接延伸至民事侵权程序中，如果将其应用至中国，这无疑会使司法审查受到行政权力的限制，不利于人民法院独立行使审判权。但是，美、德两国的商标制度也不是完全不值得借鉴。例如，关于限制连续多年不使用商标的请求权利部分，美、德两国的商标法律完全限制或者否定了注册商标的全部请求权，“在中国语境下，对于本可因连续 3

[1] 福建省高级人民法院民事判决书，(2017)闽民终901号。

年不使用而撤销的注册商标，法律不仅应依侵权诉讼被告的抗辩剥夺注册者全部请求权，而且应合理限制其针对在后商标注册提起异议或者无效宣告申请的权利”。[1] 总体来讲，中国的法律制度和美、德两国具有差异，中国对职权分开较为重视，美、德两国的方案在解决瑕疵注册商标问题上具有优势，但如果完全借鉴虽然也可以解决该问题，但可能会引发一系列的其他问题，而且由此对法律制度的冲击可能更为严重，立法者、司法者、研究者还是应扎根中国实践，审慎地移植相关规则。

本章小结

根据我国的瑕疵注册商标情形，考察以美、德两国为代表的瑕疵注册商标民事司法治理经验。美国是典型的以使用为商标权利取得方式、以注册为权利初步证明的国家，对于未使用之注册商标，如果注册商标的使用停止并有不再重新使用的意图或者由于商标所有人的任何行为丧失识别性，则该注册商标就被视为“放弃”。注册是商标所有权有效性的表面成立之证据，也是该注册人在商业中按注册的条件和限制在指定的商品或服务上或其相关方面使用该注册商标专用权有效性的表面成立之证据，但不得阻碍他人证实法律上或衡平法上的辩护理由或缺陷的存在。这意味着针对注册商标的瑕疵事由，任何人均可以提出抗辩，甚至可以基于这些缺陷直接撤销商标注册，从根本上实现对瑕疵注册商标的治理。德国是较早建立商标制度的国家之一，即使德国商标法律采用了注册商标制度，但对于使用依然提出了较高要求，如

---

〔1〕 彭学龙：《论连续不使用之注册商标请求权限制》，载《法学评论》2018年第6期。

果注册商标未依法使用,其权利将受到完全限制,也可能被撤销注册。在民事司法程序中,亦允许正当使用抗辩,商标或商业标志所有人无权禁止第三方在商业活动中使用缺乏识别性的标识。对于侵害在先权利的瑕疵注册商标,秉持保护在先权利的精神。德国商标法律还允许在普通法院中提起商标注销诉讼,但注销事由不完全包括注册商标存在绝对无效事由,也不得在已经提起行政程序或者已经获得行政决定后,再次基于相同事项向法院提起诉讼。此外,对于美、德两国瑕疵注册商标的民事司法治理经验,我们需要审慎借鉴。

第六章 中国瑕疵注册商标民事司法治理的制度设计

第一节 中国瑕疵注册商标民事司法治理的基本点

一、注册商标经过解释才能确定权利范围

（一）商标注册的功能

商标一经注册，即享有相应的商标权利，受到法律保护。商标的注册范围在一定程度上影响着商标权利保护范围，商标的注册发挥着界定注册商标内容、公示权利内容、警告他人不得入侵的功能。

首先，商标注册中的界定功能，其实就是把商标申请人想要使用的具体标识固定下来，然后将标识核定使用在某些商品或服务上，从而形成一道“围墙”。具体地，在商标申请阶段，申请人向商标局提交记载有“标识”“商品或服务”的商标注册申请书，以期获得商标法律保护。商标局收到注册申

请后，根据商标法律对申请人的注册意向是否满足“可注册性”进行审核，并以此作为决定是否注册的基础。而且，商标注册后，还需要接受利害关系人的怀疑和社会的监督，国家知识产权局对相关怀疑或者监督进行回应的过程，也是再次对商标注册范围进行界定的过程。在相关侵权案件中，商标的注册界定着注册商标的内容，也进一步决定着商标专用权范围，如非经过商标注册人许可或者存在其他法定情形，任何人不得在同一种商品上使用与其注册商标相同的商标；同时，商标的注册范围也对商标权的排他范围产生影响，如在同一种商品上使用与其注册商标近似的商标，或者在类似商品上使用与其注册商标相同或者近似的商标，容易使相关公众发生混淆的，涉嫌侵犯商标权。此处的“相同”“近似”“同一种”“类似”均以商标注册的具体标识、具体商品或服务作为基准判断，界定着注册商标的内容。

其次，商标注册还具有向社会公众宣告特定商品或服务上的商标已被独占的功能。商标注册后，商标局会将商标的注册情况予以公告，经营者就可以根据公告情况知晓注册商标的专用权范围，并对商标权的排他范围有一定预期，从而在商业经营中主动对他人的注册商标进行避让，以免损失投资。同时，当利害关系人或者社会公众认为注册商标不满足商标注册条件时，还可以通过提出撤销或者无效宣告申请等方式对商标权的效力提出疑问。

最后，商标一经注册便享有商标权利，商标的权利范围由“注册”确定的专用权范围以及由“注册”作为基准的排他权利范围组成，前者的范围较为明晰且固定，是一个静态范围；后者与注册商标的显著性和使用情况相关，具有动态变化特征。他人未经商标注册人许可，在商品或服务上使用商标的行为，如果落入前述任一范围，即构成商标侵权。社会公众在进行商业经营时，可以将商标的注册作为是否要在某个商品或服务上使用某个商标是否会侵权的判断依据，当存在侵权可能性时，及时、主动地更改商标或者寻求商标注册人许可，从而规范自己的行为，避免侵权。因此，商标的注册具有警示他人不得侵犯商标权利的功能。

（二）商标注册的特点：保护范围的不确定性

商标作为一种无体物，它没有“形状”“尺寸”“边界”“大小”等特点以至于无法被触摸和感知，如果要予以保护，必须人为地创设一套规则对商标的范围予以界定，以使商标得到恰当的保护。人类的认识是存在局限的，在此基础上，语言的模糊性也是无法避免的，即使制定了法律，也不能对制度的完美性以及文字使用的准确性作出毫无争议的保证。客观上，对商标权利保护范围的准确判定也是很难的，有些问题至今仍存争议，例如，最高人民法院对涉“定牌加工”案件相关行为是否构成侵权的认识仍未统一。具体来说，商标权利保护范围一般由“商标标识”“核定商品或服务”两个定量以及“识别性”“知名度”“被告行为”三个变量确定。其中，商标保护范围的不确定性主要由变量造成。

1. 变量一：识别性

缺乏识别性的商标不能作为商标注册，自然也就不能获得商标法的保护，即使具有识别性，商标权利保护范围也会与识别性的强弱呈正相关变化。注册商标由“标识”“核定的商品或服务”组成，其中，“标识”可以根据其识别性属性分为三类：“绝对可识别类”“绝对不可识别类”“相对可识别类”。“绝对可识别类”也称固有显著性类，指商标标识无论在何种类别上均具有识别性，臆造词通常属于这一类；相反地，商标标识在任何类别上均不具有识别性的，如优良、好坏等描述词汇应归入“绝对不可识别类”，而商标标识仅对部分类别没有识别性，如“苹果”之于“水果”,但在其他类别上是可识别的,如“苹果”之于“手机”,属于“相对可识别类”。也可以根据“标识”的组成分为两类:“完整可识别类”和“部分可识别类”。比如,“苹果”的整个文字组成对于手机商品而言均具有识别性,但注册在手机商品上的“苹果手机”商标在判断商标保护范围时,应将注册商标中的“手机”文字剔除,因为“手机”标识使用在手机商品上毫无识别性。还可以根据“标识”识别性的强弱分为“强识别类”和“弱识别类”,以“青花椒”案为例,“青花椒系一种植物果实以及由此制成的调味料的名称……将‘青花椒’申请注册在第43类服务上,可以认为具有一定的显著性,能够起到区分服务来源的作用。但由于餐饮服务和菜品调料之间的天然联系,使服务商标标识和有青花椒字样的特色菜品在辨识上界限微妙、相互混同,极大地降低了其注册商标的显著性”。[1] 因此,注册在餐饮服务上的“青花椒”的识别性较弱,属于“弱识别类”注册商标。但如将“青花椒”指定注册在建筑服务上,标识与服务不存在任何联系,则该注册商标具有较强的识别性,属于“强识别类”注册商标。同时,“识别性”的有无或者强弱不是静态的,而是动态的,当缺乏识别性的商标经过长期使用,获得“第二含义”时,也可以作为商标注册;当然,当注册商标被泛化使用时也会使识别性减弱甚至丧失。“识别性”作为商标权利保护范围的变量之一判断就如此复杂,可见其保护范围的不确定性。

2. 变量二:知名度

商标保护范围的大小也和商标的知名度高低密切相关,知名度越高,保护范围就越大,而商标的知名度和商标的使用相关。客观上,商标使用的时间越久、投入越多,权利人对商标保护的需求就越强,随着

---

[1] 四川省高级人民法院民事判决书,(2021)川知民终2152号。

商标的使用,商标在市场中的知名度越高,相关公众发生混淆的可能性也就越大。商标知名度对保护范围的影响体现在商标的“近似”以及商品的“类似”判断两个方面。前者体现在“相关商标构成要素整体上不近似,但主张权利的商标的知名度远高于被诉侵权商标的,可以采取比较主要部分决定其近似与否”。[1] 后者体现在“原本存在弱联系的不同商品或服务,由于商标知名度而产生了强联系”,抑或“两类商品或者服务存在较强关联,由于商标知名度的影响导致关联度降低”。[2] 因此,商标的保护范围也会随着商标知名度的高低发生明显变化,而对知名度的判断需要建立在“使用证据”证明的事实以及相关的法律论证的基础之上,对于权利人抑或相关公众都难以提前确切地探知,这增加了商标保护范围的不确定性。

3. 变量三:被告行为

“识别性”“知名度”均是“混淆可能性”判断的基础,但这还是从注册商标本位的角度思考,商标排他权利范围还需要以具体的“被告行为”为参照。客观的世界是日新月异的,相关商业行为也层出不穷。我们虽然可以基于商标的注册范围较为准确地描述商标专用权范围,但是在形容商标排他权的范围或者界限在何处时,任何法律精英都会伤透脑筋,因为这本身就是不可完成的任务。只有在被告实施特定行为后,才能进行侵权比对,比如,判断商标近似性,商品类似度,以及被告行为是否属于正当使用。至此,可以作出是否落入商标保护范围的结论,但是仍不能对商标排他权利范围进行完整的形容。对权利范围

---

〔1〕《最高人民法院关于充分发挥知识产权审判职能作用推动社会主义文化大发展大繁荣和促进经济自主协调发展若干问题的意见》第19条。

〔2〕 陈明涛:《“商标使用”之体系建构与反思》,载《环球法律评论》2022年第3期。

的廓清，法律专家尚且困难，缺乏专门知识的权利人抑或相关公众更难以确定。

（三）商标注册范围是确定商标保护范围的基准

注册商标权由专用权及排他权组成，其中，专用权范围，即商标注册范围，是从权利人角度，告知权利人可以在哪些商品或服务上使用注册商标，作为专用权的反射效果，权利人也可以禁止他人在同一种商品或服务上使用注册商标。即便如此，排他权的范围和专用权范围一般情况下是不同的，这是“标识”的区分功能与生俱来的效果。“标识”作为一个静态的客观存在，区分功能的发挥有赖于人的思维逻辑，判断两个事物的相似和相同是人的基本能力，而为了不使相关公众发生混淆，商标法除需要给在“同一种”商品或服务上使用“相同”商标的行为予以规制外，还需要赋予商标注册人排除他人在“类似”商品或服务上使用“相同”或“近似”商标，或者在“同一种”商品或服务使用“近似”商标的权利。由此，排他权的范围应大于专用权的范围。于是可以得出结论，商标权利保护范围的大小取决于商标注册范围，但是两者并不等同。那么，注册商标的排他权范围即商标权利保护范围是如何确定的呢？

商标注册范围作为商标局审查确定的范围，未经撤销或者无效程宣告程序，它是固定不变的，具有对世的绝对效力。但是，商标权利保护范围则是以“被告行为”作为参照，并由人民法院或者商标行政部门确定的只在当事人之间产生效力的相对保护范围，这是由商标保护范围的不确定性造成的；这种仅具相对效力的后果就是，本案的商标权利保护范围不能当然适用于他案，他案商标权利的保护范围需要根据该案的“被告行为”以及证据情况进行重新判断。

商标注册其实仅为商标权利保护范围的判断，提供了“商标标识”

和“核定商品或服务”两个定量基准；而整体范围的划定，还需要综合考虑“识别性”“知名度”等客观情形后，以“被告行为”为参照分析混淆可能性。该论断有两层含义。第一，任何人不能脱离商标注册范围去讨论商标权利保护范围；商标注册范围是经注册人申请、商标局审查后确定的范围，具有界定注册范围、公示注册内容等效果，如果脱离商标注册范围确定商标权利保护范围将背离商标注册制度的初衷，也会造成权利人逃避商标注册审查制度而获得过大或者过小的保护范围。第二，商标权利保护范围是将注册商标与“被告行为”进行比较，然后按照商标法对商标注册范围进行解释后确定的范围，两者的范围可能相同也可能有差异；但无论如何，从范围性质上讲，前者是绝对范围，后者是相对范围，两者始终互相区别。

特别是商标注册范围与商标权利保护范围的差异是多样的，通常情形下，商标权利保护范围一般等于或者大于商标注册范围，但是在商标注册存在不可“注册”或“使用”的瑕疵时，可能会在商标注册范围的基础上，对权利保护范围予以限制，以阻止瑕疵注册商标权的不当行使。

（四）商标权利保护范围有赖于人民法院对商标注册范围的解释

任何法律，即使其再准确、完整，法官在适用时，依然需要进行解释。基于法律产生的权利在被保护时，亦应当进行解释。依据商标法律，商标经商标局注册后产生商标权利，人民法院作为司法机关，肩负着保护商标权利的责任，在商标权利保护范围具有不确定性特征的基础上，人民法院就必须对商标权利保护范围进行解释。《商标法》第57条对侵犯商标权利的行为进行了列举，其中第2项明确赋予人民法院对“混淆可能性”的裁判职权，“相似”“类似”的判断影响着商标权利的保护范围大小，也就意味着人民法院有权对商标权利保护范围进行解释。即便是第1项，多数学者也认为应当考虑“混淆可能性”，如在“定牌加工案”中，对在相同商品上使用相同商标的被诉侵权产品，如果其不会流入国内市场，就不会引起国内相关公众发生混淆，就不应判定为商标侵权，此时人民法院无疑对第1项以附加“混淆可能性”条件的方式进行了限缩解释。既然如此，是否就意味着商标注册范围对人民法院不具约束力？如前所述，商标权利保护范围的判断以注册范围为基准，人民法院仅有权在该基准上对权利保护范围进行解释，这恰恰也是行政—司法职权分开的具体体现。

二、商标权有效原则

从法律秩序安定性的角度考虑，商标注册行为应保持相对稳定，商标注册证书被作为证据提供给法院时，基于对“注册行为”的尊重，注册商标被推定有效。这种有效性体现在商标侵权案件审理的职权分工上：注册商标的撤销或者无效宣告应由行政机关负责，人民法院不可直接否定注册商标权利的有效性。于是，如果当事人在商标侵权案件中，主张注册商标无效或者应予撤销，一般不予审理。

所谓推定有效，就意味着商标权可被质疑，其根源在于商标审查的有限性。首先，人的认识是受客观限制的，对审查标准的理解也可能会因人而异，特别是在信息不对称的场合，审查人员无法知晓注册商标是否存在侵犯他人权利等情况，导致某些注册商标存在瑕疵或者应“注”而未“注”，所以注册商标权不是绝对的，仅是推定。其次，商标权的效力有对世和相对两个方面。前者指商标注册范围，后者指商标权利保护范围。对世表明商标注册范围对社会公众具有效力，非经法定程序，人民法院无权撤销或者无效宣告注册商标。相对讲求商标权利保护范围只有在“被告行为”作为参照的基础上，才能划定；而且，划定的范围只在本案当事人之间发生效力。于是，人民法院可以采用解释的方式对注册商标的“效力”进行分析，而这种分析并不会突破行政—司法职权分开的原则，因为它自始至终并未触及注册商标的对世效力。该方案对瑕疵注册商标治理效果明显，人民法院可以基于当事人的请求或者依照职权对注册商标的相对效力进行评价，从而限制商标权利的保护范围，限制的力度与瑕疵的范围相关，瑕疵越大，限制越大，当注册商标存在不可被“使用”“注册”的事由时，限制最大，可以直接将商标权利保护范围解释为“零”，即否定注册商标的相对效力，驳回注册人的侵权请求。当然，禁止权利滥用原则也可以提供论据支撑，此处的权利滥用行为，并非直接指向注册商标权利的行使行为，而是一种制度滥用，即商标注册人不正当地利用商标注册制度，获取商标权利，而“任何人不能因违法行为而获利”，作为“毒树之果”的瑕疵注册商标权当然不得行使。

日本和我国同样采取行政—司法职权分开制度。同样采取禁止权利滥用原则纠正注册商标制度异化现象。在“UCC”案中，原告在明知被告在某地在先使用“DCC”并具有一定影响的情况下，注册了“UCC”商标，并以此向被告主张权利，要求被告停止使用“DCC”商标。法院经审理后认为，原告的行为有违《日本民法典》第1条“禁止滥用权利”规定，对原告的主张不予支持。[1] 本案中，日本法院对禁止权利滥用原则的适用是在个案中进行的，是审判机关行使自由裁量权的表现。[2] 进一步分析，日本法院并未宣告相关商标权利无效，而仅仅是在个案中限制注册商标权利的行使，认定的商标权利保护范围也仅具有相对效力，并未逾越司法权限。德国也是典型的商标注册制国家，但

---

〔1〕 *UCC v. DCC*, Hiroshima District Court(1982).

〔2〕 参见吴伟光：《商标权注册取得制度的体系性理解及其制度异化的纠正》，载《现代法学》2019年第1期。

与我国不同的是,德国《商标与其他标识保护法》明确规定了商标的使用义务,商标存在使用瑕疵时,经被告抗辩,原告的商标请求权将会被限制——与该注册商标相关的权利行使也将受到抑制或排斥,其不能阻止他人对该商标的使用。[1] 这就节省很多解释资源,在有法律明文规定的情况下,就不必再经过复杂的论证。但是法学研究不应停留在法律条文本身,而应看到背后的法理。德国商标法之所以将使用作为权利圆满行使的前提,是因为任何商标如果未能投入市场,就不能发挥区分来源的作用,如不对未使用商标进行限制,将可能使注册人"不劳而获"。同理,德国法院在处理被告的不使用抗辩时,并未对注册商标权本身的有效性进行评价,而只是在被告抗辩的意思表示基础上,适用法律规定,在该案中限制权利的行使。因此,该限制也只能在个案中发生效力,虽然不排除在他案中也可能对该注册商标的权利保护范围作出类似的认定,但其依据的肯定的是他案中被告的主张和证据,而与本案无关。

从以上案例可见,日本、德国法院在个案中均推定注册商标权有效。此处的有效指的是注册商标权的对世效力,而不是权利的保护范围。商标权利保护范围是在个案中由法院根据被告的抗辩和相关证据划定的,各案的判断基础不同,法院在个案中对商标注册范围解释后形成的商标权利保护范围也仅具有相对性。这意味着,法院在案件中无论对注册商标权利范围作出怎样的认定,均不会突破民事司法的职权,因为法院从未认定注册商标无效或者被撤销。在我国,曾经非常注重行政—司法的职权划分,但是在瑕疵注册商标日益增多的大背景下,经

---

[1] 参见王芳:《我国注册商标权利行使上的使用要求之制度构建——以欧盟相关立法为鉴》,载《法学家》2015 年第 4 期。

过法院的不断探索，人民法院不再一味地释明当事人向行政部门申请处理注册商标争议，逐渐正视了对注册商标权利保护范围作出相对效力认定的方式的做法，回避对注册商标权对世效力的评判。最高人民法院在“歌力思”商标案中，明确表示：“任何违背法律目的和精神，以损害他人正当权益为目的，恶意取得并行使权利、扰乱市场正当竞争秩序的行为均属于权利滥用，其相关权利主张不应得到法律的保护和支持。”[1]湖南省长沙市岳麓区人民法院在“茶颜观色”案中，也以“商标注册人并未善意、审慎行使自己的权利，主观恶意明显，违反诚实信用原则，构成权利滥用”作为理由对商标注册人的主张不予支持。[2] 类似适用“诚实信用”“禁止权利滥用”原则对瑕疵注册商标权利行使进行限制的案件不胜枚举，均体现了人民法院的司法智慧和主观能动性。

三、注册商标权的效力不可及于瑕疵范围

“如果实质内容失去正当性，个人不能通过形式获利。”[3]我国属于商标注册制国家，通常认为注册商标权利源于“注册”，但仍有不同意见，刘春田教授认为“商标注册是对民事主体正当主张的审查、确认和公示，商标权原本并非商标注册机构授予或让渡的权利，也不是商标注册机构代表国家授予民事主体的”[4]，主张商标只有经过使用才能成为真正的商标。李明德教授亦认为，商标权作为一种财产权，永远不可能来自行政机关的商标注册。[5] 首先，从“使用”产生权利的角度分

---

[1] 最高人民法院民事判决书，(2014)民提字第24号。

[2] 湖南省长沙市岳麓区人民法院民事判决书，(2019)湘0104民初14008号。

[3] 孔祥俊：《论我国商标司法的八个关系——纪念〈商标法〉颁布30周年》，载《知识产权》2012年第7期。

[4] 刘春田：《民法原则与商标立法》，载《知识产权》2010年第1期。

[5] 参见李明德：《两大法系背景下的商标保护制度》，载《知识产权》2021年第8期。

析,学界的关注点多集中于“使用”如何产生商誉以及其与知名度之间的关系,却很少关注使用的“合法性”。假如注册商标的使用是建立在违反商标法律的基础上,那么这种使用所产生的商誉或者知名度应当得到法律认可吗?《商标法》规定了若干不得作为商标使用以及禁止使用的情形,也规定了不得与他人在先取得的合法权利相冲突。“不得”“禁止”表明了商标法律对相关行为的否定性评价,意味着这些使用行为是违法行为,应当予以惩戒,即使产生了商誉或者知名度,法律也不应予以保护。“注册”能否阻却“违法”呢?以《商标法》第 52 条为例,该条仅对未注册的商标违反《商标法》第 10 条的情形可以采取限期改正及罚款措施,并没有对注册商标违法使用作出规制。此时,可以采用体系解释的方法,即注册商标一旦被无效宣告,则自始无效,该“注册商标”其实就属于《商标法》第 52 条约束的“未注册商标”。最高人民法院在若干司法政策文件中也表明,虽然有合法形式,但实体上构成商标侵权或者不正当竞争的,应依法认定,所以“任何人不能通过形式合法而获利”[1]。其次,从“注册”产生注册商标权的角度分析,商标注册是一个行政行为,通说认为属于“行政确认”,一般情况下,基于行政行为的公定力原理,行政行为一经作出,即被推定为合法,所有机关、组织和个人应予以尊重。虽然公定力并非绝对,如果行政行为存在重大且明显违法的,可以推翻权利的有效性,但该思路在当前行政—司法职权分开体制下,着实困难重重,当前,人民法院难以对注册商标权的效力进行判断。但如前所述,人民法院具有解释注册商标权利保护范围的职权,注册商标不符合注册条件或者不得使用的,人民法院可以

---

〔1〕 孔祥俊:《任何人不能通过形式合法而获利 知识产权审判中民事处理与行政程序的关系》,载《法律适用》2009 年第 5 期。

限制其保护范围,该逻辑回避了对注册商标权效力的直接认定,相对于直接宣告注册商标无效或撤销,该方案较为温和。所以,商标注册存在瑕疵时,即注册商标的使用或者注册违反法律规定的,人民法院应当能动司法,把握实质正义,避免以判决的方式为相关违法行为背书,降低司法效率和损害司法公信力。

根据商标法律规定,不能对不满足注册条件的商标予以注册,这意味着,商标权利保护范围就不能及于“不可注册”“不可使用”的范围。该理解的作用在于,商标注册人不能在不应注册的范围内行使商标权。在具体的司法适用中,人民法院就应当将“不应注册”的商标排除于商标权利保护范围。那么,通过何种路径实现呢?

路径一,刚性——质疑商标注册行政行为的证据可采性。一般认为,对行政行为证据能力的怀疑涉及公定力和效力性两个问题,公定力意味着人民法院是否有权对行政行为的效力提出怀疑,是一个程序问题;有效性是人民法院在审查行政行为是否具有无效事由后作出的法律评价,是一个实体问题。两者也具有内在联系,公定力被推翻就意味着行政行为存在重大且明显的违法情形,该行政行为当然无效。不可否认,两者在逻辑上存在循环论证的缺陷:一方面,认为行政行为的公定力不可被质疑;另一方面又规定存在重大且明显违法情形时,行政行为无效,意味着先质疑效力,再考察是否可以被质疑。当然,该缺陷在行政诉讼中不存在,因为行政诉讼本身就是对行政行为是否合法、合理作出审判;但在民事司法中,该缺陷就会凸显。如果先审资格,再审效力,我国行政行为和民事行为采取的是两套诉讼程序,民事司法无权直接撤销行政行为。如果先审效力,再判断资格,商标注册这一行政行为作为商标侵权案件中的权属证据时,根据民事诉讼证据的规定,当事人可以就行政行为的合法性提出意见,法院就有权进行审查;而且,法律也明确规定，有其他证据时，可以推翻公文书证的真实性。〔1〕合法性同样是证据三性之一，理所当然可以被评价，在审查之后，是否可以就"无效"或者"可撤销"的审查意见作出对应的结论就属于资格问题。从效率的角度考虑，在人民法院已经对效力进行审查且具备无效或者可撤销事由的情况下，直接作出对应的结果认定，有利于维护实质正义，节省司法资源，提高司法效率，同时可以避免给具有重大且明显的行政行为穿上司法保护的外衣，如此一来，也可以避免落入逻辑陷阱。但程序法存在的意义就是为了避免对实质正义的异化追求，虽然在民事程序中无法对行政行为进行审查，不利于纠纷的快速解决，但当前的行政诉讼程序已经提供了相应的制度供给，司法不应作出如此大的跨越。殊不知，在民事诉讼中并不需要对行政行为的效力作出正面评价，当其作为证据不满足合法性时，否认其证据能力即可，此时仅谈论其效力面向，而不必论及公定力。民事诉讼法律赋予人民法院在民事司法案件中对证据的合法性进行审查，那么作为审查的结论，应否认其证据能力，而不是宣告其无效或者撤销。如此一来，民事司法便未逾越职权界限。在商标侵权案中，如果注册商标明显存在不可注册或使用的瑕疵的，人民法院就可以否定注册商标证书的证据能力，对商标注册人的相关主张不予支持，从而达到注册商标权的效力不可及于瑕疵范围的法律效果，这即所谓刚性方案。但该方案在客观上与公众的认识不符，在实施过程中存在较大困难，而且对我国注册商标制度冲击较大，因此实践中法院通常释明当事人采用行政程序对注册商标的效力进行

〔1〕《最高人民法院关于适用〈中华人民共和国民事诉讼法〉的解释》第114条规定，国家机关或者其他依法具有社会管理职能的组织，在其职权范围内制作的文书所记载的事项推定为真实，但有相反证据足以推翻的除外。必要时，人民法院可以要求制作文书的机关或者组织对文书的真实性予以说明。

处理。

路径二：柔性——利用解释论限制商标权利。无论自然法如何论证商标权的正当性，商标权作为一种法定权利是毋庸置疑的。与自然法论相比，法定权利论主张先有法律再有权利，从社会本位出发，以法律为构建权利内容和行使边界的基础。这意味着，权利在诞生之初即内含限制，〔1〕并体现在规范与原则之中。其中，规范限制是知识产权限制的主要方式，比如专利权之于法定许可，著作权之于合理使用。就商标权而言，其权利限制体现在多处，例如，正当使用限制：我国《商标法》第 59 条规定，注册商标中包含描述性词汇或者特征时，以及被诉侵权标志构成在先使用时，注册商标权利应被限制，不得禁止他人使用。商标连续 3 年不使用限制：我国《商标法》第 64 条规定，被控侵权人以注册商标专用权人未使用注册商标提出抗辩的，注册商标专用权人不能证明此前 3 年内实际使用过该注册商标，也不能证明因侵权行为受到其他损失的，被控侵权人不承担赔偿责任。前述限制系法律明文规定，可称其为显性限制。除此之外，部分商标使用或者注册的禁止性规定虽未明确限制注册商标权利，但也可作当然理解。比如《商标法》第 59 条其实对应第 13 条的显著性条款，不得注册的范围即为商标权利不可及的范围；《商标法》第 10 条规定部分标志不得作为商标使用，此时并未区分注册商标还是未注册商标，当某一标志被作为商标使用时，如果存在该条规定的情形，就应被禁止使用，商标被禁止使用的，就当然不属于商标注册的范围，该部分自然不能被划入注册商标的权利范围。该部分限制并未由条款直接表明，而是法律解释的结果，可以称为

〔1〕 参见李国英：《知识产权限制的理论依据辨析——"内在限制"还是"外在限制"抑或其他》，载《南京师大学报（社会科学版）》2014 年第 5 期。

隐性限制。社会是不断发展以及不可被充分认知的,当“规范限制”不足以确切划分注册商标权利边界时,“原则限制”即成为权利限制的重要补充方式。所谓原则限制,盖指通过诚实信用原则、公序良俗原则以及禁止权利滥用原则等对法律规范的漏洞进行填补、解释的方式限制权利的保护范围。为了避免向一般原则逃逸,人民法院在适用法律时,通常首先适用具体规则,当具体规则不足以弥合立法目的时,方须发挥司法能动性,调用法律原则。这意味着,法律规范的供给是满足日常需要的,具体的法律规则字里行间虽没有“诚实信用”“公序良俗”等字样,但处处有体现,比如《商标法》第15条规范了代理人违反诚信抢注商标的行为;《商标法》第10条规范了大量违反公序良俗的商标使用行为。即便如此,法律不能穷尽所有需要规范的行为,司法又不能拒绝裁判,也不能明知机械适用法律将违反立法目的、产生不良社会效果而径行裁判,立法者充分考虑了未来法律可能存在的滞后性,于是几乎在每一部法律的规定中均规定了立法目的,并规定了若干法律原则,在权利型法中,这些法律规定充分发挥了限制权利内容、规范权利行使的作用。《商标法》第7条规定,申请注册和使用商标,应当遵循诚实信用原则,《民法典》也规定,从事民事活动,不得违背公序良俗,也不得滥用民事权利损害国家利益、社会公共利益或者他人合法权益。这些原则性规定与明确性规范共同构筑起了注册商标权利的边界,并不断通过对原则和规范进行解释的方式廓清权利边界。而“解释”既是司法者的权利又是其义务,在商标民事侵权案件的审理过程中,法院就可以通过解释注册商标权利范围的方式,对符合显性限制、隐性限制规则以及需要通过法律原则进行限制的注册商标,限制其权利范围。该方案并未对注册商标权的效力进行直接评价,但从客观上起到了“否定”其效力的法律效果,保证了商标权利内容以及行使的正当性,做到了法律效果和社会效果的协调统一;同时,该方案尊重了国家知识产权局的行政权力,不违反行政—司法职权分开原则,具有较大优越性。

路径三:回避——公有领域抗辩论。与路径一、路径二从权利本身出发不同,路径三的逻辑在于,在商标侵权诉讼中,如果能够证明被诉侵权标识并不属于商标性使用,或者被诉侵权标识虽与注册商标相同或者近似,但影响混淆性判断的近似或者部分均会导致两标识不可注册或者应被禁止使用,被告对被诉侵权标识的使用就不可能落入注册商标权利保护范围,注册商标权不能在被诉侵权标识的使用范围内行使。为了论述方便,本书将该类抗辩归为公有领域抗辩论。所谓公有领域,既包括公众均可使用的标识或者可实施的使用行为,也包括公众不可使用的标识或者实施的使用行为。前者比如,对于不具备或者丧失识别性的标识,根据《商标法》第 11 条的规定,该部分标识不可被注册为商标,任何人都可以进行使用;后者比如当被诉侵权标识、注册商标标识均同“红十字”“红新月”的名称、标志相同或者近似时,因该部分标识被禁止作为商标使用,自然就不能作为商标注册,注册商标权就当然不能在该领域行使,因为一旦行使,就无疑将“注册商标”置于违法境地。商标注册后即被推定合法有效,为了不对行政行为的公定力产生影响,避免公众质疑注册“授权”的正当性,那些属公有领域的标识,就当然不会落入注册商标权利范围。进一步地,仅被诉侵权标识本身不可注册或者应被禁止使用时,被诉侵权商标是否违反行政公法,实与商标侵权判定无关,不能适用“公有领域抗辩”。有观点认为,不应将违反使用《商标法》第 10 条的被诉侵权商标纳入原告商标的保护范围,否则等于变相承认原告商标对禁用元素的垄断,这实际上是不当扩大了原告商标权的保护范围，侵害了社会公共利益。[1] 例如，在福建省高级人民法院审理的“中華龍”商标侵权案中，原告为“中樺龍”商标的注册人，其认为被告未经许可便在商品上使用了“中華龍”商标，遂将被告诉至法院。法院认为，商标权保护范围应以其权利基础的正当性为边界，“中華龍”标识中使用了“中华”这一为《商标法》所规定的禁用元素，即使“中華龍”标识与原告的“中樺龍”注册商标在整体外观上构成近似，但仍不应将“中華龍”标识纳入原告商标的保护范围，否则等于变相承认原告的商标对禁用元素的垄断，这实际上是不当扩大了原告商标权的保护范围，侵害了社会公共利益，违背了商标保护的立法本意。[2] 该论断错误地将其他因素纳入商标侵权判定范围，除考虑原告注册商标权正当性之外，“混淆可能性”才是判断被诉侵权商标是否侵犯注册商标权的唯一衡量标准。商标侵权讨论的是相关公众看到被诉侵权商标后，是否会对商品的来源发生混淆或者误认，是否会损害商誉。在“舒减”商标案中，[3] 因被诉侵权商标“舒碱”与“舒减”在读音、字形等方面近似，且使用在同一种商品上，相关公众确实容易发生混淆与误认，当然侵犯了“舒减”商标权利，落入“舒减”商标权利保护范围。同时，因为被告使用的“舒碱”商标违反了《商标法》第10条，还应当依照《商标法》第52条，由地方工商行政管理部门予以制止，限期改正、通报和/或罚款。单个行为侵犯民事权利的同时违反行政法规并不冲突，比如，故意伤害行为侵犯了自然人的身体权，应当承担民事侵权责任，同时因违反《治安管理处罚法》或者《刑法》，还需要承担行政或者刑事责任，此时不能

---

[1] 福建省高级人民法院民事判决书，(2017)闽民终901号。

[2] 参见蔡伟：《商标权保护范围应以其权利基础的正当性为边界》，载《人民司法》2019年第35期。

[3] 最高人民法院民事判决书，(2022)最高法民再129号。

说,自然人的维权行为有任何不当。

以上三种路径整体上可以将不可注册、使用的标识排除出注册商标权利的保护范围,但因各自逻辑差异,在具体应用中有其各自特点,并体现在图6－1中。

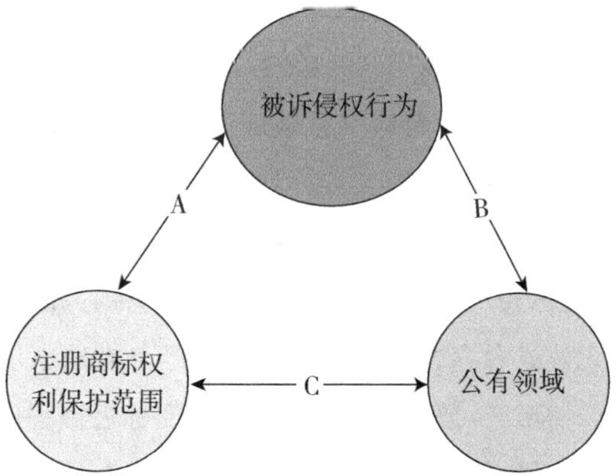

图6－1　商标侵权抗辩三角关系

如图6－1所示,A、B、C代表了三种不同的抗辩关系,关系C代表路径一,直接对注册商标是否符合商标注册条件进行评判,然后得到商标“注册”是否合法的结论。关系A代表路径二,直接将被诉侵权行为进行混淆判断,不过在此过程中,关注注册商标权的内部权利限制,如果注册商标存在显性、隐性规则或者原则限制情形的,主动将注册商标的保护范围规范到恰当边界;如果被诉侵权行为在边界之外的,作出不侵权或者不赔偿的结论。关系B代表路径三,与路径一不同的是,判断的直接对象是被诉侵权行为是否属于公有领域中普遍允许或者禁止的行为,兼顾考察注册商标是否存在同样落入公有领域的情形。三种路径该如何适用呢?路径一与当前的司法实践相差甚远,尚难以实现;路径二、路径三根据案情不同,在适用优势上有所差异。例如,在注册商标核定的商品与使用被诉侵权商标的商品相同或类似的场景中，情形一：被诉侵权商标与注册商标相同，此时三角关系实质上成为双边关系，适用路径二、路径三无明显差异。情形二：被诉侵权商标与注册商标近似，且影响混淆性判断的近似或者部分均会导致两标识不可注册或者应被禁止使用，相比于路径二，路径三将节约很多论述、说理成本，判决更容易被相关公众接受。情形三：被诉侵权商标与注册商标近似，注册商标明显存在注册瑕疵且被诉侵权商标是否存在同样落入公有领域的情形难以判断，此时适用路径二将瑕疵剔除注册商标权利保护范围更为直接。情形四：被诉侵权商标与注册商标相同或近似，被诉侵权商标并未落入公有领域，但注册商标存在侵犯他人在先权利等相对无效或者存在连续 3 年未使用等可撤销事由，此时仅能适用路径二。情形五：被诉侵权商标与注册商标近似程度低，注册商标因存在禁止注册、使用等限制情形，即使客观上具有较高知名度，也会因产生该知名度的基础来自违法使用或因缺乏识别性不能积累商誉等缘由，导致不产生商标法上保护之利益，对该知名度不予考虑，从而适用路径二限制商标权利，判定不具有混淆可能性。情形六：被诉侵权商标属于公有领域，且注册商标明显存在同样的瑕疵，此时，无论是适用路径二还是路径三均可达到抗辩效果。整体而言，除路径一外，路径二、路径三并无绝对优劣之分，可以根据具体案情的差异，选择适用。

第二节　中国瑕疵注册商标民事司法治理的核心点

一、未(合法)使用是限制瑕疵注册商标权的正当前提

纵观整个商标法律的发展历史，无论在何种商标取得制度中，“使

用”均发挥着至关重要的作用。总体而言,“使用”影响着商标权利的取得和“圆满”。在采商标使用取得制度的国家,通常采用仿冒法对商标进行保护,其逻辑基础在于商标只有经过使用才能产生一定的市场影响力,才能获得应当予以保护的商誉,将使用作为取得商标权利的基础。与之相对应的,在采商标注册取得制的国家,使用不能产生权利,“注册”是获得商标权利的唯一通道。但即便如此,两大商标取得制度呈现融合趋势,例如,英国最初并没有统一的商标注册制度,早期以侵权责任法对“广为知晓”的商标进行保护,随着判例的增多,形成了一套制止仿冒规则,直到1875年,英国国会制定《商标注册法》。法国于1803年开始实施商标注册制度,并于1857年制定了系统的《商标注册法》,商标自通过注册后获得商标权;但对商标的使用提出了一定的要求,如其未在一段时间内持续使用,又没有正当理由的,商标权可能会因此失效。虽然两大法系对商标的保护路径发展有所不同,但最终形成了商标“注册”与“使用”并行的保护规则。具体来说,“使用”对商标的作用逐渐从“取得”发展为了“维持”与“圆满”。

(一)使用作为商标维持的基础

本书所称的维持,表现在两个层面,包括有效期内的注册维持以及商标延续性注册。

1. 层面一:注册维持

以我国为例,《商标法》第49条第2款规定,注册商标没有正当理由连续3年不使用的,任何单位或者个人可以申请撤销该注册商标。该条的立法目的在于启动商标资源,促使商标的实际使用,发挥商标的实际效用,防止商标资源浪费。[1] 按照本意,就不应该对使用的程度

[1] 参见孔祥俊:《商标法原理与判例》,法律出版社2021年版,第608页。

做过多要求,比如,《最高人民法院关于审理商标授权确权行政案件若干问题的规定》第 26 条规定:“商标权人自行使用、他人经许可使用以及其他不违背商标权人意志的使用,均可以认定为商标法第四十九条第二款所称的使用。实际使用的商标标志与核准注册的商标标志有细微差别,但未改变其显著特征的,可以视为注册商标的使用。没有实际使用注册商标,仅有转让或者许可行为;或者仅是公布商标注册信息、声明享有注册商标专用权的,不认定为商标使用。商标权人有真实使用商标的意图,并且有实际使用的必要准备,但因其他客观原因尚未实际使用注册商标的,人民法院可以认定其有正当理由。”该条的宽容性表现在“不违背商标权人意志的使用”“未改变注册商标显著特征的标志的使用”“有使用准备但因客观原因未实际使用可作正当理由”等部分,但宽容不是纵容,对于那些仅有转让等“象征性”使用的行为,因为该行为不能发挥商标的识别作用,故不认为是商标的使用。

首先,所谓“不违背商标权人意志的使用”,代表了商标注册人主观上的消极态度以及行为上的被动性。一般来说,商标使用要求有使用意图和使用行为;在“被动使用”场景中商标注册人通常缺乏使用行为,相关注册商标的使用一般由相关公众完成,与主动使用相比,两者的共同点均在于发挥了商标的识别作用,区别点在于使用主体不同,疑问点在于他人对商标使用所积累的流向商标注册人的“商誉”或者知名度能否归益于注册人。事实上,不存在纯粹的主动使用,如果市场中仅有商标注册人或者其许可的人使用其注册商标,其宣传渠道、辐射地域以及涉及的人群必然是有限的,这也不符合品牌的自然发展趋势,更多的知名度积累来自人与人之间的“口耳相传”。消费者作为直接受众,他们对商标的认知、呼叫将对相关商品的声誉以至于生产厂商的商业信誉产生极大影响,而相关媒体对商品的宣传、报道以及评价无疑也会起到促进作用,[1]这些商标被动使用行为是市场的自然结果。举例而言,80岁的老人对“微信”的使用很大程度上并非来自腾讯的营销或者对“微信”商标的使用,而是来自更年轻亲属的告诉和教授,来自他人营造的“微信”氛围。即使是在青年人之间,对微信的使用也不会全部源于腾讯对微信商标的主动使用,其中必然有部分来自同事、同学、朋友、亲属等的推荐。这些告诉、推荐虽并非由商标注册人完成,构成被动使用,但因此增加的知名度或者商誉是因腾讯主动使用后自然传播、发展的结果,是市场规律对腾讯的馈赠,增加的知名度或者商誉当然归于腾讯。同理,也不存在纯粹的被动使用,一个标志不会无缘无故地被市场接受,它必然存在一个源于商标注册人自身的原因行为。例如,在“TWITTER”商标撤销复审案件中,被申请人推特公司提供了大量媒体等第三方对“TWITTER”商标的被动使用记录,结合案件的其他证据,国家知识产权局认为“TWITTER”商标在“在线交友”等全部核定服务上进行了真实有效的商业使用,故作出了维持注册的结论。[2]本案中,由于政策原因,TWITTER应用软件在中国无法被正常使用,但即便如此,正是推特公司实施了原因行为——其在境外确有使用,国内才有相关媒体进行报道,才有消费者进行使用。因此,“撤三”案件重点之一在于考察使用与否,而无区分“主动”与“被动”的必要。如前所述,“使用意图”是“撤三”案件考察的另一重点,注册商标已经在市场上广为知晓,无论商标注册人是否愿意,注册商标与其核定的商品或者服务已经产生了实在联系,只要商标注册人未明确表示拒绝,如起诉停止侵权、发表声明等,相关注册商标的使用利益自然归属于商标注

[1] 北京市第一中级人民法院行政判决书,(2008)一中行初字第196号。

[2] 国家知识产权局关于第6343573号“TWITTER”商标撤销复审决定书。

册人。

其次,商标注册人使用的商标图样应当是商标注册证书中记载的图样,任何私自改变商标图样的行为均应受到否定评价。我国《商标法》第 49 条规定,商标注册人在使用注册商标的过程中,自行改变注册商标的,由地方工商行政管理部门责令限期改正;期满不改正的,由商标局撤销其注册商标。该条并未对“自行改变”做任何程度上的限定,严格按照条文解释,任何改变都应被禁止。但不同条文之间有其不同的立法意旨,本条款在于“规范”,而“撤三”条款在于“促进”,前者侧重于讨论是否依“原样”使用,后者讨论“有无”使用;可见前者建立在后者的基础上,即有使用的前提方才有讨论是否规范使用的空间。在逻辑上,“撤三”条款不应过多地考虑注册商标是否按照“原样”使用,但至少应保证商标的同一性——未改变注册商标显著特征,否则就难以使标识与其提供商品和服务产生特定联系,也就难以将其视为注册商标的使用。

最后,“撤三”条款的目标不是惩罚商标注册人,而是启动商标资源,在于激发商标注册人的使用意志。如果商标注册人已经就使用商标做好了准备,而由于客观原因尚未实际使用商标的,表明商标注册人有真实的使用意图,仅仅是缺乏使用行为,就不应强人所难。司法解释并未对客观原因应如何认定作出进一步规定,但从体系解释角度分析,不应包含《商标法实施条例》第 67 条规定的“不可抗力”“政府政策性限制”“破产清算”三种情形,应将其归入“其他不可归责于商标注册人的正当事由”,该事由的“困难”程度应与“不可抗力”等事由相当,且不以商标注册人的意志为转移。例如,在“三枪”商标撤销案中,法院认为,三枪公司在法定 3 年期限内,与爵康公司签订了意向书,开展了“三枪”摩托车样车试制工作,可以认为其具有不使用注册商标的正当事由。[1] 在“ESAL 及图”商标撤销案中，法院认为，火灾致使商标注册人亲人丧生、公司财物烧毁，无论是从物质层面还是精神层面均给其造成了巨大损失，商标注册人在指定期间内未能将复审商标投入商业使用亦符合情理。[2] 诚然，对“正当理由”或者“客观原因”进行概括或者列举是困难的，但只要把握好“撤三”条款的立法目的，在具体案件中对原因的“客观性”“偶然性”“困难性”等进行综合考虑，就不难得到答案。

2. 层面二：延续性申请

延续性申请并非正式的法律词汇，盖指在注册商标的基础上，在同一种或类似服务上对相同或者近似的商标再次申请注册的行为。延续性申请的目的大致为“补充注册商品或服务项目”“防御他人提出的撤三申请”“规范商标样式”。一般而言，无论是基于朴素的法感还是基于对执法一致性的专业认知，当前一个商标被注册后，在后申请的相同或者近似商标也应该获得注册。但实际上，每一个商标注册申请都是独立的个案，其所处的时间和证据背景不同，并不存在绝对的“理所应当”。“个案”不应成为肆意的借口，司法者应当考虑到“执法一致性”与“个案审查”之间的平衡，于是“延续性申请”是否应当予以注册的问题就被提出来。北京市高级人民法院作为商标确权授权案件的二审法院，其专门就此问题在其制定的《商标授权确权行政案件审理指南》进行了规定，“诉争商标申请人的在先商标注册后、诉争商标申请前，他人在相同或者类似商品上注册与诉争商标相同或者近似的商标并持续使用且产生一定知名度，诉争商标申请人不能证明该在先商标已经使

[1] 北京市高级人民法院行政判决书，(2016)京行再6号。
[2] 北京市高级人民法院行政判决书，(2019)京行终57号。

用或者经使用产生知名度、相关公众不易发生混淆的情况下，诉争商标申请人据此主张该商标应予核准注册的，可以不予支持”。对该条规定做相反解释，如果在先注册商标已经使用或者经使用产生知名度、相关公众不易发生混淆的，即使在后的引证商标持续使用且产生一定知名度，诉争商标也可以予以核准注册。本书以注册商标、引证商标、诉争商标所核定（指定）的商品或服务相同为前提，根据 3 类商标之间的近似性，将延续性申请划分为 3 种情形，见表 6－1。

表 6－1　延续性申请情形

类型		注册商标	引证商标	诉争商标
商标	情形一	A	B(= A)	C(= A)
	情形二	A	B(≈ A)	C(= A)
	情形三	A	B(≈ A)	C(≈ A)
申请时间(1)		2018 年	2019 年	2020 年
申请时间(2)		2018 年	2017 年	2020 年

首先，以静态的视角讨论引证商标 B 能否成为诉争商标 C 的障碍，并以商标审查结论的正确性作为讨论前提。《商标法》第 30 条规定，申请注册的商标，同他人在同一种商品或者类似商品上已经注册的或者初步审定的商标相同或者近似的，由商标局驳回申请，不予公告。从个案来讲，当诉争商标 C 在同一种商品或服务上与引证商标 B 相同或者近似时，应驳回诉争商标 C 的注册申请。问题在于，在申请时间(1)场景中，就情形一、情形二而言，如果 A 与 B 相同或者近似，B 在注册商标 A 之后申请，B 就不会被初步审定或者被公告，意味着 B 就不会成为诉争商标 C 的注册障碍。既然 B 已注册，意味着国家商标行政机关在第一次审查时就认为 A 不会成为 B 的障碍，诉争商标 C 与注册

商标 A 相同,B 也不会成为 C 的障碍,在没有其他个案因素的情况下,不能因为审查人员不同就作出不同的结论。在申请时间(2)场景中,注册商标 A 在注册时,并未将引证商标 B 作为注册障碍,而在诉争商标 C 注册时,却引证了 B 商标,是否具备合理性?毫无疑问,在情形一、情形二中,因为 A 与 C 相同,在无其他个案因素的前提下,引证 B 作为诉争商标 C 的注册障碍会危害执法一致性,也是对商标申请人行政信赖利益的侵犯。无论何种申请时间类型,在情形三中,因为 A、B、C 三者均不相同,彼此之间既有共同特征也互相区分,所以不排除 B 可作为 C 引证商标的可能。

上述两个场景中的情形一、情形二限定在“静态”“准确”两个前提下,在实践中要得出与前提限定下相同的结论极其困难。例一,商标的含义是动态的。时下 A 与 B 不近似,但随着时间的推移,社会的发展,相关公众将 B 与 A 联系了起来,在当下延续注册 C 时,B 就可能成为障碍。例二,商标的排斥力也是动态的。时下 A、B 均未使用,各自可以区分,分别获得注册,但当下 B 具有很高知名度,延续性注册 C 就容易因 B 的存在使相关公众发生混淆。例三,商标审查结论可能是错误的。仍以“静态”为前提,当注册商标 A 或者引证商标 B 的注册结论本就具有瑕疵时,对诉争商标 C 的审查是否受到前述瑕疵审查结论的约束?可以肯定的是,行政机关有自我纠错的权力和义务,如在先商标审查结论错误,当然可以在延续性申请审查的过程中予以纠正,但应当就不同结论的作出原因予以具体说明,而不是将“商标个案具体情况不同,综合考虑情节亦不同,其他商标的注册情况不能作为本案诉争商标应予注册的当然依据”作为借口,径自作出结论。若非如此,国家商标行政机关应当承担举证不力的责任,人民法院应当在秉承执法标准统一性的基础上作出判决。

其次,除存在引证商标外,诉争商标 C 还可能面临其他禁注事由。以"效力多"案为例,商标申请人在先在"含药物的牙膏"上注册了"效力多"商标,后在相同商品上提交了与在先注册商标基本相同的"效力多"商标。国家商标行政机关、北京知识产权法院、北京高级人民法院均认为"效力多"含义为"具有多种功能",指定使用在"含药物的牙膏"等商品上,易使相关公众对上述商品的功能、用途等特点产生误认,具有欺骗性。因此,该商标申请注册违反了《商标法》第 10 条第 1 款第 7 项的规定。至于为何在先商标可以注册,3 个机关均以个案情况不同为由,对商标申请人"审查标准一致"的理由不予支持。对于"个案情况"到底为何,3 个机关也均未说明。[1] 本案作为该类案件的缩影,代表了当前商标审查的困境——个案因素不表,前案错误不究,文书说理不强,从而导致审理尺度不明。如前所述,不排除商标随着社会的发展或者使用,其含义会发生变化,也不排除商标前案审查结果有瑕疵,但为了给商标注册人以足够的预期,如若要作出与前案不一的审查结论,应当在文书中写明具体原因。

总的来讲,延续性申请是否予以核准的前提在于注册是否会破坏已经形成的商标注册秩序,特别是不应当和引证商标构成使用在同一种或类似商品上的相同或近似商标。于是,人民法院会考察延续性申请与在先注册商标的差异,已经在先注册商标的使用情况;如果差异较小,且在先注册商标经使用具有一定的知名度,已建立较高市场声誉,商标申请人与注册商标之间形成了较为稳定的对应关系,相关公众就容易在客观上将延续性申请与引证商标区别开来,即可允许"延续性

---

[1] 北京市高级人民法院行政判决书,(2021)京行终 384 号。

申请”。[1]

（二）使用影响着注册商标权利状态是否“圆满”

“专用使用权”与“排他权”分别属于商标权的积极权能和消极权能，并且在范围上，“排他权”以“专有使用权”为判断基础，前者范围一般大于后者。其中，“排他权”体现为禁止他人在同一种或者类似商品上使用与注册商标相同或者近似的并容易引起混淆的商标，以“禁止”获得对价。一般而言，在商标侵权案件中，他人未经许可实施了侵权行为，商标注册人除了可以要求停止侵权外，还可以获得赔偿。此时，显现出正常情况下商标权利的“圆满”状态——排他范围 > 专有使用范围，且在发生商标侵权时，可以获得赔偿。

商标本身并无任何价值，任何人不能无端地将标志本身据为己有，除非它被作为商誉的载体。按照符号价值理论，商标并不是一个简单的标志，而是由“能指（商标标志）”“所指（出处或商誉）”和“对象（特定商品或服务）”组成的三元符号，能指并不重要，它不过所指的有形载体，只有能指与所指经过符号化结合在一起，商标才得以产生。对商标来说，符号化就是对商标实际使用以及围绕商标附着之商品所进行的营业活动。[2] 王太平教授将商标比喻为“瓶装水”，标识是瓶身，水为商誉。[3] 下文将以此为基础，论述“使用”对商标权利保护之意义。

如图 6－2 所示，注册商标经过使用产生商誉，使用程度越高，产生的商誉也就越多；如果使用具备合法性，商誉就会将标识输入管道作为

---

〔1〕 最高人民法院行政判决书，(2012)行提字第 28 号。

〔2〕 参见彭学龙：《商标转让的理论建构与制度设计》，载《法律科学（西北政法大学学报）》2011 年第 3 期。

〔3〕 参见王太平：《我国普通未注册商标与注册商标冲突之处理》，载《知识产权》2020 年 6 期。

瓶身的“容器”，标识的识别性越高，瓶身的密度就越大，就能累积越多的商誉。同时，“容器”天然存在输出管道2，商誉会自然消耗。如果注册商标连续多年未使用，商誉就可能会被消耗殆尽。如果存在他人未经许可，在同一种或者类似商品上使用与注册商标相同或者近似的商标、容易引起他人混淆的，也会导致商誉随着输出管道1被消耗。即使“瓶身”布满漏洞，但当水的输入量大于输出量时，瓶身内就能积水，且处于运动状态；同理，无识别性的商标就如同满是漏洞的瓶身，但当其使用产生的商誉大于漏出的商誉时，该商标就能积累商誉，从而获得第二含义，可以作为商标注册。标志内积累的商誉“量”决定着对注册商标的保护力度，即商标的识别性越高，商誉越多，商标的知名度就越大，注册商标权利保护范围就越大，反之就越小。〔1〕 如此一来，如图6－2所示内容其实贯穿整个商标权取得、行使过程，对瑕疵注册商标权的民事司法治理有诸多启示。

---

〔1〕《最高人民法院关于审理商标民事纠纷案件适用法律若干问题的解释》第10条规定，人民法院……认定商标相同或者近似按照以下原则进行：……（三）判断商标是否近似，应当考虑请求保护注册商标的显著性和知名度。《最高人民法院关于当前经济形势下知识产权审判服务大局若干问题的意见》指出：“认定商品类似和商标近似要考虑请求保护的注册商标的显著程度和市场知名度，对于显著性越强和市场知名度越高的注册商标，给予其范围越宽和强度越大的保护，以激励市场竞争的优胜者，净化市场环境，遏制不正当搭车、模仿行为。”《最高人民法院关于充分发挥知识产权审判职能作用推动社会主义文化大发展大繁荣和促进经济自主协调发展若干问题的意见》指出：“妥善处理商标近似与商标构成要素近似的关系，准确把握认定商标近似的法律尺度。认定是否构成近似商标，要根据案件的具体情况。通常情况下，相关商标的构成要素整体上构成近似的，可以认定为近似商标。相关商标构成要素整体上不近似，但主张权利的商标的知名度远高于被诉侵权商标的，可以采取比较主要部分决定其近似与否。要妥善处理最大限度划清商业标识之间的边界与特殊情况下允许构成要素近似商标之间适当共存的关系。”

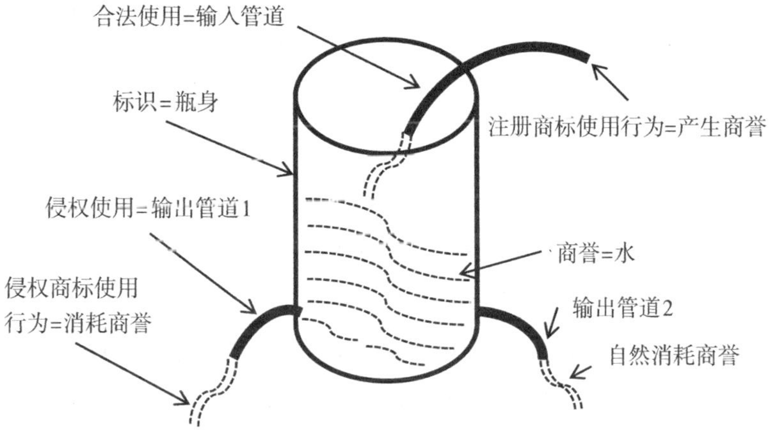

图 6－2　“使用—商誉”关系

1. 合法使用注册商标是商标注册人的天然义务

注册商标与未注册商标之间的显著区分，就是注册商标经过了国家商标行政机关甚至司法机关的审查，该注册行为具有被推定的合法性，但这并不意味着它就当然合法，针对具有注册瑕疵的商标，商标法律提供的无效、撤销管道就是最好的例证。《民法典》第 8 条规定，民事主体从事民事活动，不得违反法律，不得违背公序良俗。商标权作为民事权利的一种，其权利行使应当在整个法律体系的规范之下，瑕疵注册商标并不因其形式合法就可掩盖其本身缺陷，也不会因为“注册”就改变其侵权性质。商标注册人行使商标权利时，仍应注意使用行为的合法性，以避免违反法律规定或者侵犯他人权利。

“凡禁止使用的标识，当然也不得核准为注册商标。”[1]，相反，凡注册商标，不得含有禁止使用的标识；《商标法》第 10 条对商标禁止使

〔1〕 吴汉东：《知识产权法》，法律出版社 2021 年版，第 498 页。

用的规定,并未区分是否注册,那么,凡含有禁止使用标识的商标,不得使用,也是应有之义。为了保护他人在先权利,商标的使用,也不得与他人在先取得的合法权利相冲突,避免出现侵犯他人权利的情况。此处的在先权利,既包括在先商标权利,也包括其他在先民事权利。具体而言,在先商标权利包括“在先注册商标权利”“在先未注册商标权益”,如果注册商标的使用侵犯在先驰名注册商标权利,根据《最高人民法院关于审理涉及驰名商标保护的民事纠纷案件应用法律若干问题的解释》的规定,如果被告使用的注册商标违反《商标法》第 13 条的规定,复制、摹仿或者翻译原告驰名商标,构成侵犯商标权的,人民法院应当根据原告的请求,依法判决禁止被告使用该商标;即便未驰名,根据前述司法解释,先由国家商标行政机关处理,但如果经审查对注册商标予以无效宣告,就意味着注册商标自始无效,如果该无效注册上的使用造成相关公众的混淆,也应承担侵权责任。对于侵犯“在先未注册驰名商标权益”的注册商标使用行为,根据前述司法解释,也应被禁止使用;对于注册商标的使用侵犯未驰名的知名未注册商标权益或者与注册人有特定关系的普通未注册商标权益的,前者受到《商标法》第 32 条后半段约束,后者由《商标法》第 15 条规制,均对侵权行为进行否定评价。其他在先民事权利包括“在先著作权”“在先姓名权”“在先商号权”“在先角色形象权”等,如果注册商标存在侵犯在先民事权利的,人民法院可以直接判令停止侵权,即判决商标注册人停止使用注册商标,例如,《最高人民法院关于当前经济形势下知识产权审判服务大局若干问题的意见》中明确提道,与他人著作权、企业名称权等在先财产权利相冲突的注册商标,因超过商标法规定的争议期限而不可撤销的,在先权利人仍可在诉讼时效期间内对其提起侵权的民事诉讼。第四次全国法院知识产权审判工作会议也指出,在先权利人以被告取得并行使注册商标权损害其合法在先权利,直接向法院提起民事诉讼,经审查被告侵权的事实成立的,可以根据原告诉请和案件具体情况,判令被告停止使用被诉注册商标。除此之外,《商标法》还存在一些针对注册商标使用的管理性条款,比如,商标注册人在使用注册商标的过程中,不得自行改变注册商标、注册人名义、地址或者其他注册事项,也不得使注册商标成为其核定使用的商品的通用名称,不得没有正当理由连续3年不使用注册商标;否则可能产生被撤销的法律后果。因此,整体而言,合法使用注册商标是商标注册人的天然义务,商标注册人在使用注册商标时,应充分遵守法律规定,在合法的范围内行使商标权利,否则就会因违反法律规定、侵犯他人权利而受到法律上的不利评价。

2. 注册瑕疵是限制瑕疵注册商标权内容的正当原因

商标的注册瑕疵是在商标注册要件基础上讨论的,注册要件一般包括:(1)标识不得违反法律;(2)标识不得具有功能性;(3)标识应具有识别特征;(4)不得与他人在先权利相冲突;(5)不得提交不以使用为目的的恶意商标注册申请。可以将前述要件分别概括为合法性、非功能性、可识别性、非冲突性和非恶意性。各个要件分别对商标产生不同影响,其中合法性、非冲突性影响商标的使用,非功能性、可识别性和非恶意性影响商标的注册,不能使用的商标当然不能注册。如前所述,即使商标已经注册,也必须要在合法的范围内行使权利,不可使用、不得注册的范围也是商标权效力不可及的范围。注册商标专用权由“专有使用权”以及以此为基准的“排他权”组成,商标注册人在核定的商品或服务范围内对该注册商标享有独占性使用的权利,如果注册商标含有禁止使用的标识,商标注册人在含有禁止使用标识范围内不得使用,在该范围内不享有“专有使用权”,也就不得行使对应的排他权。同理,如果注册商标存在不可注册的情形,其专有使用权缺乏正当基础,亦不得在禁止注册的范围内行使商标权利。

如图6－2所示,合法使用标识,其所产生的商誉随着管道输入标识容器。所谓“合法使用”,本书将其与“使用合法”相区分,前者讨论标识本身的合法性,后者关注使用行为的合法性,两者在商誉的可保护性上有明显差异。具体地,商誉首先是一个事实问题,任何标识一旦作为商标公开、真实地使用,它都会在一定程度上产生商誉,而不管标识本身或者使用行为是否违法。但法律先于权利而存在,任何自然意义上应当得到保护的利益,如果没有法律的确认,它绝不会成为一项权利。法律是秩序、自由、正义等一系列价值的集中体现,一项事实利益要获得法律的保护,它就必须遵守法律所遵循的价值准则。因此,即使商誉本身是标识使用的自然结果,也需要受到法律检验,然后筛选出符合商标法价值的商誉,剔除危及政治国家和国际组织形象、有悖道德风尚而造成不良影响、产生欺骗性指向损害消费者利益等的部分,然后将筛选出的商誉注入标识容器中。含禁用元素或侵权元素的注册商标,其对禁用元素使用或侵权使用所产生的商誉也就不能随着“合法使用”的输入管道被积累在标识里。“使用合法”以注册商标标识合法为前提,实践中,法院通常以违反何种法律作为判定商标法意义上使用的首要因素。在“卡斯特”商标案中,最高人民法院认为,注册商标在使用过程中是否违反进口、销售等方面的法律规定,并非商标撤销条款所要规范和调整的问题,只要在商业活动中公开、真实地使用了注册商标,且使用行为本身没有违反商标法规定,就认为是商标法意义上的使用。[1] 在“三枪”商标案中,最高人民法院明确指出,商标权利人使用复审商标的行为是否违反其他法律法规规定,并不属于2001年《商标

---

〔1〕 最高人民法院行政裁定书,(2010)知行字第55号。

法》第 44 条第 4 项规范和调整的范围,并对商标注册人未取得电动摩托车生产资质,其生产电动摩托车系非法行为,相关证据不能作为商标使用证据采信的理由。[1] 可见,总体而言,只要注册商标的使用并未违反商标法规定,纵使有其他违法行为,也不影响“使用”的认定。商标法律下的使用违法有哪些情形呢? 因为“使用合法”以注册商标本身合法性为前提,就仅需考虑《商标法》第六章“商标使用的管理”中对注册商标的约束条款,即第 49 条第 1 款,但如前所述,实践中只要未改变商标的显著特征,仍应认定为使用,故“使用违法”中的“法”包括《商标法》第 49 条第 1 款“改变显著特征”情形。另外,任何权利都不可超越立法目的而行使,如《民法典》第 132 条规定,民事主体不得滥用民事权利损害国家利益、社会公共利益或者他人合法权益,当注册商标权的使用构成权利滥用时,也构成“使用违法”。

如前所述,可识别性、非功能性以及非恶意性影响着商标是否可以被注册,但不影响其作为商标使用。特别是此处的非恶意性指的是不以使用为目的的恶意商标注册申请,商标被使用时,说明使用人具有使用意图和真实、公开使用行为,自然也就不具有恶意,至于是否可能损害他人权利,则不在该条款的规范范围。首先,以可识别性为例,识别性的高低决定着标识本身所能积累的商誉量,无识别性的标识相当于充满漏洞的水瓶,很难积水,识别程度越高,漏洞越小、越少,水就很难流出,只要有源源不断的水流入水瓶,瓶中的水位就会越来越高,商誉也会越来越多。其次,“非功能性”适用于非传统商标注册的特殊情形,作为禁止注册的对象,主要是考虑各知识产权法分工不同以及公共领域保留问题。商标法有其自身的任务,具备功能性的三维标识可能

[1] 最高人民法院行政判决书,(2019)最高法行再 170 号。

属于外观设计、实用美术作品的保护范围，如果商标法再予以保护，可能会形成权利层叠，加剧权利冲突；而且，禁止功能性标识注册，也是为了促进生产经营者之间的公平竞争，防止任何人永久地圈占公共领域的符号资源。[1] 以图 6－2 为例，具有功能性的三维标识本身不具备积累商誉的法律能力，流入的水再多，也会因瓶身的漏洞而荡然无存。最后，不以使用为目的的恶意商标注册申请，其单个标识本身并无瑕疵，问题在于商标申请人的主观上无使用目的以及客观上有囤积行为。按照图 6－2 模型，不会涌入水流的水瓶，没有存在的必要，“恶意性”商标在很大程度上不会被使用，也就不会产生商誉，也就没有为其提供标识“容器”的必要，故对该类商标注册申请不予核准。

人们费尽心思挖井求水，尽可能寻找不会漏水的水瓶，想要装更多的水，希望在不浪费一点“力气”的同时给自身带来更多的利益，如果漏水是常态，还要保持基本水位，就需要持续挑水。商标注册人选定标识并经审查核准后，商标被登记在商标注册簿中，一经登记，“标识”就被确定了，无论它作为商誉容器的合适度高低。之后商标注册人就会对注册商标进行使用，将合法使用部分产生的商誉导入标识内，无奈标识天然存在漏洞，商誉会自然流失，意味着标识需要持续被使用，才能保证商誉量保持在基本水平，这个基本水平，就是指注册商标权利的圆满状态，高则如虎添翼，低则作茧自缚。那么基本水平应如何确定呢？

如图 6－3 所示，排他权的范围大于专有使用权，专有使用权对商标注册人是独占范围，对他人而言也是排他范围，该排他范围是排他权利范围的组成部分。一般而言，注册商标的使用程度越高，识别性越

---

〔1〕 参见吴汉东：《知识产权法》，法律出版社 2021 年版，第 515 页。

强，积累的商誉越多，商标的排他权利范围就越大，但专有使用权以及与之范围相对应的排他范围不会发生任何变化，仅影响商标排他权利的外延。如果商标标识本身不存在任何注册瑕疵，即使其排他权利范围再小，注册商标也至少可以在专有使用权的部分独占使用注册商标并禁止他人使用，此保护力度或者权利保护范围就是前述的“基本水平”。标识本身不具有合法性、非冲突性的，专有使用权本身就不能被充分行使，也就丧失了对应的排他权利；当注册商标不具有识别性、非功能性和非恶意性时，本身就不属于可注册的范围，也就不能产生专有使用权，更不必谈排他权，此时注册商标的权利范围或者保护力度就低于“基本水平”，于是，注册瑕疵就成为限制注册商标权利内容的正当原因。

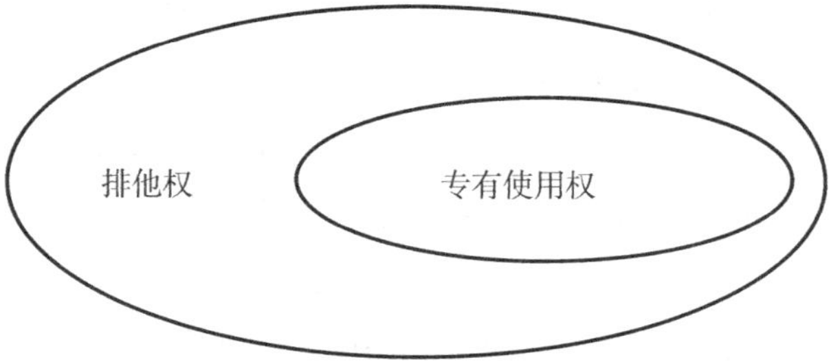

图 6－3　注册商标权利关系

3. 不使用对注册商标权利的限制

没有水的水瓶，徒具“空壳”而已，即使他人欲“窃”，也将无功而返。注册商标未经使用不能产生商誉，商标标识内无任何商誉积累，他人未经许可，在同一种或者类似商品或服务上使用与注册商标相同或近似的商标，也不能对商标注册人的商誉造成任何损失，商标注册人将不能获得赔偿。前述未经使用其实具有“从未使用”“停止使用”两层含义,“从未使用”指自商标注册以来,商标注册人并未进行真实公开的使用,“停止使用”是指注册商标曾经在商业活动中被使用过,但目前不再使用。对于前者,前文已有论述,不再赘言;对于后者,基于相关公众的记忆规律,静态的事物是会被慢慢遗忘的。商品与商标之间以及商标与注册人之间的联系会随着使用而建立,也会因未使用而逐渐消失,商誉并非一成不变,它不是在增长就是在消耗:曾经的使用行为可能使商标标识内积累了大量商誉,一旦停止使用,便不能产生新的商誉,已有的商誉也会渐渐亏损,直至于无。就如同本身具有漏洞的水瓶,如果不持续注水,总有一天,水会流尽。如果非要给商誉自然归零一个期限,我国《商标法》认为它应是3年。《商标法》第64条规定,注册商标专用权人不能证明此前3年内实际使用过该注册商标,也不能证明因侵权行为受到其他损失的,被控侵权人不承担赔偿责任。当然,并非说连续3年未使用就必然会使商誉消耗殆尽,对于使用程度不高的注册商标,3年时间太长;而对于曾经较为知名的商标,3年时间又太短,法律应当将商标分类给予不同的商誉归零期限吗?大可不必!社会生活是多样的,商业模式也在日益更新,商标使用方式和场景越来越丰富,类型化程度对应着认知模型的精度,精度越高,成本就越大,当精度提高产生的收益显著大于随精度提高所获得的认知经济性成本时,才有意义。商标使用本身并不复杂,也并不存在较大困难,如果辅以更加复杂的类型化,除增加识别成本外,无益于问题更好地解决。此时,法律体系往往为了确保速度和普适性,不得不降低质量要求,而质量相比之下也是最适合牺牲的,[1]相比于具体问题具体分析,法律此时更需要的是一个确切的标准。另外,法条并未规定对注册商标连续3年

---

〔1〕 参见蒋舸:《作为算法的法律》,载《清华法学》2019年第1期。

未使用而一概不予赔偿，有“其他损失”的例外，至于如何认定，尚需探索，比如，因侵权使用而使他人未使用的注册商标声名狼藉，可以认定属于“其他损失”。[1] 不难理解，当注册商标的市场评价变低时，商标注册人如果要行使其专有使用权，必然要付出比常态下更多的成本，更多的部分就是侵权人需要赔偿的部分。

注册商标连续3年不使用影响着侵权赔偿的有无，使用程度影响着赔偿金额的高低。仍以图6－2为例，流入瓶内的水越多，瓶内的水位就越高，参考液体压强公式：$P = \rho gh$，密度 ρ 不变，重力加速度 g 不变，水位 h 越高，压强 P 就越大。如果瓶底有出水管，且水管管径 d 不变，压强越大，出水管中水的流速 Ve 就越大，相同时间 t 下，出水量 $Vo = tdVe$，Ve 与 Vo 成正比；逻辑上水位 h 越高，出水量 Vo 就越大。商标使用程度越高，所产生的商誉就越多，标识内商誉积累水平就越高，此时如果存在商标侵权行为，侵权者对商标注册人造成的损失就越大，根据“填平原则”，侵权者就应该赔偿商标注册人更多的损失；反之，如果注册商标使用程度不高，商标注册人也只能从侵权者处获得较少的赔偿。有关侵权赔偿的《商标法》第64条以及《最高人民法院关于审理商标民事纠纷案件适用法律若干问题的解释》第13～16条均有将商标的使用情况作为考虑因素的体现。总体而言，商标侵权赔偿的计算方法包括“权利人损失”“侵权人获利”“使用许可费的合理倍数”“法定赔偿”。“权利人损失”中对使用程度的考量前文已有论述；“侵权人获利”虽不完全是“权利人损失”的另一种表达，但学者常以不当得利理论作为支撑该计算方法的法律基础，不无道理。仍以水瓶举例，水位与出水量呈正相关关系，流出的水越多，窃水者所得就越多；商标

[1] 参见孔祥俊：《商标法原理与判例》，法律出版社2021年版，第763页。

使用程度越高,侵权者所得之侵权利益也就越多,皆因所得利益系侵权而来,故应将其归还于权利人。即使侵权者使用侵权商标获得了比权利人损失更多的利益,也不外乎“毒树之果”;即使侵权者为侵权商标的使用付出颇多,也应将其认为是违法成本;没有正当性,在法律上应当给予负面评价。超出损失范围的利益按照“侵权人获利”的计算方法归于权利人,一方面是对侵权人的惩罚,另一方面,按照“谁主张,谁举证”的证据规则,“侵权人获利”的证据由原告提供,而客观上这些证据又掌握在被告手中,原告的举证难度较大,一般会投入较多成本,故在填平原告损失之外,对原告予以适当补偿属情理之中。商标使用程度也影响着“使用许可费的合理倍数”,商标许可使用与侵权使用相比,均是在利用注册商标的商誉,区别在于是否经过商标注册人允许。所以前文关于侵权行为对商誉损害影响的分析结论,也可以应用在许可使用场景中,即商标使用程度越高,客观情况下,商标使用许可的费率就越高,当事人双方约定的许可费率明显低于客观费率时,为了尽可能弥补权利人的损失,可以根据许可费的合理倍数确定赔偿额。如果说商标使用程度对前述 3 种计算方法的影响不够明显,“法定赔偿”就明确地将商标使用程度作为考虑因素,《最高人民法院关于审理商标民事纠纷案件适用法律若干问题的解释》第 16 条第 2 款规定,在依照法定赔偿确定赔偿数额时,应当考虑侵权行为的性质、期间、后果,侵权人的主观过错程度,商标的声誉及制止侵权行为的合理开支等因素综合确定。本条款虽未言及商标使用,但提到了商标声誉,使用是声誉的来源,声誉的高低就是使用程度的体现。另外,前述司法解释还规定可以以达成赔偿协议的方式确定侵权赔偿额,权利人的诉求金额确定会考虑其损失,侵权者回应的赔偿额也是基于其获得的利益,“损失”“利益”均与商标的使用程度相关。整体上,商标的使用程度影响着侵权赔偿额，不使用限制商标赔偿请求权的保护力度，它们的关系如图 6 - 4 表示。

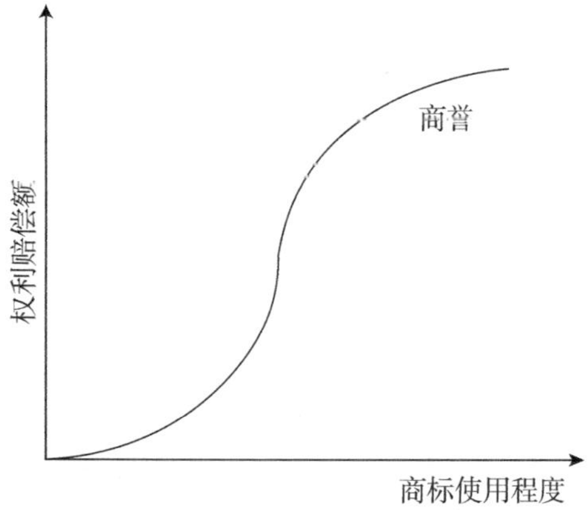

图 6 - 4　商标使用程度—商誉—侵权赔偿额关系

虽因注册商标未连续使用致使被告不承担赔偿责任，但不影响停止侵权法律责任的承担。商标注册申请采取的先申请原则，即对先提交的商标申请予以注册，同时提交的，注册在先使用的商标。注册的意义之一在于，推定商标注册人可以在注册范围内享有专有使用权并享有相应的排他权，他人逾越进入注册商标权利保护范围，商标注册人有权予以禁止。如按图 6 - 2 理解，瓶内无水，他人虽不能窃取，但如果允许他人始终将出水管安装在水瓶上，将会使水瓶的所有人产生不能或者难以积水的担忧，为了排除这种危险，水瓶所有人就有权要求将出水管拆除。故而对于“注而不用”的商标，我国商标法也并未禁止停止侵害请求权的行使，仅就是否作出赔偿方面作出特殊安排。如果他人认为水瓶所有人常年霸占水瓶，而不存水，为了充分利用水瓶资源，就可以申请依法让水瓶重新回到公共领域，由公众挑选使用。我国《商标法》第49条规定，注册商标没有正当理由连续3年不使用的，为了有效利用商标资源，任何单位或者个人可以向商标局申请撤销该注册商标。

他人未经许可，在同一种或者类似商品或服务上使用与他人连续3年不使用的注册商标相同或近似的商标，商标注册人仍有权予以禁止，但因其未使用，未能积累商誉，将影响该权能的辐射范围。在图6－3的基础上，将排他权进行细分，得到图6－5。

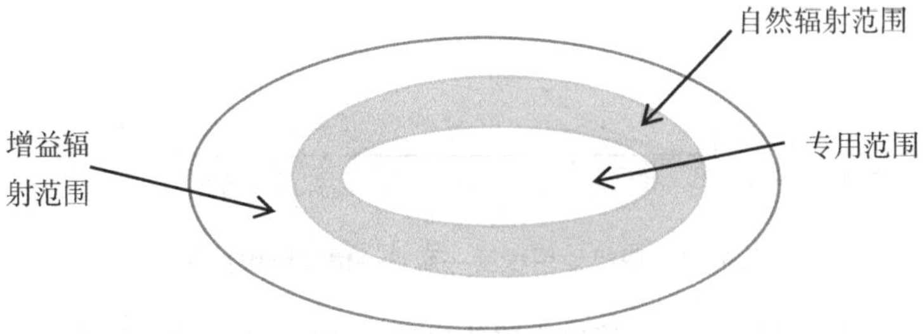

图6－5　排他范围细分

如图6－5所示，商标排他范围由"专用范围""自然辐射范围""增益辐射范围"组成，"专用范围"是从注册范围出发，禁止他人在未经允许的情况下，在同一种商品或服务上使用与注册商标相同的商标。"自然辐射范围"和"增益辐射范围"均指他人未经许可，在类似商品或服务上使用与注册商标相同的商标或者在同一种商品或服务上使用与注册商标相近似的商标，容易导致相关公众混淆的情形。此处的"类似""近似""容易混淆"均属于专有范围的辐射范围，"自然辐射"是指在不考虑注册商标是否使用的情况下，相关公众基于自己的已有认知对"类似""近似"进行自然理解，然后以相关公众的理解为基础，确定的混淆可能性范围。"增益辐射"是指注册商标经过使用，使相关公众在商标与商品之间建立了更为密切的联系，在自然理解的基础上，增加了联想空间，即使注册商标与侵权商标“类似”“近似”程度不高，也容易关联起来，导致相关公众发生混淆。比较三者之间的范围大小，“专用范围”<“自然辐射范围”<“增益辐射范围”。同样以水瓶为例，既然称为瓶，必有其基本轮廓（对应专有范围），瓶内虽无水，但为了保证其基本的储水能力，瓶身应具有一定厚度（对应自然辐射范围），当瓶内积水较多，水位较高时，为了保持储水量、避免水压破坏瓶身，就有必要增加瓶身厚度。不具有识别性的未注册商标就如同仅有轮廓的水瓶，不具备储存商誉的能力，注册商标推定具有识别性，该识别性在轮廓的基础上，增加了瓶身厚度；识别性的高低决定着瓶身的自然厚度。随着注册商标的持续使用，商誉越来越高，识别性就会获得增益，瓶身就会加厚，标识本身的排斥范围也会越来越大，直至作为驰名商标，获得跨类保护。总言之，注册商标的使用程度、识别性以及排他范围之间具有密切联系，三者之间的关系如图6－6所示。

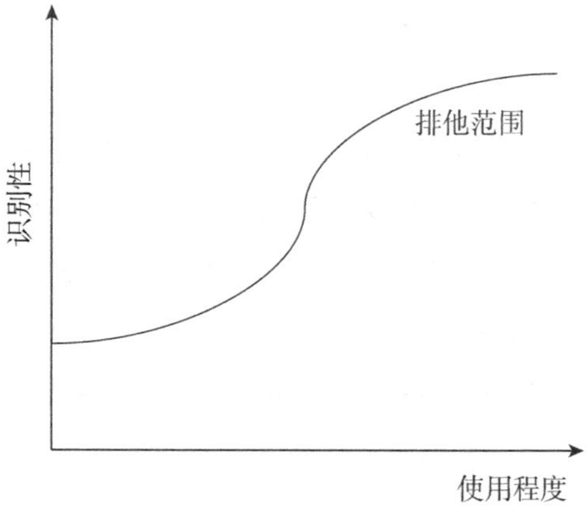

图6－6　使用—识别性—排他范围关系

综上所述，对未使用的注册商标权利的限制体现在损害赔偿请求权和停止侵害请求权两个方面。其中，商标未使用的程度影响损害赔偿请求权是否被允许行使以及赔偿金额的确定：当注册商标连续3年未使用时，侵权者通常不承担赔偿责任；使用程度越高，赔偿金额越高，反之就越低。注册商标未使用的程度影响禁止权的射程：纯粹未使用的注册商标仅能在专有范围和自然辐射范围内行使排他权利，使用程度越高，增益辐射范围就越大，注册商标权利射程就越远。因此，商标的使用程度影响着对注册商标的保护力度，不使用将限制注册商标权利保护范围。

二、发挥司法能动性，适应新时代要求

我国对瑕疵注册商标的治理方式集中于采取行政管理措施，却忽视了司法机关在其中的作用。所有的注册商标均在个案中被司法机关甄别及筛选，尽可能地使具有正当性基础的商标获得保护，符合社会期待。中国采取职权分开体制对商标进行保护，基于对行政机关注册决定的尊重，民事司法直接审查商标有效性常常受到制度阻碍。例如，《商标法》规定，瑕疵注册商标的撤销、无效由国家知识产权局处理。《最高人民法院关于审理注册商标、企业名称与在先权利冲突的民事纠纷案件若干问题的规定》亦规定，原告以他人使用在核定商品上的注册商标与其在先的注册商标相同或者近似为由提起诉讼的，人民法院应当告知原告向有关行政主管机关申请解决。因此有必要在民事司法案件中，对瑕疵注册商标予以直接治理。

“人民法院不仅是审判机关，同时也是社会治理的参与者，是国家社会治理体系中不可或缺的组成部分。”[1]这就要求人民法院在个案

---

[1] 拜荣静、韩瑞：《司法治理能力现代化中人民法院的功能定位与创新》，载《应用法学评论》2021年第1期。

审理中，同时注重法律效果和社会效果，不仅要求法律适用正确，符合立法目的；还要求判决可以作为该类纠纷解决的示范，能够对社会进行正面引导。如前所述，在瑕疵注册商标治理过程中，民事司法如果将对瑕疵注册商标的治理责任拱手让与行政机关，则不利于纠纷的妥善解决。不可否认，民事司法否定瑕疵注册商标的法律效力缺乏直接的法律规则，这也是一部分司法者无奈的原因，但并非无路可走。我国知识产权工作正在从追求数量向提高质量转变。[1] 要坚决打击不以使用为目的的商标恶意注册行为，科学合理地界定商标权权利边界与保护范围，促进商标申请注册秩序正常化和规范化；强化商标使用对确定商标权保护范围的作用，积极引导权利人持续实际使用商标，发挥商标的识别功能，保护消费者合法权益。[2] 在新时代背景下，司法者应当发挥主观能动性，积极对瑕疵注册商标进行治理，为时代主旋律唱好和声。

1. 目标：法律效果与社会效果协调统一

司法同时具备法律效果和社会效果，“合法”是检验法律效果的前提，“合理”是实现社会效果的条件。通常情况下，两者并不矛盾，立法者在制定法律时，就将社会效果考虑在内，所以在执行法律时，法律效果和社会效果会同时实现。相对于社会的复杂性和进步性，法律具有不完备和滞后的特性，这就意味着，法律效果和社会效果有时不能协调统一，“合法”和“合理”的步调可能不一致。“法官的职责就是要在过

〔1〕 参见国务院研究室编写组：《十三届全国人大四次会议〈政府工作报告〉辅导读本》，人民出版社、中国言实出版社2021年版，第254页。

〔2〕《最高人民法院关于加强新时代知识产权审判工作为知识产权强国建设提供有力司法服务和保障的意见》。

时的法律和社会迫切要求的斗争中讲出自己有分量的话。”[1]法官就是要在法律的框架内实现社会效果，讲求合法且合理。法官作为司法者，一方面，他适用法律裁决争议，另一方面，他查明事实明辨是非；他相对于立法者，可以近距离发现社会矛盾，也能更快发现变化；过去的法律规则能否适用于当下以及适用法律产生的社会效果，法官也能直接感知。因此，当适用法律规则的社会效果明显危害社会稳定、影响经济发展、引导不良价值观念等时，法官就应当发挥司法能动性，解释乃至超越法律规则。

之所以强调“法律规则”而非法律或者法律原则，是因为在适用法律时，规则先于原则适用，原则作为解释规则或者弥补规则的法源，发挥兜底性作用，避免直接适用原则而造成法律适用向原则逃逸的情况发生。实际上，在法律规则的解释空间内实现社会效果并不困难，如果再以法律原则辅之，基本上可以在法律框架内做到法律效果与社会效果相协调，否则就只能创设规则。相对应，虽然对社会效果的追求是保障和维护广大人民群众根本利益的需要，但一切司法活动都应在法律体系内进行，不能顾此失彼。

首先，在法律适用上，要避免机械主义，善于把握立法精神，运用法律解释方法，寻求社会效果。法律不是文字，文字仅仅是规范的载体，适用法律，就要先理解法律，而不是把法律条文的文义当作根本的法律精神，毕竟文字和欲表达之内容始终有差距。司法者要认识法律目的和规范真意，要在每个案件中发现与事实有关的经济、社会甚至是政治问题，力争在每一个司法案件中达到良好的社会效果——让当事人满

〔1〕［德］马克思、恩格斯：《马克思恩格斯选集》第1卷，中共中央马克思恩格斯列宁斯大林著作编译局译，人民出版社1995年版，第274页。

意，使群众接受，为当下急需解决的问题找到方案，引导群众向上、向善，推动社会发展。诚然，社会效果的含义是丰富的，不同的主体因为利益的不同可能会提出各异的诉求，特别是在一些棘手的案件中，群众满意的结论对当事人可能不公平，解决问题的临时方案可能影响法治的长远大局，一份判决也很难让双方都满意。乍一看，法官不仅要理解法律，还要考虑背后的社会效果，似乎作出一份判决太难了。其实不然，任何一个案件都有主要矛盾和次要矛盾，要抓住处于支配地位，对事物的发展起决定作用的主要矛盾，兼顾处于从属地位，对事物的发展不起决定作用的次要矛盾，把握各种社会效果之间的位阶关系，找到案件的重心以及纠纷的本质，问题就会迎刃而解。比如，在“歌力思”案件中，原告以非正当目的取得“歌力思”商标注册，随后将作为在先权利人的深圳歌力思公司以侵害商标权为由诉至法院，一审、二审法院将重点放在被告使用被诉侵权商标的行为是否容易引起相关公众混淆上，忽视了深圳歌力思公司关于原告恶意注册和使用商标的抗辩，最后得出“构成侵权”的结论。[1] 如果机械地适用商标法律，一审、二审法院的判决结果似乎正确，但如果考虑判决带来的社会效果——诚实者受欺、投机者获益，群众接受度不高，引导市场向下竞争，不利于市场经济秩序的建设。最高人民法院作为再审法院，敏锐地将原告取得和行使注册商标是否正当作为审查重点，然后得出原告权利滥用的结论，驳回了原告的全部诉讼请求。再审判决释放了商标“抢注无用”的信号，对恶意抢注商标后行使权利的行为亮起红灯，维护了良好的竞争秩序，群众满意度高，影响深远，以至于最高人民法院在再审审结该案3年之后，仍将其列为指导性案例。与此同时，追求社会效果要警惕庸俗的法

[1] 最高人民法院民事判决书，(2014)民提字第24号。

律实用主义倾向,合法性是裁决案件的前提,不可仅考虑社会效果而在法律之外判决,法律效果永远是第一位的。北京西四公司从他人处受让“西四社”商标,因华天饮食集团等在其经营活动中使用了“西四包子铺”作为商标,北京西四公司将华天饮食集团等诉至法院。一审法院认为,北京西四公司成立以及取得和使用涉案商标的意图难谓正当,华天饮食集团等系“西四包子铺”的正当使用人,北京西四公司行使商标专用权的结果会导致当事人利益失衡,认定北京西四公司商标专用权的行使违反了诚实信用原则,构成权利滥用,依据法律规定,应当认定该滥用行为不发生相应的法律效力,遂驳回了北京西四公司的全部诉讼请求。二审法院认为,权利滥用系对权利人的行为进行的法律评价,被诉行为人是否具有正当性不是权利滥用的判断根据,一审判决以华天饮食集团等在其开设的主营包子的饭馆中使用“西四包子铺”具有正当性作为构成权利滥用的理由没有法律和法理根据。权利滥用针对的是权利人行使自己享有的权利的行为,本案未有证据证明“西四社”商标系恶意抢注,或者存在《商标法》第 44 条第 1 款规定无效宣告情形的情况,一审判决直接以北京西四公司成立和受让商标并非善意作为认定权利滥用的理由没有事实和法律根据。而且,权利人在行使自己享有的权利时是否存在其他侵权行为,不应当作为认定构成权利滥用的要件,华天饮食集团等在店铺招牌中使用“西四包子铺”,悬挂“西四包子铺 · 赋”的行为缺乏善意以及上诉人不仅未对“西四包子铺”予以合理避让,并开设店铺对“西四包子铺”进行使用作为权利滥用的理由不能成立。[1] 虽然二审法院维持了一审判决结果,但理由完全不同,区别在于二审判决真正做到了把握法律真意,不为追求社会效果而陷入法律

---

〔1〕 北京知识产权法院民事判决书,(2022)京 73 民终 1838 号。

实用主义的泥淖;尤其在判决结果未变的情况下,仍对法律适用部分予以纠正,体现出二审法院的“依法”精神。

其次,法律规定不能细致到每个案件,法律一般只是对一些常见纠纷进行规范,并以这类纠纷的共性元素为基础,那么法律就不可避免地与充满个性的现实情况有所差距。人的认识是有限的,立法者难以充分归纳过去以及准确预见未来,只能对一些较为突出的现象作出规范并尽可能地展现对未来的指导意义。在这一点上,立法者都较为乏力,到底是针对每个案件都作出具体规定,还是应该作适当归类,归类的程度应如何把握?制定法律时必然会考虑规范的法律效果以及所欲达到的社会效果,要是针对每个案件都能有恰当贴切的规定,案件就必然可以实现法律效果与社会效果的协调统一。但是如此困难,立法者不能认识到社会的所有细节,也不能有对未来有充足的准备,立法者也没有精力和时间对每个案件都量身定做法规,而且,这样的规定也很容易“过期”,更重要的是,立法者无法对从未发生的事物进行规范。于是,法律条款必须在一定层级上对相关类型案件争议的处理规则进行概括,这样立法和规范才具有效率,更具普适性,但可能缺少准确性。概括的法律虽然也考虑了其实施之后的效果,但其考虑的基础并非每一个个案事实的具体情况以及对应的经济、社会乃至政治关系,立法的科学性越高,法律概括得越准确,离每个案件争议解决的优质“答案”就越近。即便如此,法律与“答案”之间始终有距离,只是远近与否。在一些普遍性案件中,法律与“答案”无限接近,法律近乎解决争议的优质方案,一旦在此基础上附加了需要法律评价的个性,法律实施之后的效果以及带来的社会效果,与作为真正解法的“答案”对应的优质效果相比,可能会产生偏差,并呈现如后特征,|答案—法律| = |答案效果—法律效果| + |答案实施社会效果—法律实施社会效果|。当|答案—法

律|值增大时,表明偏差增大,就可能会出现三种情况,一是|答案效果—法律效果|值不变,|答案实施社会效果—法律实施社会效果|值增大,说明如果严格实施法律,将难以实现优质的社会效果;二是|答案效果—法律效果|值增大,|答案实施社会效果—法律实施社会效果|值不变,说明法律期待和要求社会应当达到的一种预期状态并不如答案理想;三是|答案效果—法律效果|值增大,|答案实施社会效果—法律实施社会效果|值也增大,法律实施所欲实现的社会理想状态和实然带来的社会效果均不如答案优质。无论在前述哪一种类型下,法律都具有缺陷。任何法律一经制定就已滞后,就已和个案产生距离。法律是“死”的,但司法者是“活”的,法律虽然因概括归类与具体个案的“答案”有偏差,但也就更具解释空间。司法者可以在具体个案中,发挥主观能动性,运用法律方法,弥补距离,修正偏差,使法律回到与答案相同的理想状态和现实状态。在“乔丹”案中,乔丹公司在第25类“鞋”等商品上注册了多个“乔丹”文字商标,且已经超过5年争议期,“乔丹”牌运动鞋在相关市场上具有很高的知名度。因卓越公司在亚马逊中文网站上实施了宣传、销售非乔丹公司生产的“乔丹”牌运动鞋类商品等行为,乔丹公司以卓越公司侵害了其“乔丹”商标权为由诉至法院。卓越公司辩称其销售的运动鞋系耐克鞋,耐克公司与运动员迈克尔·乔丹签署了品牌代言协议,耐克公司与经销商有权在销售耐克商品的过程中使用迈克尔·乔丹的姓名。此情此景,如果按照传统思路判决,因为权利商标为有效商标并且已经超过争议期,被告对被诉侵权标识的商标性使用行为,将侵犯原告的注册商标权,从而实现制止混淆的法律效果。但是,最高人民法院已经在(2016)最高法行再27号行政判决中认定,乔丹公司明知迈克尔·乔丹在我国具有长期、广泛的知名度,仍然使用“乔丹”申请注册商标,容易使相关公众误认为使用该商标的商

品与迈克尔·乔丹存在代言、许可等特定联系，该行为具有明显的主观恶意。[1] 本案如果按照前述传统思路判决，将会产生“违法者获利、诚实者受损”的社会效果。但是，本案法院能动解释法律，以法律未明文的“答案”处理本案—— 对乔丹公司取得“乔丹”商标权行为的正当性进行评价。虽然本案的“乔丹”商标因迈克尔·乔丹已经超过5年无效宣告请求的保护期限，但其合法存续状态并不意味着上述商标的取得系合法、正当的，乔丹公司主张的市场秩序或者商业成功并不完全是乔丹公司诚信经营的合法成果，而是在一定程度上建立于相关公众误认的基础上，维护此种市场秩序或者商业成功，不仅不利于保护姓名权人的合法权益，而且不利于保障消费者的利益，更不利于净化商标注册和使用环境。注册商标专用权的范围包含允许权利人合法使用注册商标以及禁止他人违法使用商标，虽然乔丹公司是“乔丹”商标的权利人，其有权在法律规定的范围内使用，但是基于该注册商标存在一定权利瑕疵，故在他人合法行使“乔丹”在先权利范围内，乔丹公司行使禁止权缺乏正当性，遂驳回了乔丹公司诉讼请求。[2] 《商标法》第45条规定，在争议期内，在先权利人或者利害关系人可以请求国家商标行政机关宣告该注册商标无效。超过争议期的注册商标，理所当然就是不可争议的。商标注册人对不可争议的注册商标当然享有注册商标权。本案法院并未否定这一点，依据学理上注册商标权由“专用权”与“禁止权”组成的观点，以缺乏正当性限制禁止权的行使，能动地对注册商标权的保护范围进行解释，一方面尊重行政权力，不否定注册商标的效力；另一方面又强调权利行使的正当性前提，在法律框架之内维护了被

---

〔1〕 最高人民法院行政判决书，(2016)最高法行再27号。

〔2〕 北京知识产权法院民事判决书，(2020)京73民终1506号。

告的合法权益，给社会传递了正面的信息，并引导公众诚信经营，使理想与现实洒满阳光，弥合了法律与答案之间的距离，纠正了效果偏差，实现了法律效果与社会效果的协调统一。

最后，能动司法不是肆意司法，合法合理地审判是司法的基本要求，法律的边界就是能动的限度，我们追求在每一个案件中实现法律效果与社会效果的协调统一，但若在每一个案件中都需要法官花费大量精力去分析、去论证，对个案而言，这种能动无法保证司法效果，对社会而言，这种能动降低了整体审判效率，事倍功半。要是有这么一种指引就好了，它可以集中各地法官处理类似突出问题的先进经验，也能将经验整理、筛选后推广到全国范围，以点带面，以面带全。司法政策作为当代中国司法体制中一个特殊的制度设置，它以当下的政法体制、司法理念和社会现实为基础，具有时代和地域的合理性，是开展司法治理的重要途径与手段，在个案裁判对法律效果与社会效果的统一中发挥促进作用。[1] 司法政策与法律不同，它是由社会少数精英审核通过，而且，这些精英往往并不直接面对当事人、面对案件，按照道理，精英并没有一手资料，因此，他们要制定合理的司法政策，必须主动地听取民意，然后通过司法政策回应民意。由精英制定司法政策的优势在于，他们本身掌握了足够的法律知识，积累了大量社会经验，能近距离理解党和国家的大政方针，并贯彻执行，在把握当前社会形势的基础上，引导司法参与社会治理，更能够弥补法律的缺陷和不足。相对于法律的安定性，司法政策更为灵活，更能够适应当下的社会变化。司法政策确定的价值取向，采用的审判观点，可以在具体的案件中，为法官释明方向，减少论述成本和不确定性，消除“错判”隐忧，保证了判决的合法性；同

---

〔1〕 参见李红勃：《通过政策的司法治理》，载《中国法学》2020 年第 3 期。

时,因为司法政策在制定时也将合理性考虑在内,司法政策的贯彻也是社会效果的实现,帮助法官在个案中实现法律效果与社会效果的协调统一。如此,便对司法政策的准确性、科学性要求非常高,因司法政策的实施关系到每一个相关个案,不允许有"容错率"产生,因为可能"你办的不是案件,而是别人的人生"。每一个错案都可能对当事人产生巨大影响。政策不得滥用,"若缺乏合理的制度支撑和规范,司法政策就有可能被泛化和滥用,从而对司法公正产生冲击,并在长远意义上损害中国法治"。[1] 国家、省、市、区各级人民法院都曾制定自己的司法政策,导致当事人乃至法官不知如何对待,为了规范法律适用,在2012年《最高人民法院、最高人民检察院关于地方人民法院、人民检察院不得制定司法解释性质文件的通知》禁止地方人民法院、人民检察院制定在本辖区普遍适用的、涉及具体应用法律问题的"指导意见""规定"等司法解释性质文件,制定的其他规范性文件不得在法律文书中援引。进一步地,2020年《最高人民法院关于规范高级人民法院制定审判业务文件编发参考性案例工作的通知》,有条件地允许高级人民法院通过制定审判业务文件、编发参考案例等方式进行审判指导。从制定司法政策的法院层级可以看出,最高人民法院对待司法政策是审慎的,也是必需的,否则各级法院可能架空法律,实行地方主义,不利于维护法律的权威和司法的公信力。另外,目前的司法政策一边在宏观层面执行着党和国家政策,一边又在微观层面指导着案件裁判,在一定程度上发挥了司法解释的作用。比如《最高人民法院关于当前经济形势下知识产权审判服务大局若干问题的意见》指出:"认定商品类似和商标近似要考虑请求保护的注册商标的显著程度和市场知名度,对于显著性

---

〔1〕 李红勃:《通过政策的司法治理》,载《中国法学》2020年第3期。

越强和市场知名度越高的注册商标，给予其范围越宽和强度越大的保护。”直接规定了判断商标保护范围和力度的考虑因素。对于这类微观规则，因为并非司法解释，对法院和当事人并没有强制效力，不能作为裁判依据，但它又恰到好处地引领裁判。一方面，司法政策表明了最高人民法院或者高级人民法院关于某类案件的裁判态度，如果下级法院毫无理由地不予遵守，可能会被改判；另一方面，司法政策没有强制性效力，给予了法官足够的裁判空间，不至于束缚手脚。面对具体个案时，法官最有发言权，最能考虑案件的法律效果和社会效果，所以在一些个别情况，允许法官不遵守。例如，在“女人”商标案中，主审法官在其发表的一篇文章中提道，虽然《最高人民法院关于当前经济形势下知识产权审判服务大局若干问题的意见》明确指出：与他人著作权、企业名称权等在先财产权利相冲突的注册商标，因超过商标法规定的争议期限而不可撤销的，人民法院不再判决承担停止使用该注册商标的民事责任。但是其认为对该司法政策文件精神不应作机械理解，要结合案件具体情况综合判断，是否需要判令停止使用，应当重点审查被诉侵权商标是否经过使用形成稳定的市场秩序。〔1〕盲目地在个案中遵从司法政策，忽视法律精神，可能会本末倒置，这恰恰是司法政策制定者不希望看到的，他们希望法官可以在个案中在法律框架内，独立思考，发挥司法智慧，创造出符合时代精神、满足人民企盼、引领规则导向的伟大判决〔2〕，从而实现法律效果与社会效

---

〔1〕 参见蔡伟、欧群山：《侵害在先权利的注册商标是否应判决停止使用》，载《人民法院报》2018 年 11 月 8 日，第 6 版。

〔2〕 2022 年 1 月，时任最高人民法院院长周强在全国高级法院院长会议上强调，“广大法官要有自信担当，坚定信仰信念，厚植为民情怀，夯实法律功底，增长社会阅历，积淀文化底蕴，发挥司法智慧，努力创造符合时代精神、满足人民企盼、引领规则导向的伟大判决，以优秀的判决弘扬社会正义，树立社会新风尚”。

果的协调统一。

2. 方法:把握实质公正,善用法律解释

(1)把握实质公正,与形式公正协调统一

人民群众的感受是司法公正的“晴雨表”。习近平总书记强调,要让人民群众在每一个司法案件中都感受到公平正义;人民法院要深入践行以人民为中心的发展思想,悟透“我是谁、为了谁、依靠谁”等基本问题,始终把实现好、维护好、发展好最广大人民根本利益作为出发点和落脚点。[1] 深刻认识人民群众之间的内部矛盾,案件当事人之间的根本争议,是实质性化解纠纷的关键。不管采用何种商标取得制度,“使用”均是商标发挥识别作用的本质,“合法使用”是商标获得保护的正当性前提,不能注册的商标在使用取得制度下也不能获得权利保护,商标质量是两种制度共同的追求。长期以来,瑕疵注册商标问题困扰着商标注册取得制国家,除商标注册审查不可避免地存在漏审“瑕疵”的问题外,司法部门在民事侵权审判中如何对瑕疵注册商标进行治理也是一大“症结”。公正的商标注册制度不应该造就一个不公正的审判结果。但何为公正,不同主体因其所处利益位置差异,可能会有不同认识,法律代表的不是每一个人的利益,而是最广大人民的根本利益,所以法律必须在共识的基础上建立一个标准,让法律所确认的公正标准反作用于共识的发展,也所谓引导。法律本身体现了一定的价值取向,但就具体法律条文而言,其背后之精神,直观上可能难以被感知,需要在具体的司法适用中通过说理与裁判予以补充。一般来说,将公正分为形式公正和实质公正。形式公正将适用既定法律规则、原则作为

[1] 参见周强:《在习近平法治思想指引下奋力推进新时代司法为民公正司法》,载《求是》2022 年第 4 期。

要求，实质公正在此基础之上，讲究是否公正、高效、实质性地化解矛盾纠纷。在商标民事侵权案件中，商标注册即发生法律效力，即使存在瑕疵，当注册人以该存在瑕疵的商标行使权利时，审查被告是否存在商标法规定的侵权情形，并在此基础上作出裁判就符合形式公正。如果判决构成侵权，可能会导致原告以其违法行为而获利的局面产生；更进一步地，合理平衡好不同利益，将原告瑕疵商标注册的不正当性考虑在内，使违法行为人得到否定评价，将会满足实质公正。

我们到底应该追求形式还是实质？就当事者而言，取决于其看问题的角度，但从统一法律适用的角度出发，司法对公正的态度不应以个别人的意志为转移，而应采用折中标准，扬弃形式公正与实质公正的优缺点，将两者协调统一。形式公正主义者将法律规则、原则作为至上依据，认为恶法亦法，若法律未修改，就应当被遵守。上文提到法律规则之间、规则与原则之间、法典与法典之间，部门法与部门法之间都不是孤立的，整个法律体系有共性，各法之间也有个性，在适用法律时，以共性为基础，准确把握个性，才能真正理解个别法律规则背后之精神。所以，就规则谈法律是不充分、不准确、不合适的，形式公正有其可取之处，毕竟“世界上任何实质的东西，没有不以一定形式表现出来的”。[1] 但将其奉为圭臬，难免机械，也可能使裁判结果与法律目的南辕北辙，本末倒置。纯粹的实质公正主义者，更加关注案件的个性，不局限于法律条文，试图在个案中凭借个别的认知和价值取向得到一个“自以为是”的结论，然后认为该结论也能被群众接受。法官代表国家适用法律，他首先是一名司法者，其个人“情感”应让位于整个法律体系的规

〔1〕［德］马克思、恩格斯：《马克思恩格斯选集》第1卷，中共中央马克思恩格斯列宁斯大林著作编译局译，人民出版社1995年版，第176页。

范目的,一切司法能动都应当在法律的框架内进行,否则法官们可能会各执一词,使成文法律制度的优势被削弱,使公众难以预测行为后果,降低了行为的效率和行为者的积极性。所以,单纯形式公正或实质公正均不可取,实质公正需要在形式公正下实现,形式公正需要与实质公正相结合,在法律规范的基础上和框架下,实质性地化解争议,这是依法治国的必然道路,也是让人民群众切实感受到公平正义的应然选择。

纸面上的法律是静止的,法官的工作就是让静止的法律行动起来,展现其丰富多彩的一面。在法律适用层面上,实质公正要求法官能动地解释法律、发展法律。单个法律条文所展现的内容可能是片面的,即使用对了法律条文,也可能会因为理解错误,使之与法律精神相违背;大局观念在法律适用中同样合适,规则与其他规则、原则共同组成法律,规则适用时也需要放在整个法律中考虑,互相配合、互相制约,不能只见树木、不见森林。在具体案件中,如果按照法律条文的字面理解将导致不当的后果,法官就要能动解释规则。当法律与社会现实发生强烈、普遍的冲突时,法官就要发展法律,填补漏洞。在追求实质公正的道路上,一定要约束在法律内,不能为实体公正而忽视程序公正。在治理瑕疵注册商标的道路上,有人认为可以径行否定瑕疵注册商标权利的行使,在民事司法案件中宣告其无效。比如,在“恒生”商标案中,被告在相同的商品上注册并许可他人使用与原告“恒升”注册商标相近似的“恒生”商标,北京市第一中级人民法院认为被告违反诚实信用原则,侵犯了原告“恒升”注册商标权,应承担停止侵权、赔偿损失等民事责任。[1] 该判例与通常做法大不相同,一般来说,基于对行政权力的

〔1〕 北京市第一中级人民法院民事判决书,(2001)一中知初字第343号。

尊重,注册商标之间的争议,由国家商标行政机关先行处理,处理完毕之后方才审理民事侵权部分,然后才能判决承担侵权责任。虽然本案法官的理念值得肯定,但是步伐太大,不能适应当下的法律体系。在注册商标权利冲突中,如果未能充分说理,允许人民法院径行判决停止使用注册商标,商标注册审查的意义就会大打折扣,人民群众也会降低对注册合法性的信赖程度,人民法院不能架空国家商标行政机关对注册的审查权力,注册商标之间的争议还是应回归行政程序解决,实体正义应通过正当程序实现,未有充分理由,不得冒进。

法律是普遍的规范,社会千姿百态,法律不可能琐碎到对每一个案件都作出具体规定,越详细越不具有科学性,适当地概括一方面能使法律具有更大的解释空间,提升法律的稳定性,避免因社会的不断发展对法律进行高频次的修改;另一方面也不会因过度抽象丧失指导意义。基于法律适用的形式公正,法律可能天然存在的不周延,导致不能完全实现实质公正,法官能动运用自由裁量权就恰当地弥补了法律不能足够考虑案件具体情形的缺陷,使个案公正成为可能。“以个案正义形式出现的实质正义往往无法一般化和规则化处理,它总是要面对每个不同个案的不同情况,面对事先所未曾预料的不确定性。”〔1〕法官基于案件客观事实,以自身对法律的理解,对价值取向的把握,对利益的衡量而行使自由裁量权,如此多的个性稍不注意可能会逾越法律的边界,使自由裁量成为“违法”的通道和借口。所谓自由不是绝对的自由,要把权力关进法律编织的笼子里,如若自由裁量权被滥用,普遍的实质公正断无实现可能,甚至会突破形式公正的基本底线,逐渐演变成无序状态。故人民法院会定期发布指导性案例、典型案例、公报案例,制定司

〔1〕 雷磊:《司法人工智能能否实现司法公正?》,载《政法论丛》2022 年第 4 期。

法解释,发布司法政策,均是对法律的释明,价值取向的引导,自由裁量的规范。

总言之,司法裁判下的实质公正是有限的,它必须规范在法律框架之内。即便如此,实质公正也会因法官的主观能动而大放异彩,法律的限度不是那样清晰,利用好合理的法律解释规则,能够在很大程度上扩大法律的能力;法律也不是静止的,它的内涵可能会基于具体情形而动态变化。法律解释作为法律适用的核心环节,为形式公正和实质公正的协调统一提供了论理工具,发挥着巨大作用。

(2)善用法律解释,为司法论理服务

“法无解释,不得适用。”法律适用就是法律解释的过程,它连接法律与事实。一方面,通过解释探寻法律目的,发现法律真意,然后法官将真意体现在具体案件的裁判中,法律解释也可以补充法意,弥补法律漏洞;另一方面,法律解释的方法性,使法官在理解法律、行使自由裁量权时遵循解释规则,一定程度上保障了法律适用的统一性,让裁判结果可靠、妥当,让抽象的法律转化为个案的裁判规则,从而让人民群众对自己行为的法律评价更加有预期,裁判结果也就更能被人民群众接受。另外,法律解释也是一个论证的过程,所谓论证,就是用论据证明论点的方法,具体到司法裁判中,论点就是裁判规则,论据就是案件所涉的法律与事实,论证就是说理。如果省略说理,径行作出结论,那么结论的科学性和可靠性将无法被认可,案件一方当事人将难以接受裁判结果,更重要的弊点在于社会公众对裁判结论甚至裁判规则产生怀疑,影响司法公信力。所以裁判文书要说理,要提高法官的说理水平,以准确适用法律、妥当处理案件、说服当事人以及人民群众为目标,使司法裁判获得人民群众的认可。

“法官的活动就是阐释法律。”虽然成文法的特点就是要求以法为据,但基于法律的概括性与抽象性,法官在解释法律时始终具有主观空间,在这个空间内,法官可以在不与其他规则、原则、立法原意相冲突的情况下,凭借自己的认知理解法律。在认知里,法官可能是积极的,也可能是消极的,区别在于法律解释后所形成的规则是否为人民群众接受或者是否能够充分平衡利益。在"青花椒"商标侵权案中,一审法院认为,原告在第43类上享有"青花椒"商标权,被告在餐饮服务的店招上使用了含有"青花椒"字样的文字,然后就认为被告侵犯了原告的注册商标权。判决作出后,引发了社会的广泛关注,负面评价占多数。"混淆可能性"是商标侵权的判断标准,它是一个事实概念,考察被告使用商标的行为是否可能混淆、误认,同时,它更是一个法律概念,需要进行价值判断。一审法院将审判重点放在侵权要件的判断上,未能充分地查明"青花椒"与餐饮服务之间的关系,忽视了被告行为的正当性,未积极解释《商标法》第49条,割裂了该条与《商标法》第57条第2款之间的联系。一审法院对法律的消极适用,未考虑法律效果与社会效果的协调统一,从而与人民群众的普遍观念严重相左。该案二审法院受理后认为,首先,餐饮服务和作为菜品调料的"青花椒"之间具有天然联系,使服务商标标识和有"青花椒"字样的特色菜品在辨识上界限微妙、相互混同,极大地降低了其注册商标的显著性,几乎难以起到通过商标来识别服务来源的作用,涉案注册商标也并未取得较高的知名度,保护范围不宜过宽;其次,被告并未将"青花椒"单独、突出地使用,"青花椒"是对其提供的特色菜品鱼火锅中含有青花椒调味料的客观描述,具有正当性;最后,被告使用的标识附加了自有注册商标,不会导致相关公众产生误认和混淆。基于此,二审法院判决被告的使用行为不构成侵权。[1] 可见，二审法官在商标保护与公众利益之间作了很好的平衡，能动地挖掘案件背后的事实，巧妙地找到了法律与事实之间的联系，体系性地对“混淆可能性”规则进行了法律解释。商标近似、商品类似更多的是一个事实要件，它仅仅是判断混淆可能性的必要不充分条件，要同时考虑注册商标权的保护范围的大小、被告的行为是否正当以及人民群众的普遍认识等因素，综合性地进行把握，如此作出的判决方才符合法理，充满情理，让人民群众感受到司法温度。

相对于“大前提”“小前提”“结论”式的逻辑推理过程，能动的司法者往往先基于自身朴素的道德观念和法律感受，找到一个符合自身价值判断、人民群众期望的结论，然后再去找法，使自己的想法得到验证。找法的过程也是法律解释的过程。法律解释以法律文本为解释对象，文本作为法律规范的表现形式，在找法时，就字面含义而言，可能并非司法者期望得到的答案，但也必须以该文本为中心。在法律文本的文义内，因文义的多种可能，基于立法者对司法者自由裁量的授权，司法者可能具有多个选项，而且个别情况下，还需要超越文义，进行漏洞填补。回过头看，除了司法解释，整个商标法律并未明确规定“使用程度”“显著性”等对商标保护范围的影响，也并未详细地规定所有判断混淆可能性的考虑要素，“青花椒”案的二审法院通过法律解释探寻到立法本意、观察到商标法律的体系性，以“混淆可能性”为中心和法律依据，使符合人民期盼的结论得到验证。反过来讲，是否一应顺应民意，答案当然是否定的。法律的另一个功能就是引导人民群众，所谓引导，必然是由于一部分人民群众无法接受当前的规则，如果不作区分，均以人民群众是否满意作为裁判标准，法律的引导功能将无法实现。

[1] 四川省高级人民法院民事判决书，(2021)川知民终2152号。

而且,我国将依法治国作为基本方略,要求任何裁判行为均需在法律之下进行,单纯地追求社会效果,而不顾法律的约束,尚以法官尽责为假设,也无法避免裁判“混乱”,以致更难符合人民期盼。故法律解释应以法律文本可能的文义为对象,即使超越文义,也应以填补漏洞为必要。

法律解释以法律文本的可能文义为对象,探寻可能的文义,常以文本为基础,并朝着解释目标“发展”。关于解释目标,存在主观说、客观说与折中说,主观说以立法者的意思为解释目标,客观说讲究探寻法律本身的真实含义,折中说认为不可以随意超越立法原意,但同时又强调法的妥当性。[1] 综合来看,主观说和客观说均有各自的优缺点,不分伯仲,即使是折中说也有“以主观说为主”“以客观说为主”两种表现形式。其实,只要分清“立法原意”“法律含义”之间的关系即可。法律由立法者制定,体现了立法者的意志,法官作为法律的执行者,一般而言,需要将立法者的意志贯彻到具体案件审判中,所以法官在解释法律时,就必须探寻立法者原意。通常,立法原意被文本表现出来成为法律规范,在法域内普遍适用,规范与原意之间的距离或近或远,距离越近,就越能体现立法原意,相反,如果越远就越需要法官进行说理论证。话虽如此,立法原意着实难以探明,特别是在立法资料缺失或者社会主体难以获取时,一味地追求立法原意常常是强人所难。而且,法律一经制定就可能滞后了,当初的立法目的可能不再适应当下的社会发展,如果严格按照立法原意将明显束缚法官的主观能动性。成文法之所以大受欢迎,原因之一在于它的稳定性,法律被制定后,就社会而言,它就已经和立法者没有固然联系了,即法律本身就具有独立性。可以说,法律被制

---

〔1〕 参见吴丙新:《修正的刑法解释理论》,山东人民出版社2007年版,第66页。

定时，当时的法律含义与立法原意最为接近，随着社会的不断变化，一部分法律规范顺应社会可能会具有新的含义，我们不必局限于“立法原意”的窠臼，应当允许客观的法律具有超越立法原意的可能，这样有利于法律的安定，更有利于法官发挥能动作用，适应社会需要。当然，理性者不会割裂“法律含义”与“立法原意”的联系，毕竟法律规范的出发点在于立法，今后对法律规范的理解必定要将立法原意考虑在内，这也将有助于司法者解释法律，只不过最后是否接受这种解释需要结合时下的具体情况进行综合考虑。科学的，特别是“年轻的”法律，立法原意和法律含义较为接近，法官在进行法律解释时可能较少面临这种主客观选择的困扰。《商标法》第4条规定“不以使用为目的的恶意商标注册申请，应当予以驳回”。首先考察其立法原意，全国人大宪法和法律委员会在修正案草案审议结果的报告中指出：“草案在商标法第四条第一款中增加规定：‘不以使用为目的的商标注册申请，应当予以驳回。’有些常委会组成人员提出，考虑到已经取得商标注册并实际使用的企业为预防性目的申请商标注册的实际情况，对此类申请不宜一概予以驳回。宪法和法律委员会经研究，建议修改为：‘不以使用为目的的恶意商标注册申请，应当予以驳回。’”〔1〕在第十三届全国人民代表大会常务委员会第十次会议上，之所以在第4条第1款中增加了“不以使用为目的的商标注册申请，应当予以驳回”的规定，是因为要规制恶意申请、囤积注册等行为，增强注册申请人的使用义务。〔2〕可见，该

---

〔1〕《全国人民代表大会宪法和法律委员会关于〈中华人民共和国建筑法等8部法律的修正案（草案）〉审议结果的报告》，载中国人大网2019年4月23日，http://www.npc.gov.cn/npc/c30834/201904/b5c3fad9f3c14db19ae08f371df58249.shtml。

〔2〕参见《关于〈《中华人民共和国建筑法》等8部法律的修正案（草案）〉的说明——2019年4月20日在第十三届全国人民代表大会常务委员会第十次会议上》。

条立法原意在于打击没有使用和预防需要、囤积注册商标的行为。分析其法律含义,该条由“不以使用为目的”“恶意”两部分组成,前者是事实要件,后者是一种价值评价,重点在于后者,如何确定“恶意”的内涵与外延。体系性地观察《商标法》,第 32 条“不得以不正当手段抢先注册他人已经使用并有一定影响的商标”,和第 44 条第 1 款“以欺骗手段或者其他不正当手段取得注册的,由商标局宣告该注册商标无效”的规定均有规制恶意注册的可能,与前两条相比,第 4 条新增条款相对比较原则,在适用时,应优先适用较为明确的规定,只有在较为具体的规定无法规制时,第 4 条新增条款方能适用。如此一来,第 4 条新增条款的适用范围就当然包括了没有使用需要的囤积注册商标的行为,因防御性注册具有合理性和必要性,从价值判断上可以作为除外的正当理由。如此,立法原意和法律含义发生重合,形成同一指向。同时,该条作为绝对理由,任何人均可主张,意味着注册商标存在违反第 32 条等相对理由时,任何人也可以基于该条怀疑商标注册的正当性,商标注册人不能作出合理解释的,得驳回其注册申请。可见,客观意义上,《商标法》第 4 条新增条款的适用范围,还延伸到了特定条件下违反《商标法》第 32 条等相对理由的情形,并且该内容尚不可一一列举,具有较高的适应性和普遍性。

法律解释必须遵守一定的章法,基于科学的法律解释方法得出的结论之间越可以被互相验证,解释结论就越可靠。一般认为,法律解释的方法分为“狭义的法律解释”“一般条款和不确定概念具体化”“漏洞填补”。[1] 狭义的法律解释建立在文义解释的基础上,得出的解释结论属于法律文本的可能的文义范围,只不过使用的逻辑方法不同。对

---

〔1〕 王利明:《法律解释学》(第 2 版),中国人民大学出版社 2016 年版,第 61 页。

于诚实信用、公序良俗等一般条款和不确定概念，法官通常在个案中通过价值判断确定具体的规则。“漏洞填补”的前提是在法律文本可能的文义范围内均无法找到相应的裁判依据或者相关规定之间存在冲突，法官又不能拒绝裁判，此时就需要使用类推、目的性扩张或者目的性限缩或者遵从习惯等方法，找到合适的处理规则，解决当事人之间的争议。如果将三种法律解释方法的说理负担排位，狭义的法律解释最轻，“漏洞填补”最重。瑕疵注册商标权的民事司法治理路径中，较为突出的就是将诚实信用原则和禁止权利滥用具体化。《商标法》第7条第1款规定：“申请注册和使用商标，应当遵循诚实信用原则。”诚实信用原则的内涵何其宽泛，虽然该条将场景限定在注册商标的申请和使用场景中，在没有事实前，任何人可能都无法说出一二。现有案例中，人民法院常将滥用商标注册制度取得注册商标权然后行使禁止权的行为认定为违反诚实信用原则，并以诚实信用原则作为法源，适用《民法典》第132条的禁止权利滥用规定，作出滥用行为不发生相应的法律效力的结论。例如，在“”商标侵权案中，法院认为“”商标与案外人的著作权相冲突，而且，原告与该案外人存在商业上的联系，明知案外人在先使用了包含“”标识的商标，原告申请注册涉案商标明显具有主观上的不正当性，违反了诚实信用原则。法院认为任何违背该原则和精神的行为，应当通过司法裁判予以否定性评价，从而对原告的诉讼主张不予支持。[1] 继续以此案为例，笔者认为人民法院使用一般原则对瑕疵注册商标进行治理确有不妥当之处，在找法时，应当优先适用规则，然后适用原则，仍无妥当依据的，法官方可进行漏洞填补。相关案件中，注册商标的与诚实信用相关的瑕疵几乎均对应着具体的

---

〔1〕 江苏省高级人民法院民事判决书，(2020)苏民终1059号。

法律规范，比如《商标法》第 4 条之于“囤积”，第 10 条之于“欺骗”，第 15 条之于“特殊关系的抢注”，第 32 条之于“侵犯在先权利的抢注”等，禁止使用的商标不属于可注册的范围，禁止注册的商标无法取得注册商标权，无权利即无行使，注册商标权的效力不可及于瑕疵范围，直接适用具体规范即可。有学者可能会以行政—司法职权分开应当尊重行政机关的商标审查结论为由予以反驳，然后推崇以原则判案，殊不知适用原则的裁判结论和适用规则的裁判结论并无二致——否定其权利行使的正当性，在论证方法上也无须触及“注册效力”的核心，适用原则并不能比适用规则带来更好的效果，反而可能存在向一般条款逃逸的隐忧。不过，相关判决适用《民法典》关于禁止权利滥用的规定并无不妥之外，还巧妙地规避了人民法院对注册商标效力的直接评判，因为裁判结果以及相关的解释结论只是对当事人产生拘束力，并不具有普遍效力，即使人民法院对注册商标的申请注册和行使行为进行了负面评价，该商标依然登记于商标注册簿，仍可以依据《商标法》第 3 条享有受法律保护的商标专用权，并不当然影响注册商标在他案中的权利。

3. 体现：制定司法政策、公布参考案例

在面临个案时要发挥主观能动性，善用法律解释，有条件地追求实质正义，得到法律效果和社会效果协调统一的裁判结果，既是司法者的义务也是目标。如果不局限于个案，把视角放到普遍的类案中，让每个类案得以类似的方案处理，统一法律适用标准、规范裁量权行使才是增强人民法治获得感的长远之策。

假设一名法官审理普通案件的时长为 X，法律关系复杂、法律适用存在分歧的增加审理时长 Y，因存在错案风险，设因纠正错案增加的审理时长为 Z，整个案件的审理时长为 $X + Y + Z = T$，案件越复杂，T 越长；设类似案件数量为 S，整体上处理类似案件需要花费的时长为 S ×

T,S 的数值越大,总时长越大。现如今,大多数法院都存在案多人少的问题,一个案件审理时间的拉长,必然压缩处理另案的时间,一个案件让人民感受到了公平正义,可能另一个案子就会因为精力问题出现或多或少的错误。如果能有一种指引就好了,当类似的复杂案件在社会中达到一定数量时,有人将这些案件的处理经验收集起来,或者直接对相关案件的法律问题进行讨论之后制定指引,引导法官在处理类似案件时的裁判思路。这样不仅明晰了法律适用问题,降低了错案风险,节约 Y、Z 时长,而且让处理复杂案件的时间重新回归到普通案件 X,处理类似案件的整体时长也会从 S×T 回到 S×X,与普通案件无异,就提高了整体效率。

多年以来,最高人民法院在统一法律适用问题上,作出了颇多成绩,专门制定了《最高人民法院关于建立法律适用分歧解决机制的实施办法》《最高人民法院关于统一法律适用加强类案检索的指导意见(试行)》《最高人民法院关于完善统一法律适用标准工作机制的意见》《最高人民法院关于完善人民法院专业法官会议工作机制的指导意见》等多个规范性司法文件,还就相关案件疑难问题发布了众多司法政策。以商标为例,《最高人民法院关于加强新时代知识产权审判工作为知识产权强国建设提供有力司法服务和保障的意见》要求打击不以使用为目的的商标恶意注册行为,科学合理界定商标权的权利边界与保护范围,促进商标申请注册秩序的正常化和规范化;《最高人民法院关于充分发挥知识产权审判职能作用推动社会主义文化大发展大繁荣和促进经济自主协调发展若干问题的意见》要求妥善处理商标近似与商标构成要素近似的关系,准确把握认定商标近似的法律尺度;《最高人民法院关于当前经济形势下知识产权审判服务大局若干问题的意见》更是直接规定,与他人著作权、企业名称权等在先财产权利相冲突的注册商标，因超过《商标法》规定的争议期限而不可撤销的，人民法院不再判决承担停止使用该注册商标的民事责任。各级人民法院也会发布办案指导文件以统一辖区法律适用工作，如北京市高级人民法院《专利侵权判定指南》《侵害著作权案件审理指南》《关于商标授权确权行政案件的审理指南》，四川省高级人民法院《侵害商标权案件审理指南》等。除了政策指引外，根据《最高人民法院关于案例指导工作的规定》，最高人民法院还会发布指导性案例，以供各级人民法院审判类似案例时予以参照。除此之外，最高人民法院还会发布若干典型案例、各高级人民法院也会发布参考性/典型案例以帮助人民法院在审理具体案件时树立正确价值导向，传播正确司法理念，规范司法裁判活动，为人民法院审判工作提供业务指导，指导和调节法律效果和社会效果。虽然相比于指导性案例，其他案例并未明文规定应当适用，但是基于《最高人民法院关于统一法律适用加强类案检索的指导意见（试行）》中"检索到其他类案的，人民法院可以作为作出裁判的参考"的规定，其他案例也具有参考意义。整体而言，司法政策的制定，以及指导性、典型性等参考性案例的发布，极大地帮助法官在个案审判时找到方向，节省思考时间，整体缩短审理时长，提高审判效率。但是法官是案件的第一责任人，即使有"前人指路"，在后裁判也要注意：一是司法政策和参考案例不能作为裁判依据，法官的说理不能省略，"理所应当"也应该先把理讲透，然后当事人才更可能服从判决，判决也更能经受住人民群众的检验；二是不能盲目遵从司法政策和参考案例，铺好一条路，并不代表应一味地对路上的个案因素不予考虑，横冲直撞，对司法政策和参考案例的盲从也会演变成一种"机械司法"，可能最后并不能到达预期目的，追求实质公正，就需要进行司法能动。此外，司法政策和参考案例也是可以被解释的，司法者在个案中仍应保持独立思考，反复检验裁判规则的妥当性。

关于瑕疵注册商标民事司法治理中面临的“行政优先”问题，最高人民法院副院长早在2016年全国法院知识产权审判工作座谈会上就提出要进一步处理好知识产权民事程序和行政程序的关系。既要依法保障权利人的合法权益，又要注意提高民事案件的审理效率，致力于实质性解决纠纷，确保当事人及早获得公正结果。合理强化特定情形下民事程序的优先和决定地位，促进民行交织的知识产权民事纠纷的实质性解决，保障民事案件处理的公正和效率，并对后续行政纠纷的正确解决形成引导。[1] 2019年，罗东川也提议，在专利侵权案件中，允许被告对原告专利权的效力提出无效抗辩，赋予审理专利民事侵权案件的人民法院在个案中审查专利权效力的职权，推动专利纠纷的实质性解决。虽然后期并未发布正式的司法政策文件，但也可以看出最高人民法院已经关注到了问题并表达了公正和效率优先、实质性解决纠纷的态度，各级人民法院在审理类似案件时，可以将该精神贯彻到具体的司法裁判中，继续深化、完善相应规则。近年来，越来越多因滥用商标注册制度后行使注册商标权利在法律上被给予否定性评价的案例就是很好的探索。

4. 平衡：司法能动不乱，司法克制不僵

司法能动和司法克制是司法过程中需要不断博弈的两面，反对绝对的司法能动或者司法克制，要保证司法能动不乱，司法克制不僵，必须坚持一个核心，守住一条底线。首先，实质性解决争议，实现社会效果是司法能动的核心、司法克制的底线，法官所有的审判工作都必须为

---

〔1〕 参见陶凯元：《知识产权审判应坚持正确的司法政策》，载《紫光阁》2016年第11期。

核心服务。实践中,最高人民法院通过制定司法解释,发布司法政策、指导性案例、典型案例等方式从普遍性层面指导法官审理个案时的裁判思路,有的具有强制性,有的仅具有参考意义,无论是强制还是参考,法官在使用时都具有论证的义务,都有解释的空间。而论证和解释的结果,必须能够实质性解决争议,否则即使结案,也不能“事了”,把“事了”工作做在前面,结案以“事了”为前提。这就要求不仅要实现法律效果,还要考虑社会效果。授权型知识产权的程序空转、循环诉讼等问题近年来不断出现在大众视野,权利存在瑕疵,司法也不能直接处理,有时候还要硬着头皮作出一个连法官自己都不能说服的判决,无法实质性解决争议。法律文本只是法律的表象,法律的最终目标是要真实地贯彻法律精神,而非适用法律文本。法律文本与法律精神之间本身就不能画等号,两者之间不可避免地具有一定差距,机械地适用法律文本将明显与法律精神相悖,应该对法律文本作出合理的解释,以修正文本表象对法律精神内涵的偏移。所以,行动中的司法不能以静态的法律文本束缚住双手,相对于人工智能,法官不能被替代的原因在于他能在个案中体会人情冷暖、世态炎凉,他能够更主动地发现事实,能够将自身的是非观念反映到具体裁判中,能够将社会主义核心价值观融入裁判规则,可以用一个个“小案件”讲好“大道理”。〔1〕 2022 年,时任最高人民法院院长周强在全国高级法院院长会议上强调,“广大法官要有自信担当,坚定信仰信念,厚植为民情怀,夯实法律功底,增长社会阅历,积淀文化底蕴,发挥司法智慧,努力创造符合时代精神、满足人民企盼、引领规则导向的伟大判决,以优秀的判决弘扬社会正义,树立社会

---

〔1〕 参见周强:《在习近平法治思想指引下奋力推进新时代司法为民公正司法》,载《求是》2022 年第 4 期。

新风尚”。〔1〕 周强使用了“创造”“引领”“伟大”等词语，表达了对法官能够在个案中发挥主观能动性的热切期盼；“为民”“满足人民期盼”“弘扬社会正义”“树立社会新风尚”亦说明伟大判决需要满足的社会效果。因此，要在具体案件中，实现司法效果，要坚持将“实质性解决争议，实现社会效果”作为司法能动的核心、司法克制的底线。其次，依法裁判是法官的天然使命，“以法为据”是司法克制的核心、司法能动的底线。司法克制主义注重法律形式正义的实现，强调严格遵循现行法律规定裁判案件，认为忠于法律是一个法官基本的职业要求，严格遵循法律规定是法官的义务和责任。〔2〕 整体上，司法克制主义偏于保守，更加看重法律的安定性、稳定性与可预测性，一切审判活动都不能偏离法律轨道。能动司法不是徇“私”枉法，一切的司法能动都必须建立在合法的基础之上，“社会效果是从法律效果延伸出来的，离开法律效果就不要谈什么社会效果”。〔3〕 罔顾法律效果去追求社会效果，得不到实质公正。法官在个案中纵然需要将自身的“个性”加到裁判规则中，但个性不是“随性”，个性发挥必须遵守一定的章法，如法律解释规则、法律适用规则；个性元素也必须具有法律意义，如被法律所认可的正确价值观念、道德习惯以及与之相关的事实元素。如将非与法律相关甚至被法律明确不予考虑的“个性”映射至裁判规则，则无异于“违法”裁判，所以“以法为据”是司法能动的底线。在“西四包子铺”商标侵权案中，一审法院将被诉侵害商标专用权的行为具有正当性作为

---

〔1〕 本报评论员：《提升审执质效　促进公平正义》，载《人民法院报》2022 年 1 月 22 日，第 1 版。

〔2〕 参见江必新、程琥：《国家治理现代化与公正司法》，中国法制出版社 2016 年版，第 153 页。

〔3〕 张军：《法官的自由裁量权与司法正义》，载《法律科学（西北政法大学学报）》2015 年第 4 期。

判断权利人违反诚实信用原则的理由;二审法院特别强调,权利滥用针对的是权利人行使自己享有的权利的行为进行的法律评价,与被诉侵权行为是否具有正当性无关,一审判决认为权利人权利滥用之结论,没有事实和法律根据。[1] 虽然并未改变判决结果,二审法院还作出特别说明,这一行为体现了二审法院对"依法"裁判、合法裁判的底线要求,它认为对于不影响权利滥用认定的"个性元素"——被诉侵权行为是否具有正当性,坚决不能将其作为判定要素,否则就会影响判决的合法性。综前所述,我们要追求的是绝对司法能动与绝对司法克制之间的折中道路,司法能动向"右",司法克制向"左",使司法能动不乱,司法克制不僵,以实现法律效果与社会效果的协调统一。

三、司法政策法律化:实现纠纷的依法治理

依法治国是我国重要的治国方略,广义上所依之法包括法律、行政法规、司法解释等规范性法律文件。根据《最高人民法院关于裁判文书引用法律、法规等规范性法律文件的规定》,在民事司法中,民事裁判文书可以引用的裁判依据包括法律、法律解释或者司法解释、行政法规、地方性法规或者自治条例和单行条例。因为地方性法规或者自治条例和单行条例具有地方性,未在全国范围普遍适用,故所谓司法政策法律化,就是指将全国性的司法政策转化为司法解释、行政法规或者法律。法律是人民根本意志的反映,司法解释和行政法规也是基于法律制定,故在一定程度上,司法解释、行政法规也体现了人民群众的根本意志。因此,为下文论述方便,笔者将司法政策法律化后的结果统一称为"法律"。

统观现行由人民法院颁布的司法政策,几乎均以"意见"的形式出

---

[1] 北京知识产权法院民事判决书,(2022)京73民终1838号。

现。根据《人民法院组织法》的规定，人民法院有权对具体应用法律的问题进行解释；根据《最高人民法院关于司法解释工作的规定》，司法解释的形式分为"解释""规定""规则""批复""决定"5种，"意见"并不属于司法解释的形式；从"意见"的内容来看，也不属于内部的管理文件，对外发生效力。可见，司法政策并不属于法定的"规范性法律文件"，不免引起对司法政策文件"合法性""合理性"的怀疑，导致司法政策无法在具体的案件裁判中作为裁判依据。虽然可以对法官裁判案件提供指引，但因政策性文件不够具体，在指导案件裁判的效果上有所欠缺；而且，案件当事人和人民群众在阅读判决时，如果裁判文书的说理能力不强、不到位，将难以被理解；大量的低质量说理，可能被说成是"枉法"的托词，判决也就无法达到说服的效果，相对于长篇累牍的专业说理，"法律"的明文规定对于案件当事人和人民群众而言，更为直接，更容易被接受。因此，如果没有法律的直接规定，判决的说理结果将大打折扣。更重要的是，司法政策没有正式的法律地位，也就意味着没有成熟的监督机制，但它又对案件裁判产生着实在的影响，如果司法政策制定科学、合理，可能会实现良好的社会效果；但如果司法政策本身存在重大缺陷，又缺少畅通的纠正渠道，法律效果无法实现的同时，更会产生严重的负面社会效果。在法治状态下，规则进入法治的法定轨道，才能防止权力失控。司法政策既非多数民主，也非个体决策，而是高层精英司法偏好的制度化。依法治国的命题意义与"以法律为准绳"的官方路线，诠释了"法律"在司法过程中的正统地位。[1] 因此，司法政策应为临时性措施，不可长期存在，要么司法政策因"过时""不

---

〔1〕 参见安晨曦：《司法文件：法律虚置后的裁判非正式规则——规则供给与文件政治的二重读解》，载《湖北社会科学》2016年第9期。

科学”等而停止使用,要么按照既定程序法律化,成为正式的法律渊源。在商标司法领域,最高人民法院曾经将多件司法政策中的意见法律化,比如,2009年《最高人民法院关于当前经济形势下知识产权审判服务大局若干问题的意见》中“注册商标已构成商标法规定的连续三年停止使用情形的,可以不支持其损害赔偿请求”转化为《商标法》(2013年)第64条“注册商标专用权人不能证明此前三年内实际使用过该注册商标,也不能证明因侵权行为受到其他损失的,被控侵权人不承担赔偿责任”的规定。2011年《最高人民法院关于充分发挥知识产权审判职能作用推动社会主义文化大发展大繁荣和促进经济自主协调发展若干问题的意见》中“被诉侵权人为描述或者说明其产品或者服务的特点而善意合理地使用相同或者近似标识的,可以依法认定为正当使用”转化为《商标法》(2013年)第59条“注册商标中含有的本商品的通用名称、图形、型号,或者直接表示商品的质量、主要原料、功能、用途、重量、数量及其他特点,或者含有的地名,注册商标专用权人无权禁止他人正当使用”的规定。

除了将司法政策法律化,有观点认为可以将司法政策本身法治化,即将司法政策法定,在立法层面上确定司法政策的地位,确定制定主体,制定发布程序,确定效力范围,以保障和强化政策的实施。[1] 本书持赞同观点,司法政策法律化之前,毕竟作为规范性文件对案件裁判产生了具体影响,只要有效力,就应当给予其“名分”,将其拉入正式的法律轨道中。不过,在此基础上还应着重增加司法政策的监督机制,要求完善司法政策的立项、审议、发布、修改、废止等程序,前期做好充分调研、中期认真审定、后期严格执行,执行过程中,存在问题的,要及时进

[1] 参见谢晖:《论司法政策及其法治使命》,载《法学杂志》2022年第3期。

行修改或者废止。长期以来,最高人民法院顺应当下的情势,发布了较多司法政策,发挥了明显的积极作用,但鲜有被明确废止的,虽然不排除有较为长期执行的司法政策,需要一直贯彻,但明显存在临时性的文件也并未被及时废止,比如《最高人民法院关于在防治传染性非典型肺炎期间依法做好人民法院相关审判、执行工作的通知》(已废止)于2003年发布,直至2013年才被集中清理,此时距非典疫情结束已近10年。司法政策本身有其时代意义,它的灵活性、效率性在统一法律适用、实现法律效果与社会效果方面发挥了巨大作用,有必要进行保留并进行法治化,其后在条件成熟时,进行法律化,实现纠纷的依法治理。

第三节 完善中国瑕疵注册商标民事司法治理规则的建议

一、正式建立禁止商标权利滥用规则——兼与权利保护范围解释论以及公有领域抗辩论的比较

在司法实践中,已经有越来越多的以原告违反诚实信用原则行使权利构成权利滥用的商标侵权案例。如"茶颜观色"案,[1]"万科地板"案,[2]"STAHLWERK"案[3]等。禁止权利滥用规则在治理瑕疵注册商标的案件中发挥了重要作用。在《民法典》之前,"权利滥用"一词多存在于研究著作与司法判例中,我国并未有法律明文规定权利滥用规则,也自然未明确权利滥用的法律后果。关于权利滥用的判断标准,一般认为存在3种学说:主观说、客观说、综合说。主观说以德国民法

---

[1] 湖南省长沙市岳麓区人民法院民事判决书,(2019)湘0104民初14008号。

[2] 湖南省高级人民法院民事判决书,(2021)湘知民终427号。

[3] 宁波市北仑区人民法院民事判决书,(2019)浙0206民初7747号。

为代表,将“以损害他人为主要目的”作为判断标准,“如果行使权利专以损失他人为目的,即构成权利滥用,自应加以禁止”。[1] 对“以损害他人为主要目的”,主要从两个方面进行判断,一是权利行使有多种方式能够获得相当利益;二是权利人从众多方式中选择了最不利于他人的那一种。换句话讲,就是损人不利己。[2] 客观说以苏俄民法为代表,将“行使权利是否适合法律之目的,有无违反权利之本质”为判断标准,“盖于形式上虽为权利之行使,而其内容则违反法律之根本精神与权利之社会的目的,背道而驰者,自应构成权利之滥用,为法律之所不能忍者也”。综合说则将主观说与客观说结合起来,“行使权利专以损害他人为目的,或者不符合授予其权利的目的,或者行使权利的人的利益与受到损害的人的利益不成比例,按照诚实信用原则不应允许其行使权利的,属于权利滥用”。[3] “迄今为止,比较法上尚不存在能够普遍适用于各种类型案件的判断滥用权利的具体标准。”[4]我国《民法典》第132条“民事主体不得滥用民事权利损害国家利益、社会公共利益或者他人合法权益”之规定,以及相关司法解释,滥用民事权利主要根据权利行使的对象、目的、时间、方式、造成当事人之间利益失衡的程度等因素作出认定。行为人以损害国家利益、社会公共利益、他人合法权益为主要目的行使民事权利的,人民法院应当认定构成滥用民事权利。这是以客观行为推断其主观目的,实际上是一种主客观相结合的判断标准。基于商标权利的民事权利属性,在瑕疵注册商标的司法

---

〔1〕 洪锡恒:《民法总则新论》,昌明书屋1948年版,第117页。

〔2〕 参见彭诚信:《论禁止权利滥用原则的法律适用》,载《中国法学》2018年第3期。

〔3〕 《荷兰民法典》第三编第13条第2款。

〔4〕 王利明:《论禁止滥用权利——兼评〈总则编解释〉第3条》,载《中国法律评论》2022年第3期。

治理中，如果要适用权利滥用抗辩，需要同时考察行为人的主观目的以及客观上是否实施了相关行为。比如，主观上是否有非诚信目的，客观上是否实施了投诉、起诉等损害他人利益的行为，如果被认定为权利滥用，相应行为就不会发生法律效力，给相对方造成损失的，还需要承担侵权责任。[1]

不过，依照我国的权利滥用判断标准治理瑕疵注册商标也存在一定不足。瑕疵注册商标的形成既可能是基于商标注册人的恶意，也可能是无意或者客观情形发生变化。对于后者，如果其在行使权利时，在主观上仍不知晓注册商标的瑕疵事实，就难以认定该商标注册人滥用其商标权利。但是，这些瑕疵注册商标理应也是被治理的对象，比如，在不具合法性或者丧失识别性的瑕疵注册商标类型中，这类瑕疵可以不伴有主观目的，在客观上具权利行使之形式，而实质上违背了法律之根本精神，如果允许此类权利行使将明显不具有正义性。[2] 此时，权利保护范围解释论就为治理此种类型瑕疵注册商标提供了解法，在解释权利要求时，并不考虑行为人的主观心态，仅从“不可注册的范围即是权利不可及的范围”角度把握即可。

进一步考察禁止权利滥用论与权利保护范围解释论之间的关系，两者的适用范围有所交叉。在主观上明知注册商标存在瑕疵而行使权利的范围内，禁止权利滥用论与权利保护范围解释论可以同时适用或者择一适用。如前所述，在主观上无恶意而行使瑕疵注册商标权利时，禁止权利滥用论就显得乏力，应选择权利保护范围解释论。如果赖以

[1] 参见茅少伟：《〈民法典〉第132条(禁止权利滥用)评注》，载《中国应用法学》2023年第1期。

[2] 参见杨仁寿：《法学方法论》(第2版)，中国政法大学出版社2013年版，第323页。

主张权利的注册商标本身不存在瑕疵,仅以损害他人为目的超越权利本旨行使权利而造成相对方损害时,则可适用禁止权利滥用论。公有领域抗辩论以被诉侵权标识为直接考察对象,兼顾考察注册商标是否存在同样落入公有领域的情形,讨论影响混淆性判断的近似或者部分是否会导致两种标识不可注册或者应被禁止使用,如果标识既不可注册也不可使用,就不会被注册为商标,标识就属于公有领域,对被诉侵权标识的使用行为就不会落入某一个注册商标的保护范围。总之,三者相辅相成,互相补充,共同为瑕疵注册商标的民事司法治理提供治理路径。《商标法》(2023 年征求意见稿)在第 9 条中增加的"商标权人不得滥用商标权损害国家利益、社会公共利益或者他人合法权益"规定,是维护商标注册秩序,治理瑕疵注册商标,规范权利的行使,防止权利滥用的积极举措。

二、明确恶意抢注者的民事赔偿责任

恶意抢注是部分瑕疵注册商标形成的重要原因,因恶意抢注行为具有违反诚实信用原则、侵犯他人合法在先权利等特点,恶意抢注的商标不具有法律上的正当性。长期以来,恶意抢注屡禁不止,重要原因在于抢注者的违法成本太低,而维权者的成本又太高,被抢注的瑕疵注册商标即使被异议不予注册或者被无效宣告,现行规范下,并无明确规定相应维权成本的负担问题,也使一部分维权者望而却步。如果维权者的合理开支可以由抢注者承担,无疑会降低维权者的经济负担,也可以提高抢注者的违法成本,使其降低抢注动机,因此,有必要探索建立合理开支转付制度——由恶意抢注者负担他人为制止恶意申请商标注册行为所支付的合理开支。《民法典》第 120 条规定,民事权益受到侵害的,被侵权人有权请求侵权人承担侵权责任。考察《民法典》侵权责任编中的规定,除特定情形外,要追究行为人的侵权责任,需要满足 4 个构成要件：主观上存在过错、客观上实施了侵权行为、给他人造成损失、行为与损失之间应当具有因果关系。具体到恶意抢注中，如果行为人故意损害他人合法权益，或者谋取不正当利益，并实施了抢注行为，客观上造成维权者的损失，就理当属于一种侵权行为，应当承担侵权责任。[1] 目前，实践中较有争议的是，维权的合理开支，如律师费等是否属于维权者的损失。在普通民事案件中，对于律师费等合理开支由谁负担的问题，我国法律法规没有具有普遍约束力的规定，实践中我国普遍采用的是当事人自己承担的模式。[2] 如果参考民事案件的做法，一般情况下，商标争议案件的合理开支也应由争议者自行承担。不过，对于普通侵权诉讼，《最高人民法院关于进一步推进案件繁简分流优化司法资源配置的若干意见》中提道："当事人存在滥用诉讼权利、拖延承担诉讼义务等明显不当行为，造成诉讼对方或第三人直接损失的，人民法院可以根据具体情况对无过错方依法提出的赔偿合理的律师费用等正当要求予以支持。"可见，对于滥用权利者，可以将合理开支纳入赔偿范围。在商标恶意抢注案件中，恶意抢注者超出生产经营需要，以损害他人权利等作为目的，客观上实施抢注行为，损害权利方的利益，就是一种典型的滥用商标申请权的行为。如果参考民事案件的做法，合理开支当然属于恶意抢注侵权的损害赔偿范围。不过，纵使有其他司法政策文件可做参考，但具体到《民法典》中，财产损害赔偿的范围并未明确是否包含合理开支。因此，为了加大对恶意抢注商标的打击

---

〔1〕 参见宁立志、叶紫薇：《商标恶意抢注法律适用研究》，载《法学评论》2022年第2期；田晓玲、张玉敏：《商标抢注行为的法律性质和司法治理》，载《知识产权》2018年第1期；王莲峰、康瑞：《法律责任视角下商标恶意抢注的司法规制》，载《中华商标》2018年第7期。

〔2〕 《最高人民法院关于政协十三届全国委员会第一次会议第3944号(政治法律类409号)提案的答复》。

力度,有必要明确恶意抢注者的民事赔偿责任。《商标法》(2023 年征求意见稿)第 83 条专门规定:“……恶意申请商标注册给他人造成损失的,该他人可以向人民法院起诉,请求赔偿损失。赔偿数额应当至少包括该他人为制止恶意申请商标注册行为所支付的合理开支……”这是当下治理侵犯在先权利的瑕疵注册商标的“一剂良药”,是向社会传达“诚实生活,不害他人,各得其所”的道德信号,有利于维护社会公平正义,营造公平竞争的市场秩序。

三、引入恶意诉讼反赔制度

相对于恶意抢注,恶意诉讼更容易使被告陷入一种紧迫的境地,相关的恶意行为对被告造成的影响更加恶劣。恶意抢注者只要未基于该注册商标行使权利,被抢注者并不会立刻受到影响。恶意诉讼被告一旦败诉,就被告个人而言,可能不得不改变、更换已经使用的标识。众所周知,一旦变更标识,就意味着经营者产生大量的沉没成本,恶意抢注后进行维权的行为就异化成为一种明目张胆的“抢夺”。就社会而言,恶意抢注后的诉讼行为浪费了司法资源,将司法作为谋取不当利益的工具,甚至还可能给社会传递负能量的价值观念,滋生不良风气。因此,为了鼓励被抢注者积极应诉,有必要将相应的维权成本转嫁给恶意诉讼者。恶意诉讼是一种滥用诉权的行为,在瑕疵注册商标语境中,并非只有侵犯他人在先权利或者特定关系人利益的恶意抢注一种类型,只要商标注册人明知自己的商标存在瑕疵,无论是注册即存在,还是注册后形成,以该瑕疵注册商标为权利基础,发起诉讼,均构成恶意诉讼。“商标恶意诉讼作为一种侵权行为,当事人享有赔偿请求权。”[1] 虽然,最高

---

[1] 蒋舸:《知识产权法定赔偿向传统损害赔偿方式的回归》,载《法商研究》2019 年第 2 期。

人民法院于2007年在《最高人民法院关于全面加强知识产权审判工作为建设创新型国家提供司法保障的意见》中提出:"禁止知识产权权利滥用。防止权利人滥用侵权警告和滥用诉权,完善确认不侵权诉讼和滥诉反赔制度。"2020年在《最高人民法院关于支持和保障深圳建设中国特色社会主义先行示范区的意见》中提出,探索通过律师费转付、诉讼费用合理分担等方式,加大对滥诉行为的制裁力度。但如前述"明确恶意抢注者的民事赔偿责任"中的论述一样,由恶意诉讼者承担对方的合理开支并无具有普遍性效力的规范支撑,直到2021年,最高人民法院在《最高人民法院关于知识产权侵权诉讼中被告以原告滥用权利为由请求赔偿合理开支问题的批复》中提出"在知识产权侵权诉讼中,被告提交证据证明原告的起诉构成法律规定的滥用权利损害其合法权益,依法请求原告赔偿其因该诉讼所支付的合理的律师费、交通费、食宿费等开支的,人民法院依法予以支持"。相对于司法政策文件,法律的明确规定更能发挥指导、教育、警示作用。《商标法》(2023年征求意见稿)第84条将该批复内容吸纳,使合理开支转付具有法律层面上的依据,也是对《区域全面经济伙伴关系协定》条约义务的恰当履行。[1] 总的来讲,引入恶意诉讼反赔制度可以有效打击恶意诉讼者,减弱其诉讼动机,净化诉讼环境,使商标诉讼回归到正常状态。

四、建立恶意抢注商标移转制度

侵犯在先权利的瑕疵注册商标一经注册,在先权利人只能选择无

---

〔1〕《区域全面经济伙伴关系协定》第61条规定:"每一缔约方应当规定,至少在侵犯著作权或相关权利和商标权的民事司法程序结束时,其司法机关在适当的情况下有权判令(一缔约方的司法机关在民事司法程序结束后,有权通过单独的程序作出此类裁定)败诉方向胜诉方支付诉讼成本或费用和合理的律师费,或该缔约方法律规定的任何其他费用。"

效宣告，为了防止类似案件发生，充分保护权利人的利益，即使在先权利人没有商标注册需求，也不得不将该权利标识提交注册。从权利人角度看，提起的商标注册申请审查耗时长，如果被恶意异议，需要等待较长时间才会注册；而且，新提起的商标申请也可能遭遇其他在先申请或者注册障碍，导致新申请较难注册。从社会角度看，一个有效注册商标，需要耗费一定的商标审查资源以及相当金额的费用，如果将该注册商标作无效宣告，这些消耗的资源或者成本就变得毫无价值；随之而来的新申请又将再一次占据商标审查资源，如果存在其他障碍，甚至会投入更多商标审查资源。从比较法角度看，《保护工业产权巴黎公约》第6条第7款规定："如本联盟一个成员国的商标所有人的代理人或者代表人未经该所有人同意而以自己的名义向联盟一个或者一个以上的成员方申请商标注册……商标所有人可以请求将该项注册转让给自己。"德国《商标与其他标识保护法》第17条亦规定："未经商标所有人的授权，以该所有人的代理或者代表人的名义申请或注册商标的，该所有人应当有权要求从代理人或代表人处转让因该商标的申请或注册产生的权利。"考虑我国治理瑕疵注册商标的现实需求，有必要在我国建立恶意抢注商标移转制度，[1]无论是对权利人还是对社会，从节约资源和成本的角度考虑，百利而无一害。更重要的是，意欲恶意抢注之人会更加谨慎，会考虑自己注册的商标是否可能在未生成"利益"时就被移转至他人，从而进一步减弱抢注动机。不过对于商标移转制度的受理部门，《商标法》(2023年征求意见稿)第45～47条规定由国务院知识产权行政部门受理，有其合理之处，毕竟其是商标注册的审查机关。

---

〔1〕 参见田晓玲、张玉敏：《商标抢注行为的法律性质和司法治理》，载《知识产权》2018年1期；史新章：《我国商标评审法律制度的历史、现状与制度完善》，载《知识产权》2011年第5期。

同时,还可以参考域名争议司法解释的相关规定,即"人民法院认定域名注册、使用等行为构成侵权或者不正当竞争的,可以……依原告的请求判令由原告注册使用该域名"[1],考虑由人民法院处理该项争议。有关注册商标的权属争议也系由人民法院审理,相关当事人可以凭裁判文书办理商标移转。虽然恶意抢注商标移转制度与域名、商标权属争议不同,但归根结底还是权利归属问题,人民法院有能力、有经验在民事司法案件中判决恶意抢注商标移转,在制度上,也不存在司法僭越行政权力的风险。只要建立起国务院知识产权行政部门与人民法院之间的协调机制,比如由先受理的机关行使管辖权,人民法院管辖的,如果作出移转判决,应及时将生效判决或者协助执行文书送达国务院知识产权行政部门,国务院知识产权行政部门按照判决或者执行文书将该注册商标进行移转处理,可以保障注册秩序的稳定性,注册管理的集中性和统一性。因此,恶意抢注商标移转制度有助于进一步治理侵犯他人在先权利的瑕疵注册商标,促使经营者回归诚信经营的道路。国务院知识产权行政部门和人民法院共同行使移转职权,可以全方位地实现对恶意抢注商标决定、判决移转,使该制度在全过程中发挥对侵犯在先权利瑕疵注册商标的治理作用。在恶意抢注商标被移转至在先权利人后,该注册商标瑕疵已不复存在,可以被继续使用。但根据《商标法》第 13 条、第 15 条的规定,相应恶意抢注商标应被禁止使用。为避免法律条文之间的冲突,降低论理成本,有必要采取相应的融贯性措

---

[1] 《最高人民法院关于审理涉及计算机网络域名民事纠纷案件适用法律若干问题的解释》第 7 条规定:"人民法院认定域名注册、使用等行为构成侵权或者不正当竞争的,可以判令被告停止侵权、注销域名,或者依原告的请求判令由原告注册使用该域名;给权利人造成实际损害的,可以判令被告赔偿损失。侵权人故意侵权且情节严重,原告有权向人民法院请求惩罚性赔偿。"

施——删除《商标法》第 13 条、第 15 条中的“禁止使用”规定,改由侵权法提供请求权基础以达到同样的“禁止使用”效果;或者增加除外规定,将移转作为禁止使用的例外。

本章小结

考虑对瑕疵注册商标进行民事司法治理的需要,以及当前中国法院在民事司法治理中遇到的问题,本章在上文的基础上,对中国瑕疵注册商标民事司法治理提出制度设计。本章分别将“注册商标经过解释才能确定权利范围”“商标权有效原则”“注册商标权的效力不可及于瑕疵范围”作为中国瑕疵注册商标民事司法治理的基本点。将“未(合法)使用是限制瑕疵注册商标权的正当前提”作为中国瑕疵注册商标民事司法治理的核心点之一,完善了“水瓶”理论,论证了商标保护范围的不确定性,提出商标保护范围应以商标注册范围作为确定的基准,结合案件情况,最终由人民法院对注册商标权利保护范围进行解释。在进行民事司法治理时,要坚持商标权有效原则,但可以根据“注册商标权的效力不及于瑕疵范围”原则对注册商标权利进行限制。使用除是注册商标维持的基础外,还直接影响商标权利状态的圆满,进而论证注册瑕疵以及不使用是限制瑕疵注册商标权内容的正当原因;在过程中论述了权利保护范围解释论、公有领域抗辩论的合理性。本章还将权利保护范围解释论、公有领域抗辩论与禁止权利滥用论进行了比较,共同构成了中国瑕疵注册商标民事司法治理体系。

为了解决司法政策保护,法官能动性不高的问题,本章从“发挥司法能动性,适应新时代要求”“司法政策法律化:实现纠纷的依法治理”角度,论述在民事司法治理中调动法官主观能动性的重要性,除了在个案中追求实质公正、善用法律解释、为论理服务，还要适时制定落实司法政策、发布参考案例，以实现法律效果与社会效果统一等作为治理目标。不过，在司法能动过程中要保证司法能动不乱，司法克制不僵，必须坚持以实质性解决争议为核心，守住依法裁判的底线。为了实现纠纷的依法治理，还需要有选择地将司法政策法律化。

最后，本章还对完善中国瑕疵注册商标民事司法治理规则提出了建议：(1)正式建立禁止商标权利滥用规则，同时将该规则与权利保护范围解释论和公有领域抗辩论比较，认为三者的适用范围有所交叉，各有优势；(2)明确恶意抢注者的民事赔偿责任；(3)引入恶意诉讼反赔制度；(4)建立恶意抢注商标移转制度。

结　语

任何制度都不可能一劳永逸地解决所有问题。不可否认,我国注册取得商标权利制度存在不完善之处,瑕疵注册商标就是制度不完善的产物之一。经过多年发展,我国在民事司法中治理瑕疵注册商标问题方面已经作出了诸多尝试,发挥了积极作用。但也必须承认,我国始终面临职权分开导致治理空间被压缩的问题;相关司法政策的保守态度也直接影响了法官的能动性;更重要的是,尚未建立体系化的治理进路。

我国的法律适用资源是丰富的,“法律大厦中的材料具有如此多种的能力,可以根据正义的不同形式进行组合和重组。理由不难发现”。[1] 无论是从法哲学角度还是从法理角度,瑕疵注册商标均体现了一种非正当性,既然如此,民事司法对瑕疵

[1] [美]本杰明·N. 卡多佐:《法律的成长·法律科学的悖论》,董炯、彭冰译,中国法制出版社2002年版,第129页。

注册商标进行治理就是一种正义的做法。权利保护范围解释论、公有领域抗辩论以及禁止权利滥用论为人民法院实质性化解瑕疵注册商标民事争议提供了理论依据。权利保护范围解释论以商标注册范围为基准,考虑注册商标瑕疵情况和客观上被告的行为内容,并对注册商标权利保护范围进行解释,将瑕疵排除出注册商标权利保护范围。在逻辑上,未(合法)使用是限制瑕疵注册商标权的正当前提。合法性主要体现在商标本身和使用方式上。不具有合法性的、侵犯在先权利的瑕疵注册商标本身被禁止使用,缺乏使用能力,不能产生受到法律保护的商誉。缺乏识别性以及具有功能性的瑕疵注册商标虽不影响使用,但在一般情形下,不可依照注册获得商标权利。公有领域抗辩论认为,如果能够证明被诉侵权标识并不属于商标性使用,或者被诉侵权标识虽与注册商标相同或者近似,但影响混淆性判断的近似或者部分会导致两标识不可注册或者均应被禁止使用,被告对被诉侵权标识的使用就不可能落入注册商标权利保护范围,注册商标权就不能在被诉侵权标识的使用范围内行使。禁止权利滥用论需要考虑商标申请人是否具有不正当目的,客观上是否实施了囤积、抢注、起诉、投诉等扰乱商标注册秩序、侵犯他人权利等的行为,如果构成权利滥用,则相应行为不发生法律效力,造成损害的,还应当承担侵权责任。权利保护范围解释论以及禁止权利滥用论路径的适用范围有所交叉,但各有优势。前者一般不考虑行为人的主观情况,只是考虑商标取得、维持的正当性问题,采用排除法将瑕疵从权利范围中排除,并非全有全无;缺点在于如果赖以主张权利的注册商标本身不存在瑕疵,仅以损害他人为目的,从而超越权利本旨去行使权利并造成相对方损害,这时权利保护范围解释论就显得无能为力。后者同时考虑主观与客观的情况,是一种全有全无的适用方式,但在治理纯粹的连续未使用的瑕疵注册商标方面难以适用;并且，当行为人主观上不存在不当目的，仅客观上注册商标本身具有不正当性时，禁止权利滥用论也不宜适用。公有领域抗辩论以被诉侵权标识为直接考察对象，兼顾考察注册商标是否存在同样落入公有领域的情形，讨论影响混淆性判断的近似或者部分是否会导致两种标识不可注册或者均应被禁止使用，如果标识不可注册也不可使用，就不会被注册为商标，标识就属于公有领域，对被诉侵权标识的使用行为就不会落入某一个注册商标的保护范围。总之，三者之间相辅相成，互相补充，共同为瑕疵注册商标的民事司法治理提供治理路径。

除了寻找法律进路，民事司法治理还需要调动法官的主观能动性，在个案中治理，利用规范治理，以实质性解决争议为核心，以依法裁判为底线。广大法官要发挥司法智慧，努力创造符合时代精神、满足人民企盼、引领规则导向的伟大判决。[1]

最后，工欲善其事，必先利其器。对瑕疵注册商标进行司法治理除了要提供抗辩路径，还要为受到瑕疵注册商标影响的善意方提供可供"攻击"的武器，建议全面规范以权利滥用为由追究瑕疵商标注册人侵权责任规则，将在行政程序和民事程序中的维权合理开支计入赔偿范围，甚至可以依据善意方请求，将恶意抢注的瑕疵商标移转给善意方。让善意方，在民事司法中，进可攻，退可守，进而实现对瑕疵注册商标的全面治理。

---

[1] 2022年1月，时任最高人民法院院长周强在全国高级法院院长会议上强调，"广大法官要有自信担当，坚定信仰信念，厚植为民情怀，夯实法律功底，增长社会阅历，积淀文化底蕴，发挥司法智慧，努力创造符合时代精神、满足人民企盼、引领规则导向的伟大判决，以优秀的判决弘扬社会正义，树立社会新风尚"。

参考文献

一、中文类

（一）报刊类

1. 安晨曦：《司法文件：法律虚置后的裁判非正式规则——规则供给与文件政治的二重读解》，载《湖北社会科学》2016 年第 9 期。

2. 拜荣静、韩瑞：《司法治理能力现代化中人民法院的功能定位与创新》，载《应用法学评论》2021 年第 1 期。

3. 北京市第一中级人民法院知识产权庭课题组、杨柏勇、周云川：《知识产权权利冲突的司法解决》，载《人民司法》2009 年第 1 期。

4. 本报评论员：《提升审执质效　促进公平正义》，载《人民法院报》2022 年 1 月 22 日，第 1 版。

5. 毕文轩：《比例原则在知识产权法中的适用》，载《理论探索》2018 年第 6 期。

6. 蔡伟、欧群山：《侵害在先权利的注册商标是否应判决停止使用》,载《人民法院报》2018 年 11 月 8 日,第 6 版。

7. 蔡伟:《商标权保护范围应以其权利基础的正当性为边界》,载《人民司法》2019 年第 35 期。

8. 曹达全:《民事诉讼过程中行政行为处理之我见——从诉讼法角度加以论证》,载《海南大学学报(人文社会科学版)》2011 年第 1 期。

9. 曹新明:《商标侵权理论之多维度思辨——以“今日头条”诉“今日油条”案为例》,载《政法论丛》2022 年第 1 期。

10. 曹新明:《姓名商标与姓名权客体冲突及合理避让研究》,载《甘肃政法学院学报》2019 年第 5 期。

11. 曹新明:《我国商标相近似认定标准探讨》,载《知识产权》2019 年第 3 期。

12. 曹新明:《商标先用权研究——兼论我国〈商标法〉第三修正案》,载《法治研究》2014 年第 9 期。

13. 曹新明:《知识产权与公有领域之关系研究》,载《法治研究》2013 年第 3 期。

14. 曹新明:《商品名称与注册商标冲突解析——兼析商品名称“黑 · 牛奶”商标侵权案例》,载《知识产权》2012 年第 12 期。

15. 曹新明:《商标抢注之正当性研究——以“樊记”商标抢注为例》,载《法治研究》2011 年第 9 期。

16. 陈明涛:《“商标使用”之体系建构与反思》,载《环球法律评论》2022 年第 3 期。

17. 陈星儒、周海源:《司法参与社会治理的正当性进路分析》,载《湖北社会科学》2018 年第 4 期。

18. 戴文骐:《商标囤积的体系化规制》,载《法商研究》2022 年第 6 期。

19. 董慧娟、贺朗:《新“商标法”背景下恶意注册之类型化及规制——以商标审查程序为重点》,载《电子知识产权》2020 年第 6 期。

20. 杜颖、王国立:《知识产权行政授权及确权行为的性质解析》,载《法学》2011 年第 8 期。

21. 方世荣、羊琴:《论行政行为作为民事诉讼先决问题之解决——从行政行为的效力差异进行分析》,载《中国法学》2005 年第 4 期。

22. 冯晓青、杨利华:《知识产权权利冲突及其解决原则》,载《法学论坛》2001 年第 3 期。

23. 冯晓青:《知识产权行使的正当性考量:知识产权滥用及其规制研究》,载《知识产权》2022 年第 10 期。

24. 冯晓青:《知识产权制度的效率之维》,载《现代法学》2022 年第 4 期。

25. 郭禾:《关于滥用知识产权问题的法律逻辑推演》,载《知识产权》2013 年第 5 期。

26. 何海波:《行政行为对民事审判的拘束力》,载《中国法学》2008 年第 2 期。

27. 洪婧:《商标恶意注册与商标权滥用的反思和完善》,载《中华商标》2022 年第 3 期。

28. 黄汇:《商标权正当性自然法维度的解读——兼对中国〈商标法〉传统理论的澄清与反思》,载《政法论坛》2014 年第 5 期。

29. 黄汇:《中国商标注册取得权制度的体系化完善》,载《法律科学(西北政法大学学报)》2022 年第 1 期。

30. 黄全:《法治国视野下行政行为对司法机关的效力》,载《河北法学》2014 年第 3 期。

31. 蒋舸:《知识产权法定赔偿向传统损害赔偿方式的回归》,载

《法商研究》2019 年第 2 期。

32. 蒋舸:《作为算法的法律》,载《清华法学》2019 年第 1 期。

33. 靳学军、张航:《比较法视域下我国商标权取得制度的优化进路》,载《法律适用》2022 年第 5 期。

34. 孔祥俊:《论非使用性恶意商标注册的法律规制——事实与价值的二元构造分析》,载《比较法研究》2020 年第 2 期。

35. 孔祥俊:《论商标法的体系性适用——在〈商标法〉第 8 条基础上的展开》,载《知识产权》2015 年第 6 期。

36. 孔祥俊:《论我国商标司法的八个关系——纪念〈商标法〉颁布 30 周年》,载《知识产权》2012 年第 7 期。

37. 孔祥俊:《任何人不能通过形式合法而获利　知识产权审判中民事处理与行政程序的关系》,载《法律适用》2009 年第 5 期。

38. 雷磊:《司法人工智能能否实现司法公正?》,载《政法论丛》2022 年第 4 期。

39. 李国英:《知识产权限制的理论依据辨析——“内在限制”还是“外在限制”抑或其他》,载《南京师大学报(社会科学版)》2014 年第 5 期。

40. 李红勃:《通过政策的司法治理》,载《中国法学》2020 年第 3 期。

41. 李家军:《司法的效率之维》,载《法律适用》2009 年第 6 期。

42. 李雷、梁平:《论我国商标授权确权程序的优化》,载《知识产权》2017 年第 7 期。

43. 李明德:《两大法系背景下的商标保护制度》,载《知识产权》2021 年第 8 期。

44. 李明德:《商标注册在商标保护中的地位与作用》,载《知识产权》2014 年第 5 期。

45. 李铭轩:《商标注册不良影响条款的规范目的和判定方法》,载《人民司法(应用)》2017 年第 4 期。

46. 李扬:《日本专利权当然无效抗辩原则及其启示》,载《法律科学(西北政法大学学报)》2012 年第 1 期。

47. 李雨峰:《未注册在先使用商标的规范分析》,载《法商研究》2020 年第 1 期。

48. 李雨峰:《专利确权的属性重释与模式选择》,载《中外法学》2022 年第 3 期。

49. 梁志文:《论知识产权规范竞合及其解决路径——兼评最高人民法院的一则解释》,载《法商研究》2006 年第 2 期。

50. 廖芳:《论在商标申请程序中树立瑕疵排除原则》,载《理论界》2008 年第 1 期。

51. 凌宗亮:《化解注册商标间权利冲突的合理模式分析》,载《上海政法学院学报(法治论丛)》2011 年第 6 期。

52. 刘春田:《民法原则与商标立法》,载《知识产权》2010 年第 1 期。

53. 刘期家:《商标权正当性的伦理学分析》,载《河北工业大学学报(社会科学版)》2014 年第 2 期。

54. 刘铁光:《规制商标"抢注"与"囤积"的制度检讨与改造》,载《法学》2016 年第 8 期。

55. 刘义军:《恶意注册后滥用商标权的司法规制》,载《电子知识产权》2022 年第 7 期。

56. 卢德平:《皮尔士符号学说再评价》,载《北方论丛》2002 年第 4 期。

57. 罗宗奎:《“知识共有”理论下商标权取得的本质解读》,载《知识产权》2013 年第 5 期。

58. 马一德:《商标注册“不良影响”条款的适用》,载《中国法学》2016 年第 2 期。

59. 茅少伟:《〈民法典〉第 132 条(禁止权利滥用)评注》,载《中国应用法学》2023 年第 1 期。

60. 宁立志、叶紫薇:《商标恶意抢注法律适用研究》,载《法学评论》2022 年第 2 期。

61. 宁立志:《论知识产权法学研究范式的转换》,载《上海交通大学学报(哲学社会科学版)》2021 年第 3 期。

62. 彭诚信:《论禁止权利滥用原则的法律适用》,载《中国法学》2018 年第 3 期。

63. 彭学龙:《论连续不使用之注册商标请求权限制》,载《法学评论》2018 年第 6 期。

64. 彭学龙:《商标法基本范畴的符号学分析》,载《法学研究》2007 年第 1 期。

65. 彭学龙:《商标转让的理论建构与制度设计》,载《法律科学(西北政法大学学报)》2011 年第 3 期。

66. 强世功:《法理学视野中的公平与效率》,载《中国法学》1994 年第 4 期。

67. 史新章:《我国商标评审法律制度的历史、现状与制度完善》,载《知识产权》2011 年第 5 期。

68. 孙国瑞、董朝燕:《论商标权人的商标使用义务》,载《电子知识产权》2020 年第 4 期。

69. 陶凯元:《知识产权审判应坚持正确的司法政策》,载《紫光阁》

2016 第 11 期。

70. 田晓玲、张玉敏:《商标抢注行为的法律性质和司法治理》,载《知识产权》2018 年第 1 期。

71. 田晓玲:《商标注册民事法律行为论》,载《西南民族大学学报(人文社科版)》2016 年第 5 期。

72. 王传辉:《知识产权法"利益平衡说"之反思:自然法与功利主义之比较》,载《交大法学》2022 年第 1 期。

73. 王芳:《我国注册商标权利行使上的使用要求之制度构建——以欧盟相关立法为鉴》,载《法学家》2015 年第 4 期。

74. 王利明:《论禁止滥用权利——兼评〈总则编解释〉第 3 条》,载《中国法律评论》2022 年第 3 期。

75. 王莲峰、康瑞:《法律责任视角下商标恶意抢注的司法规制》,载《中华商标》2018 年第 7 期。

76. 王莲峰:《规制商标恶意注册的法律适用问题研究》,载《中州学刊》2020 年第 1 期。

77. 王太平:《我国普通未注册商标与注册商标冲突之处理》,载《知识产权》2020 年第 6 期。

78. 王天华:《行政行为公定力概念的源流——兼议我国公定力理论的发展进路》,载《当代法学》2010 年第 3 期。

79. 王铁雄:《普芬道夫的自然财产权理论》,载《前沿》2010 年第 7 期。

80. 吴汉东:《恶意商标注册的概念体系解读与规范适用分析》,载《现代法学》2023 年第 1 期。

81. 吴汉东:《知识产权法价值的中国语境解读》,载《中国法学》2013 年第 4 期。

82. 吴建雄、熊世才:《习近平法治思想中的公平正义观》,载《行政管理改革》2021 年第 11 期。

83. 吴伟光:《商标权注册取得制度的体系性理解及其制度异化的纠正》,载《现代法学》2019 年第 1 期。

84. 谢晖:《论司法政策及其法治使命》,载《法学杂志》2022 年第 3 期。

85. 杨静:《民事判决对注册商标专用权的限制》,载《人民司法》2019 年第 34 期。

86. 杨淑霞、山文岑:《注册商标撤销制度辨析》,载《河南大学学报(社会科学版)》2000 年第 1 期。

87. 杨志敏:《关于"公知技术抗辩"若干问题的研究——从中、德、日三国判例与学说的对比角度》,载《比较法研究》2003 年第 2 期。

88. 姚建军:《不以使用为目的囤积注册商标违反诚信原则——以"优衣库"系列案为切入点》,载《法律适用》2020 年第 16 期。

89. 叶菊芬:《违反诚实信用原则注册的商标不予保护》,载《中华商标》2021 年第 2 期。

90. 张法连:《美国处理商标注册与在先权利的冲突问题探究 评析日本华特克公司诉刘氏及美国华特克公司案》,载《法律适用》2009 年第 7 期。

91. 张耕:《知识产权无效程序的反思与重构——以诉讼效益为视野》,载《学术论坛》2005 年第 11 期。

92. 张海燕:《知识产权行政行为所认定事实在民事诉讼中的效力》,载《法学论坛》2022 年第 3 期。

93. 张军:《法官的自由裁量权与司法正义》,载《法律科学(西北政法大学学报)》2015 年第 4 期。

94. 张立新:《德国商标法现代化述略(程序篇)》,载《中华商标》2021 年第 10 期。

95. 张林:《洛克劳动财产权理论与知识产权的“共有状态”》,载《西藏民族大学学报(哲学社会科学版)》2022 年第 5 期。

96. 张凌寒、胡泽宇:《商标恶意注册行为规制中的诚实信用原则适用》,载《法律适用》2020 年第 6 期。

97. 张鹏:《规制商标恶意抢注规范的体系化解读》,载《知识产权》2018 年第 7 期。

98. 周强:《在习近平法治思想指引下奋力推进新时代司法为民公正司法》,载《求是》2022 年第 4 期。

(二)著作类

1. [澳]彼得 · 德霍斯:《知识财产法哲学》,周林译,商务印书馆 2008 年版。

2. [美]伯纳德 · 施瓦茨:《美国法律史》,王军等译,中国政法大学出版社 1989 年版。

3. 曹新明主编:《知识产权法学》(第 4 版),中国人民法学出版社 2021 年版。

4. 陈永强:《私法的自然法方法》,北京大学出版社 2016 年版。

5. 陈宗明、黄华新主编:《符号学导论》,河南人民出版社 2004 年版。

6. 陈宗明:《符号世界》,湖北人民出版社 2004 年版。

7. [美]弗兰克 · I. 谢克特:《商标法的历史基础》,朱冬译,知识产权出版社 2019 年版。

8. [荷]格劳秀斯:《战争与和平法》,[美]A. C. 坎贝尔英、何勤华等译,上海人民出版社 2005 年版。

9. 葛天博、陈江:《司法中的人民利益:司法治理的选择与实践研究》,西南财经大学出版社 2015 年版。

10. [德]哈特穆特 · 毛雷尔:《行政法学总论》,高家伟译,法律出版社 2000 年版。

11. 何怀文:《商标法注释书》,中国民主法制出版社 2021 年版。

12. 洪锡恒:《民法总则新论》,昌明书屋 1948 年版。

13. 黄晖:《商标法》,法律出版社 2004 年版。

14. 季境:《论民法上的占有》,中国检察出版社 2012 年版。

15. 江必新、程琥:《国家治理现代化与公正司法》,中国法制出版社 2016 年版。

16. 姜明安主编:《行政法与行政诉讼法》,北京大学出版社、高等教育出版社 1999 年版。

17. [德]马克思、恩格斯:《马克思恩格斯选集》第 1 卷,中共中央马克思恩格斯列宁斯大林著作编译局译,人民出版社 1995 年版。

18. 孔祥俊:《商标法原理与判例》,法律出版社 2021 年版。

19. 李明德:《美国知识产权法》(第 2 版),法律出版社 2014 年版。

20. 梁慧星等:《中国财产法》,法律出版社 1998 年版。

21. 鲁迅:《鲁迅全集》第 1 卷,同心出版社 2014 年版。

22. [英]洛克:《政府论》(下篇),叶启芳等译,商务印书馆 1964 年版。

23. [美]罗伯特 · 诺齐克:《无政府、国家和乌托邦》,何怀宏等译,中国社会科学出版社 1991 年版。

24. 宁立志、叶紫薇:《商标抢注研究》,人民出版社 2022 年版。

25. 彭学龙:《商标法的符号学分析》,法律出版社 2007 年版。

26. 申建林:《自然法理论的演进——西方主流人权观探源》,社会科学文献出版社 2005 年版。

27. 沈岿:《法治和良知自由——行政行为无效理论及其实践之探索》,载北京大学法学院编:《北大法学文存》第 2 卷,法律出版社 2002 年版。

28. [瑞士]索绪尔:《普通语言学教程》,中国社会科学出版社 1999 年英文版。

29. [日]田村善之:《日本知识产权法》(第 4 版),周超、李雨峰、李希同译,知识产权出版社 2011 年版。

30. 王利明:《法律解释学》(第 2 版),中国人民大学出版社 2016 年版。

31. 王迁:《知识产权法教程》(第 7 版),中国人民大学出版社 2021 年版。

32. 王清云、迟玉收主编:《行政法律行为》,群众出版社 1992 年版。

33. 王太平:《商标法:原理与案例》,北京大学出版社 2015 年版

34. 吴丙新:《修正的刑法解释理论》,山东人民出版社 2007 年版。

35. 吴汉东:《知识产权法》,法律出版社 2021 年版。

36. 吴汉东主编:《知识产权法学》(第 7 版),北京大学出版社 2019 年版。

37. 杨志敏:《专利权保护范围研究——专利权行使与对抗的理论和实践》,四川大学出版社 2013 年版。

38. 叶必丰:《行政行为的效力研究》,中国人民大学出版社 2002 年版。

39. 叶必丰:《行政行为原理》,商务印书馆 2019 年版。

40. 余俊:《商标法律进化论》,华中科技大学出版社 2011 年版。

41.［英］约翰·勃雷：《对劳动的迫害及其救治方案》，袁贤能译，商务印书馆2009年版。

42. 张恒山：《法理要论》，北京大学出版社2002年版。

43. 郑成思主编：《知识产权——应用法学与基本理论》，人民出版社2005年版。

44. 郑玉波：《法谚(一)》，法律出版社2007年版。

45. 郑玉波：《法谚(二)》，法律出版社2007年版。

46. 中国社会科学院语言研究所词典编辑室：《现代汉语词典》，商务印书馆2016年版。

47. 朱冬：《财产话语与商标法的演进——普通法系商标财产化的历史考察》，知识产权出版社2017年版。

(三)学位论文类

1. 曹世海：《商标权注册取得制度研究》，西南政法大学2016年博士学位论文。

2. 曾友林：《中国商标法制近代化研究》，西南政法大学2019年博士学位论文。

3. 党晓林：《商标权注册取得制度研究》，中国政法大学2019年博士学位论文。

4. 黄晖：《商标权利范围的比较研究》，中国社会科学院研究生院2000年博士学位论文。

5. 刘维：《商标财产论》，华东政法大学2014年博士学位论文。

6. 潘晓宁：《商标权限制制度比较研究》，华东政法大学2010年博士学位论文。

7. 秦天宁：《知识产权正义论》，华东政法大学2019年博士学位论文。

8. 唐紫微:《我国授权性知识产权无效宣告制度研究》,中南民族大学2018年硕士学位论文。

9. 叶赟葆:《抗辩视角下商标权限制体系研究》,华东政法大学2014年博十学位论文。

10. 郑志涛:《商誉私法保护研究》,海南大学2016年博士学位论文。

(四)案例类

1. 安徽省高级人民法院民事判决书,(2015)皖民三终字第00074号。

2. 北京市第一中级人民法院民事判决书,(2001)一中知初字第343号。

3. 北京市第一中级人民法院行政判决书,(2008)一中行初字第196号。

4. 北京市高级人民法院民事判决书,(2015)高民(知)终字第4005号。

5. 北京市高级人民法院行政判决书,(2016)京行再6号。

6. 北京市高级人民法院行政判决书,(2017)京行终5603号。

7. 北京市高级人民法院行政判决书,(2018)京行终1133号。

8. 北京市高级人民法院行政判决书,(2019)京行终57号。

9. 北京市高级人民法院行政判决书,(2021)京行终384号。

10. 北京知识产权法院行政判决书,(2017)京73行初8907号。

11. 北京知识产权法院民事判决书,(2019)京73民终3611号。

12. 北京知识产权法院民事判决书,(2019)京73民终50号。

13. 北京知识产权法院民事判决书,(2020)京73民终1506号。

14. 北京知识产权法院行政判决书,(2021)京73行初5228号。

15. 北京知识产权法院民事判决书,(2022)京 73 民终 1838 号。

16. 常州市中级人民法院民事判决书,(2021)苏 04 民初 13 号。

17. 重庆市第一中级人民法院民事判决书,(2017)渝 01 民初 843 号。

18. 重庆市高级人民法院民事判决书,(2021)渝民终 96 号。

19. 福建省高级人民法院民事判决书,(2017)闽民终 901 号。

20. 福建省高级人民法院民事判决书,(2018)闽民终 1033 号。

21. 福建省高级人民法院民事判决书,(2021)民终 1129 号。

22. 国家知识产权局关于第 25057152 号"吃货"商标驳回复审决定书。

23. 国家知识产权局关于第 39922281 号"金银花"商标驳回复审决定书。

24. 国家知识产权局关于第 56796823 号"朗师傅"商标不予注册的决定书。

25. 国家知识产权局关于第 57276711 号"朗朴"商标不予注册的决定书。

26. 国家知识产权局关于第 57363820 号"蜀儿郎"商标不予注册的决定书。

27. 国家知识产权局关于第 57515649 号"胜朗"商标不予注册的决定书。

28. 国家知识产权局关于第 57585970 号"江山朗及图"商标不予注册的决定书。

29. 国家知识产权局关于第 6343573 号"TWITTER"商标撤销复审决定书。

30. 杭州市中级人民法院民事判决书,(2021)浙 01 民终 1374 号。

31. 湖南省长沙市岳麓区人民法院民事判决书,(2019)湘0104民初14008号。

32. 湖南省高级人民法院民事判决书,(2021)湘知民终427号。

33. 江苏省高级人民法院民事判决书,(2020)苏民终1059号。

34. 江苏省高级人民法院民事判决书,(2020)苏知终24号。

35. 宁波市北仑区人民法院民事判决书,(2019)浙0206民初7747号。

36. 山东省潍坊市中级人民法院民事判决书,(2014)潍知初字第341号。

37. 上海市高级人民法院民事判决书,(2014)沪高民三(知)终字第104号。

38. 上海知识产权法院民事判决书,(2020)沪73民终327号。

39. 四川省高级人民法院民事判决书,(2021)川知民终2152号。

40. 浙江省高级人民法院民事判决书,(2014)浙知终字第44号。

41. 浙江省高级人民法院民事判决书,(2017)浙02民终2164号。

42. 浙江省高级人民法院民事判决书,(2018)浙民终37号。

43. 浙江省高级人民法院民事裁定书,(2021)浙民申5338号。

44. 浙江省高级人民法院民事裁定书,(2021)浙民申5338号。

45. 浙江省金华市中级人民法院民事判决书,(2019)浙07民终2958号。

46. 最高人民法院行政裁定书,(2010)知行字第55号。

47. 最高人民法院行政判决书,(2012)行提字第28号。

48. 最高人民法院民事判决书,(2014)民提字第24号。

49. 最高人民法院行政判决书,(2016)最高法行再7号。

50. 最高人民法院民事判决书,(2018)最高法民再394号。

51. 最高人民法院行政判决书,(2019)最高法行再 170 号。

52. 最高人民法院民事裁定书,(2019)最高法民申 2137 号。

53. 最高人民法院民事裁定书,(2019)最高法民申 4847 号。

54. 最高人民法院民事判决书,(2020)最高法民再 25 号。

55. 最高人民法院民事裁定书,(2021)最高法民申 4829 号。

二、英文类

1. Roya Tabibi, "*Good Faith*" *Trademark Infringement*: *The Ninth Circuit's Approach to the Tea Rose-Rectanus Doctrine*, Boston College Law Review, Vol. 60, 2019, p. Ⅱ. -65 - Ⅱ. -81.

2. Wilcox, Deborah A. & Frandsen Nancy Rubner, *2018 Trademark Law Decisions of the Federal Circuit*, American University Law Review, Vol. 68, 2019, p. 1481 - [vi].

3. De Pauw Eva, *Trade Marks gone Nuts*: *Trade Mark Monopolization of the Visual Outcome of a once Patented Method*?, Journal of Intellectual Property Law & Practice, Vol. 10, 2019, p. 749 - 751.

4. James B&Astrachan, *Unlawful Use in Commerce and the Affirmative Defense to Infringement*: *When Trademark Rights Are Not What They Appear to Be*, Syracuse Law Review, Vol. 69, 2019, p. 263 - 308.

5. Yasemin Kenaroglu & Yasemin Aktas Dag, *Potential Risks Associated with the Non-Use of a Registered Trademark*, Turkish Commercial Law Review, Vol. 4, 2018, p. 13 - 24.

6. Polott, Anita B. & Fertig, Rachel E, *2017 Trademark Law Decisions Of The Federal Circuit*, American University Law Review, Vol. 67, 2018, p. 1355 - 1380.

7. Stenseth Geir & Are Stenvik, *Ole-Andreas Rognstad*: *Property Aspects of Intellectual Property*, Tidsskrift for Rettsvitenskap, Vol. 132, 2019, p. 379 – 386.

8. Polott, Anita B. & Fertig, Rachel E, *2016 Trademark Law Decisions Of The Federal Circuit*, American University Law Review, Vol. 67, 2018, p. 1411 – [vi].

9. Michael S. Mireles, *Trademark Trolls: A Problem in the United States*, Chapman Law Review, Vol. 18, 2015, p. 815 – 868.

10. Meriem Loudiyi, *Trade Mark Infringement as a Proper Reason for Non-Use*, Journal of Intellectual Property Law&Practice, Vol. 10, 2015, p. 657 – 658.

11. Alberts W, *Trade Mark Law : Can an Unregistered Mark be Protected prior to the Acquisition of a Reputation*?, De Jure, Vol. 48, 2015, p. 430 – 438.

12. Jennifer Davis & Alan Durant, *Have a Break and the Changing Demands of Trademark Registration*, Queen Mary Journal of Intellectual Property Law, Vol. 5, 2015, p. 132 – 156.

13. Deborah E. Bouchoux, *Intellectual Property, The Law of Trademarks, Copyrights, Patents, and Trade Secrets.*, New York: Delmar Cengage Learning, 2009.

14. Rita Heimes, *Trademarks, Identity, and Justice*, The John Marshall Review Of Intellectual Property Law, Vol. 11, 2011, p. [i] – 168.

15. G. Dinwoodie, M. Janis, *Trademark Law and Theory: A Handbook of Contemporary Research*, UK: Edward Elgar Pub, 2008.

16. Mark P. McKenna, *Trademark Use and the Problem of Source*,

University of Illinois Law Review, Vol. 2009, 2008, p. 773 – 828.

17. Anna B. Folgers, *The Seventh Circuit's Approach to Deterring the Trademark Troll: Say Goodbye to Your Registration and Pay the Costs of Litigation*, Seventh Circuit Review, Vol. 3, 2007, p. 452.

18. Mckenna MP, *The Normative Foundations of Trademark Law*, Social Science Electronic Publishing, Notre Dame Law Review, Vol. 82, 2006, p. 1839 – 1916.

19. Robert G. Bone, *Hunting Goodwill: A History of the Concept of Goodwill in Trademark Law*, Boston University Law Review, Vol. 86, 2006, p. 547 – 622.

20. Nuno Pires De Carvalho, *The TRIPS Regime of Trademarks and Designs*, Hague: Kluwer Law International, 2006.

21. Jeremy Phillips, Ilanah Simon, *Trade Mark Use*, New York: Oxford university, 2005.

22. Barton Beebe, *Search and Persuasion in Trademark Law*, Michigan Law Review, Vol. 103, 2005, p. 2020 – 2072.

23. Barton Beebe, *The Semiotic Analysis of Trademark Law*, UCLA Law Review, Vol. 51, 2004, p. 621 – 704.

24. Uli Widmaie, *Use, Liability, and the Structure of Trademark Law*, Hofstra Law Review, Vol. 33, 2004, p. 603 – 710.

25. Edward C. Walterscheid, *The Nature of the Intellectual Property Clause: A Study in Historical Perspective*, Journal of the Patent and Trademark Office Society, Vol. 83, 2001, p. 763 – 790.

26. Brad Sherman, Lionel Bently, *The Making of Modern Intellectual Property law: The British Experience*, Cambridge: Cambridge University

Press, 1999.

27. Aoki K, *Authors, Inventors and Trademark Owners: Private Intellectual Property and the Public Domain-Part* Ⅱ, Columbia-VLA Journal of Law & the Arts, Vol. 8, 1994, p. 191 – 268.

28. Hellwig Frank Z, *Acquisition of Trademark Rights Under the Trademark Law Revision Act of 1988*, Trademark Reporter, Vol. 80, 1990, p. 311 – 353.

29. Keith M. Stolte, *How Early Did Anglo-American Trademark Law Begin-An Answer to Schechter's Conundrum*, The Trademark Reporter, Vol. 88, 1998, p. 564 – 602.

30. Richard J. Taylor, *Loss of Trademark Rights Through Nonuse: A Comparative Worldwide Analysis*, Trademark Reporter, Vol. 80, 1990, p. 197 – 271.

31. Willis Raymond Davis, *Intent-to-Use Application for Trademark Registration*, Wayne Law Review, Vol. 35, 1986, p. 1988 – 1989.

32. Robert W. Sacoff, *The Trademark Use Requirement in Trademark Registration, Opposition and Cancellation Proceedings*, The Trademark Reporter, Vol. 76, 1986, p. 99 – 136.

33. Paul Plaia Jr., *Challenges to Trademark and Patent Validity*, Canada-United States Law Journal, Vol. 11, 1986, p. 261 – 274.

34. Sidney A. Diamond, *The Historical Development of Trademarks*, The Trademark Reporter, Vol. 65, 1983, p. 265 – 290.

35. *Manhattan Medicine Co. v. Wood*, 108 U. S. 218 (1883)

36. *Rowley v. Houghton*, *2 Brewst. 303*, 309 (C. P. Phila. 1868).

37. *Ferguson v. Davol Mills*, *2 Brewst. 314*, 318 (C. P. Phila.

1868).

38. Arthur R. Miller, Michael H. Davis., *Intellectual Property*, Eagan: West Publishing Company, 1983.

39. Daniel M. McClure, *Trademarks and Unfair Competition: A Critical History of Legal Thought*, *The Trademark Reporter*, Vol. 69, 1979, p. 305 - 356.

40. Beverly W. Pattishall, *Two Hundred Years of American Trademark Law*, The Trademark Reporter, Vol. 68, 1978, p. 121 - 147.

41. Benjamin G. Paster, *Trademarks-Their Early History*, The Trademark Reporter, Vol. 59, 1969, p. 551 - 572.

42. Rudolph Callmann, *Trademark Registration and Use-Comparative National Requirements*, Section of International and Comparative Law Bulletin, Vol. 1, 1957, p. 16 - 21.

43. Edward S. Rogers, *Some Historical Matter Concerning Trademarks*, Michigan Law Review, Vol. 9, 1910, p. 29 - 43.

44. Sylvester J. Liddy, *The Problem of State Trade-Mark Registrations*, The Trade-Mark Reporter, Vol. 39, 1949, p. 667 - 673.

45. Frank S. Moore, *Trade-Mark Problems and Trade-Mark Laws*, Brooklyn Law Review, Vol. 7, 1937, p. 20 - 48.

附　录

本书引用规范性文件表

1. 美国《兰哈姆法》(Lanham Act)

2. 德国《商标与其他标识保护法》(Gesetz über den Schutz von Marken und sonstigen Kennzeichen)

3. 荷兰《民法典》(Burgerlijk Wetboek)

4.《区域全面经济伙伴关系协定》(Regional Comprehensive Economic Partnership,RCEP)

5.《中国人民银行、中央网信办、最高人民法院、最高人民检察院、工业和信息化部、公安部、市场监管总局、银保监会、证监会、外汇局、关于进一步防范和处置虚拟货币交易炒作风险的通知》(银发〔2021〕237号)

6.《中华人民共和国反不正当竞争法》(2019年修正)

7.《中华人民共和国商标法》(2019年修正)

8.《最高人民法院、最高人民检察院关于地方

人民法院、人民检察院不得制定司法解释性质文件的通知》（法发〔2012〕2号）

9.《最高人民法院关于印发修改后的〈民事案件案由规定〉的通知》（法〔2020〕347号）（2020年修正）

10.《最高人民法院关于印发〈当前经济形势下知识产权审判服务大局若干问题的意见〉的通知》（法发〔2009〕23号）

11.《最高人民法院关于适用〈中华人民共和国民事诉讼法〉的解释》（法释〔2015〕5号）（2022年修正）

12.最高人民法院印发《最高人民法院关于全面加强知识产权审判工作为建设创新型国家提供司法保障的意见的通知》（法发〔2007〕1号）

13.《最高人民法院关于支持和保障深圳建设中国特色社会主义先行示范区的意见》（法发〔2020〕39号）

14.《最高人民法院关于统一法律适用加强类案检索的指导意见（试行）》（法发〔2020〕24号）

15.《最高人民法院关于加强新时代知识产权审判工作　为知识产权强国建设提供有力司法服务和保障的意见》（法发〔2021〕29号）

16.最高人民法院印发《关于建立法律适用分歧解决机制的实施办法》的通知（法发〔2019〕23号）

17.《最高人民法院关于进一步推进案件繁简分流优化司法资源配置的若干意见》（法发〔2016〕21号）

18.《最高人民法院关于知识产权侵权诉讼中被告以原告滥用权利为由请求赔偿合理开支问题的批复》（法释〔2021〕11号）

19.《最高人民法院关于政协十三届全国委员会第一次会议第3944号（政治法律类409号）提案的答复》

20.《最高人民法院关于审理注册商标、企业名称与在先权利冲突